岩波現代文庫／学術 335

発情装置

新版

上野千鶴子

岩波書店

目　次

I　おまんこがいっぱい

おまんこがいっぱい

おまんこという呪文

わたしは良家の子女(!)だったから、思春期にひそひそ話や意味ありげなくすくす笑いとともに性情報が伝わるワルガキ集団から、隔離されて育った。大きくなってから、おまんこというコトバを覚えたが、それはカントという英語や、ヴァギナというラテン語や、またはボボという九州方言と同じくらい、わたしには「外国語」だったから、カントと聞いてもちっとも顔が赤らまないのと同じ程度に、おまんこと言っても解剖学用語のようにしか響かないのだった。ちょうど性に目覚める頃、自分のうつぼつたる生理感覚や、周囲の反応で直観的にそれがタブーだとわかってしまうような禁止の感覚と、おまんこという四文字コトバがふつうなら結びつくところが、その連想がうまく形成されなかったのだろうと思う。

おまんこ、というコトバを覚えてからのわたしが、おまんこ、と口にしてみると、周囲の狼狽《ろうばい》ぶりや眉のひそめようがおもしろくて、それからというもの、おまんこというコトバは、他人がイヤがる反応を引き出すための、マジック・ワードになった。ただ知りあいの六歳のコドモが、チンチン、と言うと母親がイヤな顔をするもので、ただ母親の反応を引き出したいためにだけおもしろがってくり返しチンチン！と叫ぶのに、それは似ていた。母親がなぜイヤな顔をしたり、やめなさい、と怒ったりするのかよくわからないけれども、この魔法のコトバは、そのつど確実に母親の反応を機械的にひきおこすものだから、コドモはその呪文の威力をくり返したしかめては喜んだ。そして、その呪文の威力をつうじて、母親に力を行使できる自分をたのしんでいるふしがあった。

コドモは母親以外にも呪文の威力がためしたくて、出会うオトナにのべつまくなしにチンチン！とやっては、母親のヒンシュクを買っていた。ところがこの呪文の威力がきかないオトナがたった一人だけいた。それがわたしである。わたしはこのコドモと二人で、チンチン！チンチン‼とかけあいで叫んでは笑いころげ、コドモの母親から大いにヒンシュクを買った。わたしはこのコドモのオバである。

このコドモが一二歳になった頃、チンポのケが生えてきた、と言う。この年齢までに、コドモはさすがに、チンポのケ、と叫んで大はしゃぎするほどのコドモらしさを失っていた。わたしがチンポのケ！　と叫ぶと、コドモはオバに呼応してくれなくなって、それどころか恥ずかしがって顔をそむけた。オバはますますチンポのケ、と言いつのり、チンポのケを一本くれたらお年玉をはずむのになあ、とコドモをからかうが、コドモはもう一緒にはしゃいでくれない。コドモは性の情報をどこからか身につけてオトナの世界に行ってしまったのだろうか、とオバは遊び相手を失ったさびしさで、もう一度だけ、チンポのケ、とつぶやいてみる。

おまんこ、というコトバを口にしたり、おまんこについて語ったりする時のわたしは、チンチン！　と叫ぶ時の六歳のコドモのようなところがある。すまし顔のオトナがとつぜんやーねと顔をしかめるのがうれしくて、ただそれだけの反応をひき出すおもしろさに夢中になっているところがある。こんな楽しみはたあいないもので、相手が反応しなくなったら、おしまいである。動かなくなったおもちゃを捨てるように、わたしはおまんこというコトバをあっさり捨てるだろう。逆に言えば、周囲が眉をひそめつづける間は、おまんこと言いつづけるだろう……。

こんなふうに書いているとわたしは、他人が驚くからワキ毛を見せる、学界の黒木香みたいな気がしてくる。おまんこというコトバを知ってから、わたしは逆に、おまんこというコトバとわたしがふつうでない出会い方をしたことに気づいた。つまり、おまんこというコトバを知る前には、それには名前がなかったのだ。呼ばれないことによって、それは、わたしにとって存在さえしなかったのである。

　あとになってわたしは、女の子たちがアレとかアコとかそれのことを呼んでいるのを知ったけれども、わたしはアレさえ知らなかったから、アレとささやいてはクスクス意味ありげに笑う女の子たちのコミュニティに入っていけなかった。おまんことの遅すぎるふつうでない出会いが、不幸だったか幸いだったか今でもよくわからない。コトバとそれに結びついた観念とが同時期に成長していくような環境にいなかったために、わたしにとってはおまんこは学術用語同様にひどく人工的な言語になってしまって、そのせいで、おまんこ、おまんこと連呼する自由を得た。深夜放送のＤＪが、テトラちゃんだのワレメだの新しい呼び名を苦肉の策で考えついたり、性教育の本が自分の性器ぐらいちゃんとコトバで呼べるようになりましょう、アレ、ソレでは正しい認識さえできません、と教訓を垂れたりしているのを読むと、フーン、世間の人は、おまんこというたった四文字を口にすることもはばかられるのか、と不思議に思ったものである。

　大学に入って受けた中国文学の講義で、荘子を読んだ。「人に九穴《きゅうけつ》あり。渾沌《こんとん》にこれを穿《うが》つ。」——たしか九穴めをうがち終わった時、渾沌は死んだ、という含蓄のふかい象徴的な創世神話だった。目が二つ、耳が二つ、鼻が二つ、口が一つ……とわたしは真剣に人体の穴の数を数え、なるほど、とうなずいたが、あとになってようやく女には十穴めがあることを知った。荘子によれば「人」とは九穴を持ったものらしいから、フーン、なるほど、十穴めを持った女は、「人」ではないのかしらん、と妙に感心した覚えがある。

古事記を読んだ時、神代の巻にイザナギとイザナミが「カレ、成り成りて成り残れるところに、成り成りて成り余れるところをさしふたぎて」みとのまぐわいをしたとある。「成り成りて成り余れるところ」がチンチンだということは知っていたが、「成り成りて成り残れるところ」がどこかわからない。性器が股の間にあることぐらいは知っていたから、おフロに入って脚をピッタリ合わせ、ちょうど股の間にできる三角形の空間が「成り成りて成り残れるところ」だろうかと考えた。そこに自分のこぶしを入れてみたりしたが、少しも痛くも気持ちよくもないので、一体なんだ、これは、と思ったりしたものだ。

あなたはあきれ返るかもしれないけれど、荘子や古事記を読む程度に教養のある娘が、自分の性器がどこにあるかも知らなかったのだ。中産階級の子弟が、しつけのいい家庭でコミュニティから切れて育てば、このくらいの情報の隔離はふつうだ。あとになってわたしが自分に十穴めの穴があることを発見した時——最初の性交はほんとに、スッポンと穴を開けてもらった感じだった——わたしはその穴の存在に夢中になった。そしてそんなに遅くまで十穴めの存在を知らなかったことが口惜しくて、もっと早くに貫通しておくべきだったと悔いたものだ。

おまんこの持ち主

それまで、わたしはそれの存在さえ知らなかったのである。知らないものは、存在しない。わたしには、アレとひそひそ声でささやいて、存在を暗示することさえできなかった。

こういう中産階級の子女の性的無知は、絵に描いたような近代のブルジョア性道徳の体現に見える。フーコーは、それを「女性の身体のヒステリー化」と呼んだ。女は自分のセクシュアリティの認知さえ阻まれるから、それは、分節されたカタチをとらずに、ヒステリーのような自分でもわけのわからないやり方で暴発するしかないのだ、と。

女は自分のおまんこにさわってはいけない。だから自転車に乗ることも、乗馬することも女にはふしだらだと見なされた。おまんこを何かに押しつけて味わう快感を女が覚えてはいけない、という考えからである。明治時代自転車がはじめて紹介された時、たしなみのよい良家の子女は自転車には乗らないものだとされた。ちなみに自慢じゃないが、わたしは今でも自転車に乗れない。理由はちがうが、ご幼少のみぎり父親に反対されたせいである。ズロースが普及した時も、布切れを股の間に食いこませることは長い間抵抗があった。腰巻きはいいが、パンティのような肌にぴったりした布切れが股の間に食いこむと、女がどんな刺激を覚えるか知れたものでない、と心配されたからである。アホらしい。いまパンティをはいていない子はいないが、パンティをはいている何千万の女たちがおまんこの刺激に身もだえしながら街を歩いているとでもいうのかしらん。こういうのを聞くと、こいつら男たち(に決まっている)は、いったい何を考えてるんだろ、と開いた口がふさがらない。

昔のハナシと思っちゃいけない。たったいまでも、女の子のタンポン使用について、同じ考えが通用してる。未婚の女の子が膣に何かを出し入れする快感を覚えちゃうと困るから、タンポン使用はすすめられないんだって。「女子中・高生は、タンポンを使わないようにしましょう」と貧血症の女教師やスケベ面のオジサン教師がすすめるが、もちろんあからさまに「寝てるおまんこが目を覚ますから」とは言わない。タンポンショックが起きるだの、衛生上よくないだの、と表向きいろんなごたくを並べる。

第一に、タンポン出し入れするたびに女が快感感じてるなんて、なぁーんにも知らない人が言うこと。タンポンは、膣が鈍感にできてるからこそ入れておける。いちいち感じてたら、入れたままにしておけるもンですか。第二に、もし万一、快感を感じたとして、それがどーだっていうのさ。自分のからだのどこがどーすればどーゆー感じを味わうか、開発してどこが悪いの？　自分のからだは自分のものだもの、出し入れして快感を感じるの感じないのって、他人が――まして学校の教師が――心配するのは、大きなお世話だよ。

ほんというと今だって、近代初期のブルジョア性道徳と、基本的なところは変わっていない。女は自分の性感を自分で知っちゃいけないのだ。女におまんこの存在を教え、おまんこの感覚を「開発」してやるのは、男の役目である。女は自分の値うちを知らない鉱脈みたいなもので、男がそれを掘りすすむ。だから、女に最初に性感を教えた男――はじめての男――は、女の性感に自分を刻印することになるから、女にとって忘れられない男になる……とまあ、書き写してるだけで、よくまあこんなにろくでもない嘘八百をまことしやかに言いふらしてくれたものだと思うよ。こんな思いこみは今では笑うべきものになったけど、ほんの二、三〇年前までたくさんの男や女がそれを信じてた。今でもそう信じこんでる男や女はいっぱいいるからね。

その上、女は自分のおまんこを見てもいけなかった。もともと女のおまんこは、自分に見える位置にはない。男のチンチンのように、見下ろせばそこにある、という存在感のあるしろものとはちがう。見てもならず、さわってもならず、感覚を開発することもできず、それどころか存在を否定された女自身のからだの一部。それがおまんこだった。それを見たり、さわったり、いじくりまわしたり、なめたり、調教したり……という特権は、男だけが持っていたのである。

人は生涯にいくつのおまんこを見るか?

四方田犬彦さんは『映像要理』の中で「人は生涯にいくつの女性性器を見るか」という問いを立てている。もちろん、四方田さん、ここは「人」と言わずに「男」と言ってもらわないといけない。ンたく、男類による人類の僭称には、いつも困ってしまう。

なるほど、この問いは「男」にとっては意味があるだろう。生涯にただ妻一人を守る一穴主義者を除いては。ところでこの「人」を「女」に置きかえてみるとこの問いはこっけいなものになる――女は生涯にいくつの女性性器を見るか?

鏡というものがあるから、女は生涯にたった一コだけは、おまんこを見ることができる——自分のおまんこである。レズビアンでもない限り、ヘテロ(異性愛)の女は、ふつう自分以外の女のおまんこを見る機会に恵まれない。おまんこをいくつも見比べてみる特権は、男だけが持っている。

その反対に男性性器の方は生涯にいくつも見ることになるかもしれない。娼婦稼業なぞをしていたら、もちろん吐き気がするくらいたくさんのチンチンを見せつけられることになるだろう。破瓜《はか》型精神病の女性患者の妄想の一種に、自分をとり巻く壁からボッキした男根がいっぱいつき出て自分を圧迫してくる、というものがあるが、これなぞ思い浮かべただけでリアルにイメージが迫ってくる。関係ないが、わたしはチンチンというものはいつも腫れて突っ立っているものと思っていた。男がわたしの目の前でパンツを脱いだ時にはいつもそうだったからである。あとになって、垂れて萎《い》縮《しゅく》したかわいいペニスを見ると、ひどくもの珍らしかったのを覚えている。まったく、無知というもンはこわい。

考えてみれば、自分の性器を自分自身よりも何度も見、よくさわり、たっぷりもてあそび、その上他のおまんこと見比べることさえできるのが、自分でなく男だ、というのも妙な話である。しかし、ヴィクトリア朝のおまんこは、そう命じられていた。マスターベーションを禁じられ、それはおまえのモノではない、男の持チモノである、と告げられていたのである。

　ある男の子が、ガールフレンドが自分のチンチンをさわってくれないと悩みを訴える。彼女によれば、チンチンはグロテスクなものだから、さわるのもイヤだし見るのもイヤだと言う。そんな気持ちの悪いモノでよく気持ちいいことやってられるね、とイヤミの一つも言いたくなるが、それは置いといて。彼女は自分のおまんこも見苦しいものだと思いこんでいて、彼に性器を見られるのをイヤがるのだという。彼がやっているのは、鏡を持ってきて、彼女に自分のおまんこを見せる忍耐づよい性教育。見上げたもンだね。こんな女の子でも、セックスはしちまうんだから始末が悪い。

　おまんこを花と形容したのも男なら、ボロぎれと呼んだのも男だ。女にはどちらもわからない。というより女にはどちらも関係ない。おまんこは花でもボロでもない。おまんこはおまんこだ。しかし男たちがおまんこを、すみれ、ウニ、ひとで、二枚貝、傷口……と呼ぶのは、女たちを脅えさせ、混乱させる。おまんこを定義する力は、男たちが持っているからだ。

　あいにくと、男のチンチンがお互いに比べやすい解剖学的形状を持っているのに対して、女のおまんこはひっそり一人ひとりの股の間に隠れている。女が一人ひとり自分の穴におちこみ、悪いのはわたしひとりではないかしら、と自分ひとりの悩みを悩むのは、女が置かれた孤立と分断の状況とよく似ている。

だから、友人がドイツの女性写真家によるおまんこ写真集を見せてくれた時、わたしは仰天した。第一に、わたしは最初、それが何だかわからなかったのである。次にそれがおまんこのオンパレードだとわかった時、紙面をびっしり埋めたいく百のおまんこの〝表情〟を見て、笑いがこみあげてきた。大きいのや小さいのや、未成熟なのや使いこんだのや、つつましいのや迫力のあるのや、いく百のおまんこは、それぞれにおまんこの個体史を反映して個性的な顔を見せていた。

おまんこアート

フェミニスト・アートに興味を持って以来、わたしは、女性のアーティストがハード・コア・アート(性器表現)、それも女性性器の表現に固執することに気がついた。直接おまんこを描いたり撮ったりというものでなくても、ジョージア・オキーフの絵のように、おまんこのモチーフが象徴的に見えかくれしているようなものもある。

アーティスト(表現者)や観察者は、これまで男の専売特許だったから、女のアーティストというのは、たしかに女のフリーク(できそこない)だったり、男の領域になぐりこみをかけた強烈なパワーの持ち主だった。そして女のアーティストの増加は、女性の力の伸長と不可欠に結びついている。

その女のアーティストが、表現の対象に、再び女のハダカや、女の性器を選んだというのは何故だろう？　男の表現者も、自分を魅惑してやまない女の性的身体を、長い間くり返しくりかえし描いてきたというのに？　表現者が男から女に変わっても、女はただ男が愛でてきたものを、男のように、男なみに表現することで、アートのメインストリートに食いこもうとしただけなのだろうか？

デッサン教室で、女や男の画学生が、女のヌードモデルを熱心に描いているのを見ると、わたしは妙な気持ちになる。彼らがハダカの男ではなくハダカの女を描くのは、女の肉体の方が、男の肉体より美しい、と信じられているからだ――だが、誰によって？　女のハダカを愛でるのは、男の視線だ。女も女の肉体を美しいと思うだろうか？　女のカラダの方がきれい、という男やレズビアンの女はいっぱいいるが……。ギリシャ時代のアーティストは、男のハダカを無上に愛でた。男のカラダより女のカラダがきれい、となったのは、女のカラダが客体として対象化された近代以降のことにすぎないと「男性学」の渡辺恒夫さんは指摘する。

デッサン教室で女のヌードモデルをニコリともせずに熱心に写生している女の画学生を見ると、わたしは彼女は何を見ているのだろうと気にせずにはいられない。彼女は、同輩の男の画学生と同じものを見ているのだろうか？　そしてそれを朋輩に劣らないテクニックでカンヴァスに定着しようと無心に努力しているだけなのだろうか？

女の絵かきや女のカメラマンの中には、時々、そういうケースがある。ハダカの女や女のヌードは、絵や写真の伝統的なテーマだった。ハダカの女と着衣の紳士の組み合わせを描いたマネの「草上昼餐」(なんで女だけがハダカなの？　こんな状況は、現実にはあるわけがない！)が典型的に示すように、見る主体としての男と見られる客体としての女という一方的な図式は絶対だった。ハダカの女を客体としてつき放して描いたり撮ったりした女のアーティストの作品――名前を見なければ男の作品と見分けがつかない――を見ると、見る主体としての彼女にも、見られる客体としての彼女にも、わたしは痛ましさを感じてしまう。

おまんこナルシシズム

女が表現者として見る主体の立場に立ったのなら、今度は女にとって性的ファンタジーの源である男を客体化する番だ、と考えるのはしごく順当だろう。しかし単純にそうはならなかった。なぜだろう？

一つの理由は、男の性的ファンタジーの源が女のハダカや女の性器であるようには、女の性的ファンタジーの源は、男のハダカや男の性器に対象化されないということがある。男と女の関係は思った以上に非対称的なもののようで、主語と目的語を入れかえさえすれば命題が成り立つというものではなさそうだ。男の性的ファンタジーは、女の対象化と対象化した女にふかく依存しているのに対し、女の性的ファンタジーは、逆方向の対象化を必要とせず、もっとふかくナルシシズムに結びついているらしい。それは主客分離以前の未分化なエロスの段階に女がたゆたっているからだ、と言ってもいいし、また逆に対象化に向かう視線が屈折して自分自身に反転するほど女にとって自己客体化の疎外はふかいのだ、と言ってみてもよい。

女のアートには、このナルシシズムがいつも大きな契機を占めている。女を描きつづける女の作家——女の作家には男が描けない、とよく言われる——は、ほんとのところ男なんて歯牙にもかけず、自分自身のことにしか興味がないんじゃないかと思えてくる。こういう鉄壁のオートエロティシズム(自己性愛)の中に立てこもられては男は手も足も出ないだろう。女という他者を欲望の対象として客体化し、それにしがみついてせつなくチンチンを振り立てている男の方が、よほど哀しくかよわい生き物に思えてくる。現に作家の三枝和子さんは、女はほんとうは男要ラズの自己充足性を持っているのだけれど、ホントのことを言ってしまうとミもフタもない——その上、自分とコドモを養ってもらえない——ので、男が必要なフリをしてるだけなのだと言う。だから、女のオートエロティシズムは、異性(男)の性的身体にではなく、自分自身の性的身体に固着する。女の表現者が、女のカラダ、女の性器にばかり固執するのは、こう考えると自然だということがわかる。女は、男を対象化する必要がないから、そうしないだけなのである。

女の表現者が、このナルシシズム戦略を自覚的にとることもある。女のセクシュアリティや、女の性的身体を象徴的に、または具象的にしつように描く女のアーティストに対しては、何度も一人でイッちゃう女のオーガズムを前にして、オレたちのオーガズムなんて貧弱なもンだよな、と肩を落として去るほか、男にはテがないように見える。だから女のナルシシズムは、男に対して十分に攻撃的な戦略になりうる。股の間にパックリ口を開けた巨大な女体をつくる彫刻家ケイト・ミレットや、女は宇宙の母、宇宙の源泉、女から全世界は生まれたと高らかにうたうエイドリアン・リッチのような詩人は、この戦略の攻撃性を十分に自覚している。

偉大なおまんこたち

ジュディ・シカゴのアートをはじめて見た時、わたしが考えていたのはこういうことだった。ジュディは一九三九年生まれ。高度なエアブラッシュの技法で、女のカントを象徴的に描いた〝Through the Flower〟シリーズですでにフェミニスト・アーティストとしての声価を確立していた彼女は、日本には、彼女の自伝〝Through the Flower(花もつ女)〟が小池一子さんの訳で紹介されて衝撃を与えた。カントはよく花弁が襞のようにたたみこまれその中から咲きこぼれようとしている花にたとえられるが、ジュディの〝Through the Flower〟がカントのことを意味しているのは明白だった。花に仮託して、ジュディはくり返しくりかえし、おまんこを描いていたわけだ。

ジュディの〝花〟は、おまんこを神秘化しても美化してもいなかった。むしろおまんこを自分の目で見、それを表現することに対する彼女の執拗なこだわりを示していた。彼女自身の苦闘のあとをとおして、ジュディはわたしたちに、さあ、目をそむけずにごらん、これがおまんこよ、これがわたしたちのおまんこよ、と高らかに宣しているように見えた。それは、自分の目で見なければおまんこがいったいどういうものか、ついにその持ち主であるわたしたち自身にもわからないこと、それがわからなければわたしたちに自分自身のおまんこを所有することもできないこと――実のところ、おまんこの所有者は男たちだったのだ――と教えていた。

おまんこ――それを持っているために女であり、そのために男を魅惑し、それが原因でおとしめられ、女の中核にありながら、女自身からもっとも遠ざけられているもの。女が女自身を回復するために、ジュディはおまんこを見ること、そして〝おまんこをとおしてthrough the flower〟見ること、をわたしたちに示した。何を？――世界を。わたし自身を。おまんこは、世界を見るための回路。そこに立ちはだかって女に見るなと禁止する壁を破って、そのワレメから脱け出さなければ、女には、世界も自分自身も、見えてこないのだった。

おまんこがいっぱい

女がいっぱい。おまんこがいっぱい。おまんこを神秘化したり、汚ならしいものだと思ったりするのは男にでも任せて――矢川澄子さんが言うように、「女性自身。女体の神秘。そんなものは当の女性であるわたしたち自身にとっては不可解でも何でも」ないのだから――自分のおまんこをありのままに認め、存在させることが必要だ。

それができるのは、同じようにおまんこを持った他の女たちとつながった時だけだということを、ジュディは教えてくれた。たった一人のおまんこの穴に陥没して悩んでいたわたし一人の悩みが、他の女たちの悩みとつながっていることがわかった時にだけ、わたしたちはおまんこの穴から脱け出して「おまんこをとおして」自分と世界を見ることができるようになる。おまんこは、そのために女たちが一度はくぐり抜けなければならないトンネルのようなもの。そう考えると、おまんこに固執するフェミニスト・アーティストのこだわりの理由が見えてきた。

おまんこ、と唱えて相手の驚く顔が見たい、というわたしのこどもじみた欲求は、フーコーの言う〈性の抑圧〉仮説にぴったりだと、今さらのように感心する。フーコーは、禁止があるからこそ性の言説がはびこる。性の抑圧と性的ディスコースの特権視は、タテの両面だと喝破した。おまんこ！と叫んで他人のヒンシュクを買いたいわたしの不幸なビョーキも、この近代の射程の中にあることが、今じゃはっきりわかるよ、フーコーおじさん。

おまんこ、と叫んでも誰も何の反応も示さなくなるまで、わたしはおまんこと言いつづけるだろうし、女のワキ毛に衝撃力がなくなるまで、黒木香さんは腕をたかだかとあげつづけるだろう。それまでわたしたちは、たくさんのおまんこを見つめ、描き、語りつづけなければならない。そしてたくさんのおまんこをとおして、〝女性自身(わたしじしん)〟が見えてくることだろう。

セクシュアリティの地殻変動が起きている

「コギャル」と「ブルセラ少女」をめぐって

しばらくニッポンをるすにしているあいだに、この国では「コギャル[1]」だの「ブル[2]セラ少女」はては「援助交際」だの、しろうとさんが性の市場にどんどん参入しているようです。

「ブルセラ少女」だの「ブルセラ・ショップ」だのについて伝え聞いたとき、わたしはなぜ「ブルセラ・オヤジ」という用語がないのか、不思議に思ったものです。使用済みパンツをセーラー服姿の持ち主の写真を添えて売り買いするマーケット。そんなものに大枚を支払う男のほうが、キモチわるい、に決まっています。少女たちにしてみれば、え、こんなものが商品になるの？　という新しい発見にすぎなかったことでしょう。オッパイをさわられたり、セックスを強要されたりすることにくらべれば、相手と顔を合わせる必要もなく、ずぅーっと安全でわりのいいアルバイト――消費社会に生きる女の子たちにとっては、その程度の行為にすぎません。自分の使用済みパンツをあたまからかぶってマスターベーションにふける男の姿を想像すれば、キモチわるくて吐きそー、な気分になるかもしれませんが、彼女たちはブルセラ・ショップにパンツを売った時点で、そのパンツのゆくえに対する想像力を遮断することで平然としていることができます。この市場社会のもとでは、柄谷行人さんの言うように、商品の売り手と買い手とのあいだには「無限の跳躍」がありますから、商品の売り手は、自分の売ったガラクタを買い手が神サマのようにあがめていたとしても、知ったこっちゃない、のです。「ブルセラ」の市場をめぐって、キモチわるくて吐きそー、な気分になるのは、もちろん、買い手の男に対して、のほうが正しいのです。

　ちなみに「ブルセラ」という商品の「売り手」と「買い手」が誰か、という問いについても誤解を正しておかなければなりません。「ブルセラ」の市場は、「ブルセラ・ショップ」という性産業によって媒介されています。性産業のなかではビジネスの経営者はしばしば(以上に)男であり、かつ消費者も男です。買売春をふくむ性産業は、誤解を受けているようですが、「女が自分の性を男に売る」ビジネスではなく、ほとんどの場合「男が男に女の性を売る」ビジネスです。「商品」である女には客を選ぶ権利はありません。買春を売春といいくるめるのは——事実、今でもわたしのワープロでは、「ばいしゅん」とうちこめば「売春」はすぐに出てきますが、「買春」は出てきません――「買う男」の責任を「売る女」に転嫁する、ことばのマジックにほかなりません。そこでは「売る女」がスティグマ(烙印)を与えられます。

ところで性の市場では「需要が供給に先行する」のは鉄則です。性的サービスの供給が経済価値を持たないところでは、性産業は成立しません。というのは買い手にとってはそれは「性的行為」ですが、売り手にとってはそれは「経済行為」にすぎないからです。

性産業のなかでは女の性や身体、そして使用済みパンツは、ショップに入荷する商品にすぎません。「ブルセラ少女」たちは、なにも自分で販路を開拓したのではありません。使用済みパンツに市場価値があるということを、マスコミ情報や口コミ情報で知って、ショップに持ち込んだのです。考えてみれば、たいした原価もかからない使用済みパンツを、それも本当に女子高生が使ったかどうかの確証もなく、添えられたポラロイド写真を本人だと信じ込んで買う客というのは、ブルセラ・ショップの経営者にとってはちょろい客にほかならないことでしょう。こんな甘い商売のチャンスがあるなら、それにのらない手はない、というのが資本主義というものです。

パンティ・コレクターの男は昔からいました。性的欲望を女性という性的他者にではなく、換喩的にそれに関わるモノや記号に向けることを、フェティシズムといいます。男のセクシュアリティはしばしばフェティッシュな形態をとることがあります。女のハイヒールを偏愛する男や、下着やパンティを愛好する男はたくさんいました。アメリカのメイル・オーダー・マーケットに『ヴィクトリアン・シークレット』という煽情的な女性下着のカタログ誌がありますが、聞くところによると、このカタログ誌の常連客には男性がけっこういるということです。カタログには「あなたの妻や恋人への贈り物に」と書いてありますが、なんの、「自分自身への贈り物」にするフェティッシュな男性はいくらもいます。フェティッシュな男性のなかには、使用済み下着のほうが未使用の下着より価値が高いと考えるひともいます。そのほうが身体への近接性がより高いからです。そのせいで女子寮やひとり暮らしの女性の物干し場から、洗濯したブラジャーやパンティが盗まれる、という事件は昔からありました。そこまでくれば、洗ってない使用済みパンツを手に入れたい、という欲望まではあと一歩、でしょう。

男の欲望はフェティッシュなものですが——ということはつまりそれだけ倒錯度、すなわち文明度が高い、ということでもありますが——だからといってほんものの女体に欲望する男性がフェティッシュでない、ということにはなりません。女性の身体というものがすでに性的欲望の記号となってしまっている男性は、どんな女のハダカを見ても相手かまわず発情します。なんてフェティッシュなことでしょう。わたしの敬愛するゲイの理論家、伏見憲明さんのことばを借りれば、女と見れば発情できる異性愛の男は、女体という「制度」と寝ている、のです[伏見 1991]。

使用済みパンツを売買する、というこの新しいビジネスが性産業のカタログにつけ加わったとき、市場価値が発生したのは「ブルマー」と「セーラー服」に象徴される一〇代の女子中高生のものに対してだけでした。使用済みパンツが売れるなら……これってラクな小遣いかせぎかも、と主婦やOLも思ったかもしれません。が、成熟した女の使用済みパンツなど、だれも見向きもしなかったのです。「ブルセラ少女」たちの登場にメディアがショックを表わしたのは、性の市場にこれまで「使用禁止の身体」の持ち主、とおもわれていた少女たちが参入したことです。『少女民俗学』[大塚 1989]の著者、大塚英志さんの明快な定義によれば、「少女」とは「使用禁止の身体の持ち主」のことです。つまり第二次性徴によって生理的にはすでに性的成熟に達していながら、社会的・文化的にその身体の使用を「禁止」されている存在、のことをさします。昔なら初潮と同時に成女式(イニシエーション)を受け、娘組に加入して若者たちの夜這《よば》いの対象になった若い女性たち。性的な自由交渉をともないながら未来の配偶者選択をすることで、男女ともに童貞・処女の結婚などはありえなかった前近代の共同体にくらべて、近代は「結婚までは処女で」という中産階級的な性規範をおしつけることで、未婚の女性の身体を「使用禁止」に仕立てあげたのです。他方で結婚年齢の上昇と高等教育の大衆化がすすみ、この「使用禁止」の期間はどんどん延びるにいたりました。

前近代の社会が、一〇代の女性の身体を、性的身体として使用するばかりか酷使したことは、江戸時代の遊郭をみればよくわかります。少女は八歳かそこらで苦界に売られ、一〇代のはじめに水揚げされます。遊郭で最高の位である太夫の座にのぼりつめるのが平均して一六歳、稼ぎどきは一四～一五歳だというのですから。この年齢はどんなにカラダを酷使しても回復が早いのだそうです。二〇歳にもなれば大半が結核や性病にかかっており、命を落としている女性もいます。幸運にも生き延びているとしても、消耗品扱いで、さらに格の低い遊郭に転売されることになります［上野 1991：赤松・上野・大月 1995］。一〇代の少女の身体を性的使用から制限する習慣は、前近代の日本にはありませんでした。

「ブルセラ少女」の商品価値は、彼女が「使用禁止の身体」の持ち主でありながら、同時に性的身体としても存在している、というその「落差」によって発生します。この「価値＝落差」は当事者が自分の意志で獲得したものではありません。オヤジ社会の規範が、彼女たちに押しつけたものです。ここでも「当事者」という用語の使い方には注意しなければなりません。「ブルセラ現象」のほんとうの「当事者」はオヤジであって、少女たちではありません。したがってブルセラ・ショップで高い値段で使用済みパンツを買う男たちは、じぶんたちが生み出した妄想に勝手に発情する「鏡を見ながらマスターベーションするサル」とでもいうべき存在になります。もちろんこんなフェティッシュなサルはいませんから、この比喩はサルに失礼、というものでしょう。「使用禁止の身体」の価値をかってにつりあげ、それに性的妄想を託して高いおカネを払う男たちは、少女たちからみればたんに「バッカみたい」な存在であり、かつブキミなのはどちらかはあきらかでしょう。

が、社会的に非力な少女たちは、自分たちが自分の力ではコントロールできない価値を、かってにオヤジ社会から与えられていることを自覚しています。そしてその市場価値が一時的なものにすぎないことも。だとしたらそのつかのまの価値を利用してどこが悪い、と彼女たちが考えたとしてもだれがそれを責めることができるでしょう？　ブルセラ少女たちの動機は、「ブランド品が欲しかった」「友達から仲間外れにされないおしゃれがしたかった」と消費社会の用語で表現されます。大人たちは拝金主義や物質主義など、少女を冒す消費社会の病理を責めるのですが、たとえおカネに換算されなくても、彼女たちが味わっているのがつかのまにせよ自分の価値を誰かが認めるという「力の感覚 sense of power」だとしたら、これはやっぱりこたえられない、ことでしょう。

誘惑者としての少女の価値は、実は誘惑される男の側の欲望の投射にすぎません。誘惑者が自分自身の価値を自覚してふるまうとき、わたしたちはそれを「コケットリィ(媚態)」と呼ぶのですが、彼女は自分ではコントロールできないその力の源泉が「誘惑される者」の手にあることをよく知っています。そして少女にその価値があることを教えるのは、つねに他者の側なのです。

少女たちにブルセラ・ショップの存在を教え、彼女たちの使用済みパンツに市場価値があることを「発見」させたのは、マスコミでした。メディアにおける「ブルセラ・ブーム」の仕掛人、藤井良樹くんや宮台真司くんは、それをじゅうぶんに自覚しています。彼らの証言によれば、メディアの中で「ブルセラ・ブーム」が起きたあとに、事実、ブルセラ・ショップの数は増えたということです。これらのルポライターや社会学者たちは、取材と称して女子高生たちに「ブルセラ・ショップ」の存在を教え、彼女たちのアクセスを容易にすることに貢献しました。

今日では、メディアが環境の一部を構成してしまっている事実をくつがえすことはできません。だれもが自己正当化のためのボキャブラリーを、目の前にある「ありあわせ(ブリコラージュ)」の在庫から調達するとき、その在庫目録に新たなロジックをつけ加える役目をメディアは果たしています。もっとはっきり言えば、メディアが使う「知識人」たちは、そういう「物語」の生産者としての役割を果たしています。『暴走族のエスノグラフィー』[佐藤 1984]の著者、佐藤郁哉さんは、暴走族がヒロイックな自己像をメディアとの相互交渉の過程から形成してきたことを実証しています。その過程で、メディアによる報道やジャーナリストによる取材、そして研究者による分析もまた、たしかに当事者にフィードバックされているのです。「ブルセラ少女」については、宮台くんや他の若手のルポライターは、そういう役割を果たしました。わたしはそれが悪い、と言っているのではありません。いずれにしてもメディアのなかで「ブルセラ少女」についての「物語」が生産される運命にあるのなら、旧弊なモラルによる断罪よりも、少しでも彼女たちのリアリティにそった「使いで」のある物語を供給する方がましだ、と思っているくらいです。それこそが「若者の味方」、宮台くんのような社会学者の任務なのですから。当事者はたんなる受け身の調査対象ではありません。彼女たちは自分を正当化するために、入手可能な物語の在庫のなかから、できるだけ自分が納得できる、もしくは自分の利害にかなうボキャブラリーを選択するだけの知恵を持っています。

ちなみに宮台くんの『制服少女たちの選択』[宮台1994]とその続編ともいうべき『世紀末の作法』[宮台1997]は、彼のフィールドワーカーとしてのすぐれた資質を示しています。彼は地方テレクラの取材体験にもとづいて、「使用禁止の身体」という近代中産階級的な価値がほぼ首都圏にしか成立していないこと、一歩地方に出れば、女子中高生も主婦もOLも、たいして違いのない「使用可能な身体」として「適正価格」で売買されていることを発見します。女子中高生(それも名門ブランド学園の、つまり「使用禁止度の高い」階級に所属する身体の持ち主でなければなりません)の「使用済みパンツ」に高いおカネを払うというフェティッシュな性の市場は、大都市圏にしか成立しないことを発見して、彼は彼の理論の「局地性(ローカリティ)」をあっさり認めます(好感♡)。そしてその背後に、ごく最近まで夜這いがふつうにおこなわれていた民俗としての性を見出して、性規範の階層性や地域性に分析を及ぼすところなど、なかなかの手際というべきでしょう。

それにしても。彼らはどうして「ブルセラ少女」たちではなく、「使用済みパンツを買う男」たちの取材をしなかったのでしょう? わたしは宮台くんを、現実感覚に鋭敏でかつ理論的な構想力のあるすぐれた若手の社会学者として高く評価していますが、彼が「ブルセラ少女」はシステム論の応用問題だ、というとき、そして「使用済みパンツを買う男」をシステムの与件として問題化の対象から除外するとき、わたしは彼の「システム論」と称するもののどうしようもない保守性(現状肯定性)を嗅ぎつけてしまうのです。これをシステム論という方法論に固有の保守性、と言い切ってしまうことはできないでしょう。なぜなら、システムを構成する変数に何を選び、システムとその環境のそれぞれに何を帰属させるかは、結局、分析者の選択なのですから。宮台くんが「ブルセラ少女はあなたの隣にいるかもしれない」「あなたの娘も使用済みパンツを売ったかもしれない」、それは蓋然性の問題にすぎない、というとき、その背後には「あなたも使用済みパンツを買うかもしれない」「あなたの買ったパンツはもしかしたらあなたの娘のものかもしれない」というおぞましいメッセージをオヤジたちに送っていることになるはずです。

「セックスレス」の病理化

「使用禁止」の身体が性的身体としてどんどん性の市場に登場するいっぽうで、「セックスレス」が問題になっています。専門家と称する人々の定義によれば、「セックスレス」とは「健康な既婚カップルが一カ月以上にわたって性交渉を持たないこと」とあって、笑ってしまいました。これがビョーキなら、「おれんとこはずぅーっとビョーキだよ」とコクハクする中年以上の男女は多いのではないでしょうか。この定義にはいくつもの問題があります。結婚していないカップルの場合は「一カ月以上性交渉がない」ことはビョーキではないのでしょうか。それともシングルの場合は？「一カ月以上セックスしない」とビョーキになる？　結婚していればセックスがない、ことがビョーキであり、結婚していなければセックスがないことはたんにあたりまえであるにすぎない、とすれば、「結婚」があいかわらずセックスのライセンスであるばかりか、セックスの義務でもあることになります。事実、民法のなかには夫婦間の「貞操の義務」ばかりでなく、その裏側に「性的義務」も含まれていて、セックスに応じないと離婚理由になるのだそうです。この「性的義務」は、たんに「セックスする義務」のことをさしていて、「性的満足を与える義務」ではなさそうなので、おざなりのセックスでも、よーするにやることやっときゃいーんだろ、ということになります。女の方でも、夫から強姦まがいのひとりよがりのセックスを押しつけられても、「おつとめ」だからしかたがない、となります。さらには同性どうしのカップルの場合は？　同性どうしならセックスがあることがビョーキで、ないことがあたりまえ、なのでしょうか。この定義のなかには、「やってもかまわない」異性の相手が目の前にいるときに、「その気にならないのはビョーキ」だとするねづよいヘテロセクシズムと、性の自然視があります。

いっそのこと、既婚・未婚、男女の性別を問わず、健康な成人が「一カ月以上セックスがない」のは「健康に悪い」とでも言ってほしいものです。だとすれば性的に「使用可能な年齢」に達してからの青年男女が「一カ月以上」禁欲を強いられるのも、「健康に悪い！」というものでしょう。もちろん、他人に迷惑をかけないマスターベーションという手もあります。オナニーの訳語を「自瀆《じとく》」といういかにも罪深い表現から「自慰」という肯定的な表現に変えたのは、大正時代の性の啓蒙家、山本宣治ですが、同時代の性科学者、青柳有美はそのうえ「人工遂情」(自分自身で思いを遂げる)という美しい訳語を「オートエロティシズム」にあてています。青柳によれば、「人工遂情」をすれば「気がはきはきして、頭がすっきりする」という効能があるそうですから、セックスはやはり「カラダによい」のです[木本 1976]。

ちなみに一カ月はおろか一年以上、さらに数十年にわたって「セックスがない」人々が、十分に健康であるばかりか精神的にも充実した人生を送っていることを、マイケル、ガニオンらの『セックス・イン・アメリカ』[Michael, Gagnon, Lauman and Kolata 1994 = 1996]の調査は明らかにしています。食欲と違って性欲は、満たされなかったとしても死ぬわけではありません。その上発情のしくみは生理的なもの以上に文化的・社会的なものです。セックスがないことを即「ビョーキ」「不幸」視するまなざしそのものが、「性に憑かれた時代」こと近代の強迫神経症のあらわれではありますまいか。

そもそも「セックスレス」はどうして病理化されなければならないのでしょう？夫婦間のセックスが特権化され、規範化されたからこそ、そのネガとして「セックスレス」が「異常視」されたというほかありません。「セックスレス」が話題になってから、メディア(男性メディアも女性メディアも)はいかにも新奇な現象のようにこのテーマをとりあげ、わたしも取材を受けました。一部のオヤジ・メディアにいたっては、「近頃の若いもン」は動物としてのエネルギー・ポテンシャルが落ちている、とばかりにこの「世紀末的現象」を慨嘆する、というポーズを示しました。最近の出生率の低下や、1ccあたりの男性の精液中の活動精子数が減少している、といったデータがもっともらしく参照され、この解釈に「科学的」な根拠を与えました。ジャーナリストや研究者のなかにも、「セックスレス」カップルのインタヴュー調査にのり出す人もいましたが、わたしはそれを見て、いつも怪訝《けげん》に思ったものです。彼らの報告からは「セックスレス」カップルは「セックスあり」カップル以上にスキンシップが多い、とか、仲がよい、とかの調査結果が出てきましたが、なるほど、彼らは「セックスなし」でもカップルでありつづけることを自発的に選択している人々なのですから、セックス以外の関係に積極的な価値を見出しているのは当然のことでしょう。が、サンプルのとりかたによっては、同じようにスキンシップが多かったり、仲がよかったりする「セックスあり」カップルだって、たくさんいるにちがいありません。「セックスレス」カップルを、説明に値する特別な存在とみなす病理学的な視線こそが、研究対象としての「セックスレス」を構成しているのではないか？——わたしはそう疑ったものです。

ひるがえってオヤジ世代の「セックスあり」のほうは、問題がないのでしょうか。わたしがいつも思い出すのは、故大工原秀子さんの『老年期の性』[大工原 1979]です。「色気ちがい」の保健婦さん、と呼ばれながらも、日本における七〇歳以上の高齢者のセックス・リサーチのパイオニアの役割を果たした大工原さんの調査レポートによれば、当時(一九七〇年代)七〇歳以上だった女性のほとんどは「もう結婚はこりごり」、というのも「あのつらいおつとめをもうしなくてすむ」から、と答えています。同じ年齢の男性の大半が「相手さえいればすぐにでも再婚したい」と答えているのと、これは対照的な結果です。彼女たちの多くは大工原さんのつっこんだ問いに答えて「性の歓びとはどんなものか、味わったことがない」と答えています。明治生まれのおばあちゃんたちの性生活は、こんなにも貧困なものだったようです。

こういう女性たちでもセックスして子どもを産み、「つらいおつとめ」を果たしてきたのですから、その背後には、相手の満足に少しも配慮しないで一方的に自分の欲望だけを遂げる、野蛮な男の性があります。こういう強引なセックスのことを強姦とも言いますが、婚姻のなかでの強姦は犯罪になってきませんでした(少なくともこれまではそうでした)。オヤジ世代の「セックスあり」が、多くはこういう男の側の一方的で強引なセックスによって成り立っているとしたら、「セックスレス」と「セックスあり」のどちらがビョーキ、なのか、考えてみる必要があります。

「セックスレス」のカップルのありかたはさまざまです。夫が妻の欲望を無視して手を出さない、というケースもありますが、若い男性のなかには、女性からのわずかな拒否のサインにも敏感だという傾向があります。「いやよいやよも、いいのうち」とばかりに少々の拒否や抵抗をおしのけて自分の欲望を果たすのが「男らしい」と思われていた時代にくらべれば、相手のノーのサインに敏感に反応して、「あ、そう」と退く男たちのほうが、はるかに「文明的」ではありますまいか。相手のノー・サインを読みとれないほどに鈍感なセクハラ体質のオヤジだけが、「近頃の若いもン」はふがいない、と慨嘆するのです。

「援助交際」のレトリック

「援助交際」ということばをはじめて耳にしたとき、わたしは思わずそのネーミングのうまさにうなりました(感心している場合か)。オヤジの側が考えついたのか、それとも女の子の側が発明したのか、この婉曲語法は、自分たちのしていることを粉飾するには、まったくうってつけのパロディでした。女の子たちが陰では率直に「ウリ(売春のこと)」と呼んでいる同じ行為を、あからさまにウソと承知で言いくるめるその厚顔なユーモアのセンス(!)にも感心したものです。「援助交際」ということばを使えば、お互いに罪の意識を持たずにすみます。

「援助交際」ということばは、セックスの当事者間の圧倒的な資源の不均衡を前提にしています。「援助」を与える側は年齢の高さとサイフ(とついでに面の皮)の厚さを持ち、「援助」を受けとる側には、若さと肉体しかありません。この「若さ」も「ブルセラ少女」と同じく記号化されたものにすぎません。制服の女子中高生のように、タテマエとして「使用禁止の身体」が現実に使用可能になる、という「落差」が価値の発生の源だからです。「きみって、ほんものの女子高生なの？」とあやしむ客には、「ほら、ほんとうでしょ」と名門学園の学生証を見せればなお価値が上がります。どのみちやらせ芝居なのですから、客のニーズをタテマエだけ満たしてやればよいのです。たくし上げたミニスカート丈の制服、ルーズソックス、細い描き眉……いくつかの記号がそろえば、毛針にひっかかる獲物のように「きみっていくらなの？」と男は寄ってきます。

「援助交際」が「売春」とちがうのは、彼女たちが「商品」ではないからです。「商品」は客を選びません。彼女たちは「客」を選ぶ一種のフリーランスの自営業者たちです。しかも業者もいなければ市場もなりたっていません。自分の身体に市場価値が発生することを、彼女たちは偶発的に、かつ事後的に「発見」するにすぎません。こういう言い方は正確ではないでしょう。これだけ情報があれば、おおかたの女子中高生たちは、自分の身体にとくべつな市場価値があることを、すでに事前にかつ組織的に知っていることでしょう。あとは「ブルセラ少女」の場合と同じく、市場に対してどれだけアクセスがあるか(たまたま男から声をかけられるか、口コミで仲介してくれる友達が近くにいるか、テレクラやポケベルで相手が見つかるか etc.)という偶発性に依存します。この偶発性は、宮台くんのいうように、倫理の問題ではなく蓋然性の問題にすぎません。

年若い女の子と「援助交際」するオヤジは、たんなるロリコンのフェチ男、と呼んでもかまいません。が、「援助交際」する女の子の側にはいろいろな事情があることでしょう。「もっともっとおカネがほしい」という消費社会の落とし子かもしれませんし、幻の作家、桜井亜美が鮮烈な青春小説『イノセントワールド』[桜井 1996]で書いたように、オヤジ社会への「復讐」かもしれません。あるいは桜井がべつな作品[桜井 1997]で示唆するように、産まれてきたことへのルサンチマンの表現かもしれませんし、自罰や自傷行為の一種かもしれません。性的逸脱をアクティング・アウトする思春期の少女たちの臨床的な研究によれば、父親との葛藤や両親の不和が原因で、娘はみずからの身体をすすんで性的客体としてさしだすことがあることがわかっています。彼女たちは両親の禁止を破り、両親が価値あるものとみなした自分の身体を自傷的に扱うことで、両親を罰しているのです。あるいはたんなる性に対する好奇心かもしれませんし、ひとりでいたくない、という孤独感からかもしれません。さみしくて誰かに抱いていてほしかった、という少女の気持ちはほとんどの場合、文字どおり「抱いていてほしい」だけなのですが、それが性器のインサートに至ることまで、彼女たちは不用意にも予測していなかったかもしれませんし、あるいは「もののはずみで」受けいれたにすぎないかもしれません。あるいはまた、どんなかたちにせよ、だれかに必要とされる(市場価値がある、ということはその何よりの証拠ではありますまいか)という実感を、日々おまえは無価値だと親や教師にいわれつづけてきた少女は、つかのま手にしているのかもしれません。

いずれにせよ、「援助交際」する女の子たちを単一のカテゴリーにくくることはできません。以上に挙げたさまざまな原因がもしいくらかずつでも当たっているとしたら、この少女たちは、その昔「性的非行」と呼ばれた逸脱とたいして変わりのない行為をおこなっているにすぎませんが、ちがいがあるとしたら、彼女たちはそれをもはや「タダ(無料)」ではやらなくなった、ということだけです。

タダでやるセックスとタダではないセックスとを区別することにはいくつかの意味があります。一昔前の「性的非行」には、「不純異性交遊」が含まれていました。つまり一〇代の少年少女がセックスをともなう「交遊」をすれば、それがそのまま「性的逸脱」と見なされたのですが(もともと少年・少女期を「性の不在」として定義していれば、一〇代の性行為はそのままで論理必然的に「逸脱」となります)、最近ではさすがにそれはむずかしくなりました。「初夜」と「婚前交渉」(結婚を前提にするなら「ゆるしてもよい」なんて、まあ、なんと牧歌的な時代だったことでしょう)ということばが死語になった今日、一〇代の少年・少女のセックスを禁止するどのような規範も成り立たなくなりました。性教育の場面も、一〇代のセックスは「なくてあたりまえ」から「あってあたりまえ」へと転換し、きちんと避妊教育をしなければならない時代になっています。ロマンティック・ラブ・イデオロギーが「民主化」すれば、一〇代の子どもたちにも「愛しあったらセックスしてあたりまえ」の権利を認めるほかなくなるからです。こういう時代のリベラルな性教育とは、性感染症の正しい知識を伝え、「避妊には注意してね」と情報を与えるしかありません。

こういう時代になおかつ「性的逸脱」といえるのは、「タダではないセックス」すなわち売春だけになります。ここでわたしたちにわかるのは、売春が今日においてもきわめて強いスティグマの対象となっている事実です。「愛のあるセックスならいい」、しかしカネと引き換えにするセックスは、今でも市民社会のスキャンダルなのです。ここでわたしたちは市民社会がその成り立ちの初めから性を人格と結びつけてきたこと、そしてそれによって何を隠蔽してきたかを知ることができます。

人がセックスの代価にカネを支払ったり受け取ったりすることには、いくつかの動機があります。精神分析家の岸田秀さんによれば、男にとって買春とは、もしかしたら妊娠や出産につながるかもしれない性行為のツケを、オレは払わないよ、という

「のり逃げ」の代価なのだそうです[岸田 1977]。昔から貞操と引き換えに女は男に「責任をとって」と迫ることになっていました。インドでは強姦した犯人が相手の女と結婚したら、罪に問われない、というところまであります(強姦犯と生涯、生活をともにするのは、ずいぶんな災難だと思いますが)。岸田さんの通俗フロイト学説によらなくても、貨幣の起源を説明する経済学説によれば、貨幣による交換とはそのつどの貸し借りなしの決済を意味します。つまり交換が強いる相手との債権債務的な社会的関係を維持しなくても、資源の流通が可能になる、という自動的な資源配分メカニズムが市場社会というものなのです。はなしをセックスに戻しましょう。貨幣を支払うセックスとは、相手とそれ以上の関わりを持ちたくない、というあとくされのないセックスを可能にします。このことはカネを払う男にとってはそのとおりでしょうし、カネを受け取る女にとっても同じような意味を持つことでしょう。

わたしは東電OL殺人事件というあのスキャンダラスな事件報道のことを思いうかべています。東京電力という大会社につとめる高学歴のOLが渋谷のアパートの空室で殺されたのをきっかけに、被害者の隠れた「夜の生活」がイエロージャーナリズムによって暴かれた、という例の事件です。報道によれば、彼女は夜の渋谷のラブホテル街で街娼もどきの生活をしていた、とのことですが、高給取りであった彼女が守銭奴かなにかのように貯金通帳の残高を楽しみにおショーバイにせいを出していた、とは考えられません。とすれば彼女の動機はカネではないことになりますが、「なんのために？」と不審がるほど、彼女の生活は理解できないものではありません。男があとくされのないセックスを求めるのと同じように、女にもあとくされのないセックスを求める欲望があり(その程度の「男なみの倒錯」ぐらい、女にもいくらも可能です)、その「お互いに関係しないですむ」セックスの合意が、男にとってはカネを支払い、女にとってはカネを受け取る、という非対称性を持っていただけだ、と考えることができます。女が不特定多数の男とあとくされのないセックスをタダでしたら「インラン女」と呼ばれ、カネを受け取ってしたら「売女」と呼ばれる……のもヘンなものではないでしょうか。

ところで「援助交際」の女の子たちは、性欲からこの関係に入るわけではありません。彼女たちにもタダでセックスする相手の男はきっといることでしょう。彼女たちがタダではセックスしない場合は、それが「カネでももらわなければやってらんない」くらいつまらないセックスだからです。彼女たちの多くは「援助交際」の相手をばかにしきっていますし、「交際」中はベッドにまぐろのように横たわってウブを演じていることでしょう。それどころか、自分の使用中の身体を離人症的に距離をおいて扱うことで「ヘドが出そー」な行為を耐えているだけかもしれません。このオヤジ、なんでこんなことがおもしろいんかなぁ、などと天井の鏡を見ながらしらけきっているかもしれません。

「援助交際」の女の子たちの登場に困惑した大人たちは、けれども彼女たちをうまく説得する論理を見つけることができません。東京大学の上野ゼミではかつて「コギャル」論争というのがありました。自分の性的身体を主体的に使用する「コギャル」はフェミニストか否か？という論争ですが、だれに迷惑をかけるわけじゃなし、自分のカラダを自分の自由に使って(そしてそれでカネを受け取って)どこが悪いのよ、という彼女たちの言い分に抗するのは難しそうに思えます。自分の市場価値がつかのまのものであることを知っている女の子たちは、オヤジ社会につけこめるあいだはそれから利益を得ることをためらいません。もちろん正統派フェミニズムの立場からは、「家父長制から利益を得る」女はそのこと自体によって家父長制秩序の再生産に加担している、という論理を立てることができますが、ンなこと言ったってこのオヤジ社会がそうかんたんにくつがえりそうもない現実を見れば、それにつけこめるチャンスをみすみす逃す手はないんじゃない？——という程度のことは、そのへんの総合職の女でも言いそうなセリフです。

「援助交際」の女の子たちの現実をよく知っていそうに見える宮台くんの言い分は、そんなことしてると男にたかをくくるようになるよ、人生をみくびるようになるよ、というきわめてまっとうな説です。事実、彼女たちの相手は「たかをくく」られてもしかたのないみじめなオヤジたちですから、彼女たちの不幸は、ただ人間の愚劣さを他人よりすこし早く知った、という程度のことかもしれません。わたしは人間の愚劣さを知らないほうが幸福だ、という説には与《くみ》しません。どのみち一生イノセントには生きられないのですし、子どもを人間の愚劣さから隔離しておくことができるとも思っていません。人間は愚劣なこともあれば崇高なこともある――必要なのはその両方を知ることです。

彼女たちに必要なのは「たかをくくることのできない」他人との関係、「みくびることのできない」人生とのつきあい方です。そのための方法は、セックスを含む男女関係を若いときからふつうに持つことだ、という宮台くんのまっとうさは、ほとんど感動ものといっていいくらいです。つまり彼は一〇代の少女の身体を「使用禁止」にする中産階級の偽善をやめろ、と主張しているのです。

保守派の論者は彼に「だめなものはだめ」とどうして言えないのか、と詰め寄ります。最近ではたましいの専門家、河合隼雄さんがこの問題にのり出して、「援助交際はたましいにわるい」と言い出して[河合1997]、わたしはおもわずのけぞりました(笑)。彼は女の子たちが無意識に「『援助交際』というムーブメント(運動)」を起こしているのだと「理解」を示しながら、「たましい」といういわくいいがたいものを持ち出して、結局「だめなものはだめ」と同義反復をしています。「援助交際」が「たましいにわるい」というなら、「援助交際」をしている男のほうにも「たましいにわるい」と言ってもらいたいものです。河合さんは「援助交際」をしている男を「たましいの殺人者」と呼んでいます。この犯罪は実刑に値する、という彼の説にはわたしも賛成ですけれど。

村上龍という作家も――なんでもわたしと同世代だそうですが、あまりの「オヤジ度」に、わたしは一度も同世代意識を持ったことがありません――「コギャル」をテーマにした『ラブ&ポップ』(この言語感覚を見ればそれだけで読むのが恥ずかしくなります)という小説を書いたそうですが、斎藤美奈子という若手の端倪《たんげい》すべからざる評論の書き手はこの小説を「おやじによるおやじのための物語」と評しています。『噂の真相』[1997.3]の「メディア異人列伝」というコラムからの孫引きによると、普通のおやじの病理を書かずに少女たちの生態に固執するのは、「自分のズボンのチャックを開けたままで他人の服装の乱れを気にしているような間抜けさがある」[『図書新聞』1997. 1. 18]と彼女は言います。

ンたく。どうして下半身の問題となると、男という男は(「良心的」な人も例外ではありません)、「コギャル」や「少女」たち、もっぱら女のほうばかりを「論じるに値する」と考えるのでしょう。そうやって「コギャル」や「援助交際の少女」を「問題」や「事件」にしたてあげることで、じぶんたちが何を自明視しているか、少しは内省してもらいたいものです。

それにしても「援助交際」がこんなにも多くの人の神経を逆撫でするのは、セックスが人格と切り離される可能性に(男のほうはとっくにそうしているというのに)それほど抵抗がある、ということではないでしょうか。

「セックス・ワーク」の可能性

売春を「セックス・ワーク(性労働)」と、売春婦を「セックス・ワーカー(性労働者)」と呼び換えることが論議を呼んでいます。ことはたんなる呼び換えではありません。「セックス・ワーク」という用語には、売春を労働として合法化せよ、そして売春婦を労働者としての権利侵害から守れ、という要求がともなっています。わたしが朝日新聞に「『セックスというお仕事』の困惑」[1994. 6. 22, 本書収録]を書いたとき、それを短絡的に「売春の擁護」と誤解して批判を浴びせた人々がいます。よく読めばわたしの議論はそんなに単純なものではないことがわかるはずなのですが、「セックスというお仕事」という言葉尻をつかまえて、短絡する人が多いことにおどろきました。(3)

わたしは「買春」と「売春」とははっきり区別しなければならない、と考えています。それは「強姦」という行為がふたりの当事者のあいだの性の交換行為ではまったくなく、加害者にとっては暴力的な支配行為であり、被害者にとっては屈辱的な恐怖の体験であって、この「当事者」間になんのリアリティも共有されていない、ことと同じです。先にのべた議論をくりかえすなら、「買春」とは買い手にとってある種の性行為であっても、「売春」とは売り手にとって経済行為にすぎません。

ところで「『セックスというお仕事』の困惑」の趣旨をくりかえすなら、「買春」が一種の倒錯的な性行為になりうるのは、性に特権的な地位が与えられていることの楯の裏面にほかなりません。つまり「一線を越える」という表現が示すように、性的な関係がとくべつに人格的な関係だと想定され、性が人格と結びついているからこそ、買い手にとっては相手の人格と関係しないで性だけと関係することへのツケの支払いが発生し、売り手にとっては性だけを売ったつもりなのにあたかも人格まで汚されたかのようなスティグマが発生する、のです。

セクシュアリティの歴史的研究があきらかにするところによれば、性と人格との結びつきは、「近代パラダイム」というべきものです。もちろんここには男にとっては性と人格の分離が可能だが、女にとっては性と人格との分離は不可能だ、という「性の二重基準」が組み込まれています。戦後新憲法の制定にあたっての国会論議が半世紀たって公開されましたが、それによれば、保守的な男性政治家が「男女平等」条項に反対したのは次のような理論からでした。「男性の場合は女性との関係は彼の人格を汚さないが、女性の場合はそうはいかない」——あろうことか論者は、明治の元勲、伊藤博文を例に引いてこれを例証しようとしたのでした。

「買春」はこの「近代パラダイム」の産物にほかなりません。性と人格とが結びついているからこそ、それをあえて無視することにとくべつな価値が発生するのです。加藤秀一さんの明敏な議論[加藤(秀)1995]に依拠して、論理を裏返すこともできます。カネで買えるセックス(商品としての性)が成立したからこそ、「タダでやるセックス」(商品ではない性)が愛＝人格の名において特権化されたのだ、と。性と人格との結びつきは、もともとそれが存在しないことのネガティブな効果にすぎない、ということもできます。

「買春」男は相手の「売春」婦の反応に頓着せずにすむことで、支配的な性行為をおこなうことができます。金塚貞文さんの表現によれば、「買春」とは「カネで娼婦のツラを張ってする強姦」、そして明治期の通俗性科学書によれば「自分の手を娼婦の膣におきかえたオナニー」の別名です。しつこいようですがくりかえすなら、性と人格の結びつきが前提されているからこそ、性と人格をあえて切り離すことに特別な価値が発生する――これを「倒錯」というのです。そしてこの「倒錯」的な性行為――「近代パラダイム」に対するルール違反、もちろん制度化された――に対して高い代価が発生します。そしてこの「近代パラダイム」がつづいているあいだは、「買春」はなくならないであろう、とわたしは予言したのでした。

他方「売春」のほうはどうでしょうか？「売春」が性行為ではなく経済行為であることは、売春婦なら誰でも知っています。性を人格と結びつけることで「売春」という経済行為を性行為と同一視する視線だけが、売春婦をスティグマ化します。もし「売春」が経済行為であり、かつ現実に女性に与えられた数少ない選択肢のひとつであるとしたら？――現にあるものを「ないはずのこと」にするよりも、現実を認めて「性労働者」の権利擁護をしたほうが現実的じゃないのか、というのがわたしの立場です。それは日本経済が現実には非合法の外国人労働者に依存しておりながら、

「いないはず」とみなして彼らの存在を無視するよりも、現実を認めて彼らの健康保険や労災認定の対策を考えたほうがよい、という立場と似ています。

短期的にみれば以上のような結論が出ますが、長期的にみれば、性の「近代パラダイム」そのものを解体しなければ「売春婦差別」はなくならないのではないでしょうか。いっぽうで人格的な性関係を持つべく期待されたしろうと女性と、他方で性と人格をむりやり引き離すことを期待された、そしてそのせいでスティグマを負わされたくろうと女性たちの分断は、「売春って、あなたのたましいも肉体もぼろぼろにするのよ」という「同情」からは解消しない、ように思えます。

わたしの論点をくりかえせば、性と人格との特権的な結びつきがなくなれば、「性労働者」はさまざまな専門的な職業のひとつにすぎなくなるだろう、だがそうなれば、今日のような高額の価格がつくこともなくなり、マッサージ師や整体師のような身体にかかわるスペシャリストと同じく「適正価格」でアクセスできるようになるだろう、という予測でした。ただしそうなるのはとうぶん先のことだろうけれども、とつけ加えるのを忘れませんでしたが。

現にアメリカの西海岸ではセックス・セラピストが専門的職業として成立していますし、日本でも性のスペシャリストとして自覚的にこの職業を選んでいるひとたちがいることもわたしは知っています。彼らはインポテンツや冷感症の治療を自分と相手の身体を使っておこなうことができますし、マリッジ・カウンセリングも専門にしています。問題は、監禁や監視下におけるプレモダンな管理売春や性奴隷制、市場化された経済行為としてのモダンな売買春、そしてポストモダンな性のスペシャリストたち、それに偶発的に参入するしろうと女性たちが入り交じっていることで、それが事態を複雑にしています。とはいえ、ポストモダンの性労働者も同時代の文脈を生きているのですから、性に仮託されたもろもろの価値やスティグマ、ニーズやタブーが自分の商品価値を生み出していることを知らないわけではありません。だからこそ、ふつうでは得られない高額の収入を得ることができるのですから。プレモダン、モダン、ポストモダンは入れ子のように複雑に入り組んでいて、一筋縄では解けません。「ばいしゅん」と呼ばれているものをこのいずれか単一のカテゴリーに還元すれば、他のカテゴリーを置き去りにすることで単純化のそしりはまぬがれません。(4) 複雑なものはふくざつなままに、問題を解くしかない、のです。

「性の商品化」はどんなものでもわるい、と考えている近代主義者は、なら高齢者や身体障害者のような「性的弱者」の「性的人権」はどうなるのか、と問いつめられて困惑します。セックス・ワークをめぐる最近の議論、田崎英明さん編集の『売る身体／買う身体』［田崎編 1997］では、身体障害者の介護ボランティアをしている人が、障害者に「ソープへ連れていってくれ」と頼まれたらどうすればよいだろう、と悩むエピソードが出てきます。こういう「困惑」そのものが、市民社会的なモラルの産物なのですが、もしスペシャリストとしてのセックス・ワーカーがいれば、ちょうど「こった肩をもみほぐしてもらうように」（これは作家の富岡多恵子さんの表現です）セックス・ワーカーのもとへ通うことも可能になるでしょう。

それにしても現実にそういう性のスペシャリストがいない状況の中で、もしこういう要求をつきつけられたらどうすればよいのか？　わたしには「弱者の人権は守らなければならない」とするこういうタテマエ平等的な市民社会思想の硬直のほうがこっけいに思えます。「わたしは売買春に反対だからあなたの要求に応じることはできない」とどうして答えることができないのでしょう？　介護される側には、それでもそういう介護者を忌避し、売買春を容認する介護者を選ぶ権利、が残されています。

ちなみに「援助交際」は性の「近代パラダイム」から市場価値が発生しているので、ポストモダンどころか時代錯誤的にモダンだと言ってかまいません。アナクロにモダンなのは女の子に破格のおカネを支払うオヤジのほうであり、かつ「わるいことはわるいよ」と言いたがる道徳保守派たちです。いったいに自分のやっていることを「わるい」と思わなければ、オヤジはあんなに大枚を支払うでしょうか。彼らは「近代パラダイム」を共有しているからこそ、人格と性を切り離していっこうに傷つかないように見える女の子たちの存在に震撼するのです。もし彼女たちが「わたしはたましいが傷ついた」と涙を流せば、彼らはあたたかく迎えて抱きしめてやることでしょう。もっとも「近代パラダイム」と現実とのズレから利益を得ている女の子たちのほうも共犯者ですから、彼女たちは家父長制のウラをかきながら、その実ルールに従ってゲームをしているのです。

歴史的にみれば、近代フェミニズムはセクシュアリティをめぐってふたとおりの対応をしてきました。ひとつは「性の二重基準」を女なみに平等化すること、もうひとつは男なみに平等化すること、です。前者は「性と人格の一致」を男性にも要求すること、後者は「快楽の男女平等」を追求することです。前者は禁欲的フェミニズムの伝統をかたちづくり、後者はヘドニスト(快楽主義)フェミニズム、「性の解放」派を生んできました。現実の権力的なジェンダー関係のもとでは、女性の「性解放」はしばしば男性の「えじき」にされるに終わることが多く、性革命の波がおきるたびに女性は苦い思いを味わってきました。他方、禁欲的フェミニズムは、男性の性的搾取を準備するという理由で、女性の避妊にさえ反対したくらいです[荻野 1994]。性の「近代パラダイム」のもとでは「快楽主義フェミニズム」は少数派にとどまりました。「快楽主義フェミニズム」が生き延びたとすれば、レズビアン・フェミニストのあいだででしょうか。女性同士のあいだでなら権力の不平等を気にせずに、倒錯的な性を含む快楽を、自由に追求できるからです。フェミニストのエロティカ(性差別的でないポルノグラフィー)の新しい実験が出てきたのが、レズビアンのあいだからであることは、偶然ではありません。

性と人格が切り離されれば、売春はとくべつな労働ではなくなり、強姦は女性の尊厳に対するとくべつな侵害ではなくなります。松浦理英子さんが「嘲笑せよ、強姦者は女を侮辱できない」[松浦 1992]で主張したのはそのことでした。なぜ性器に対する暴力が、身体の他の部位に対する暴力とちがって特権的に人格を侮辱する行為と考えられるのか。そしてそのためになぜ、被害者はとくべつなトラウマを負わなければならないのか？　他人から暴力を受けることはたしかにゆるしがたいことではあるけれども、なぜ不幸にして骨を折ったとか外傷を受けた、と同じように受けとめることができないのか。松浦さんのこの挑発的な文章が『朝日ジャーナル』[1992. 4. 17]に載ったとき、「強姦被害者の心情に無理解で、強姦犯を利するもの」という激しい反発が女性の読者から寄せられました。松浦さんはそれにさらに反論しました。この論争が示すのも、性の「近代パラダイム」のどちら側に立つか、のちがいのようにわたしには見えます。たしかに現状では松浦さんの説は「現実的」ではないでしょうけれど、どちらが家父長制パラダイムの「改革者」であるかはあきらかです。

「性の自己決定権」とは

快楽の平等をめざすのに、なぜ性と人格が切り離されなければならないのか、と不審に思う読者の方も多いことでしょう。思えば近代フェミニズムは、その成立の当初から女の「男なみ平等」か男の「女なみ平等」か、というディレンマのあいだをゆれうごいてきました。「男なみ」か「女なみ」か、という二者択一は、もともと性別二元論の罠にはまった議論の立て方ですから、「あれかこれか」の二者択一は疑似問題にすぎない、と言うこともできます。おそらく解はそのどちらでもない第三の道に、性と人格をめぐる「近代パラダイム」を脱構築したかなたにあることでしょう。それがどんな未来なのかを、わたしに聞かないでください。マルクス流に言うなら、「ありうべき社会における理想の関係についてわたしは語ることができない。なぜならわたしはこの性差別社会ですでに性別社会化を受けてきたせいで、わたしの想像力はこの地平を超えることがないから」とでも答えましょう。実のところ、わたしは「フェミニストの考える理想の男女関係とはどんなものですか」という問いにずいぶん悩まされているのです。こんな問いは、オルタナティブが目に見える選択肢として目の前になければ一歩を踏み出すこともできない保守性と、自分のあたまで考えようとしない知的怠慢のあらわれにすぎないのですが。

性と人格の一致vs性と人格の分離の対立は、どちらもあまりに厳格に、つまりそれを考えついた男が定義したように、考えられています。両者の関係をもっとゆるやかに考えることはできないでしょうか。性と人格とのあいだには特権的な関係を前提する必要はなく、現実には性と人格との関係は連動していることもあればそうでないこともある、と。それはただ多様な性のあり方を認める、というにすぎません。それは多様な人格的関係のあり方が可能なことと同じです。だれかと性的な関係を持ったからといってそれに縛られる必要はないし、だれかに性的な欲望を持ったときにそれを抑える必要もありません。あとは相手がそれを受け入れてくれるかどうか、という関係の問題ですから。いやがる相手に関係を強要すれば嫌われたり、犯罪になることもある、というだけのことです。性をとくべつに理想化することもないかわりに、嫌悪することもありません。性には、人格的関係と同様、愛から憎悪まで、崇高から愚劣まで、あらゆるスペクトラムがあることは歴史が示しています。あとはわたしがそのうちのどれをキモチいいと思うか、という選択の問題ではないでしょうか。少なくともわたし自身は、自分の人生の限られた時間やエネルギーを、憎悪や愚劣な関係のためには使いたくない、と思うだけです。

もし性の自己決定権というものがあるとすれば、それは次のように定式化できることでしょう。

「したいときに、したい相手と、セックスする自由を。したくないときに、したくない相手とセックスしない自由を。そしてどちらの自由を行使してもどんなサンクションも受けない権利を」[上野 1996 b]

(1) 消費社会的な「ギャル」たちの行動様式(性行動を含む)が低年齢化した現象をさして「コギャル」と呼びます。

(2) 「ブルマー」と「セーラー服」の短縮形。制服の少女、主として名門私立学校在学中の女子中高生たちの使用済みブルマーやセーラー服、はてはパンツなどをセックス・ショップで売り出す現象のこと。

(3) 「売買春問題を考える会」の高橋喜久江さんの反応[『全国婦人新聞』1994. 7. 30]や『赤旗』の反応がその典型でした。高橋さんはキリスト教矯風会の流れを引く活動家ですが、してみると市民社会的なモラル保守派である点においては、クリスチャンと日本共産党とはみごとに足並みがそろっているように思えます(その短絡的な誤解ぶりにおいても)。『全国婦人新聞』ではこの問題をめぐって「論争」が起きましたが[1994. 8. 10]、もちろん「論争」にもならないものでした。本文は本書に収録されていますので、読者は自分の眼で読んで判断して下さい。

(4) その意味では、小林よしのりが「慰安婦」を風俗の女性たちと同じ「性のスペシャリスト」だと呼んだり、また西部邁が「慰安婦」を問題にする人々は「援助交際」をどう論じるのかと「挑発」したりするのは、たちのわるい(もしくは意図的な)混同というべきです。他方、すべての売春は女性の「人権侵害」である、という一般化をおこなうPC(Politicaly Correct＝政治的に正しい)フェミニストも、カテゴリーの混同や単純化のそしりをまぬがれません。それがアジア人女性の管理売春にはあてはまっても、日本の主婦売春や「援助交際」にはあてはまらないのは明白でしょう。

もうひとりの毒婦

北原みのりさんが、グラビアアイドル、壇蜜《だんみつ》を『ＡＥＲＡ』[2013. 8. 12・19]の「現代の肖像」にとりあげているのを見つけた。みのりさんが関心を持つ女……壇蜜には何の関心もないが、それだけの理由で読んだ。みのりさんの嗅覚の赴くところには、きっと何かある、と思ったからだ。それが女なら、腐臭がする、と言ってもよいだろうか。

本書(『毒婦たち――東電ＯＬと木嶋佳苗のあいだ』[上野・信田・北原 2013])がとりあげた「毒婦たち」は、木嶋佳苗、上原美由紀、角田美代子……男を殺した女たちだ。他にも下村早苗と畠山鈴香が実名で出てくるが、彼女たちが殺したのは実の子ども。東電ＯＬは殺された側だ。

で、壇蜜は何をしたひとだろうか？

男を「悩殺した女」と言えば、わるい冗談に聞こえるだろうか？

そういえば、ニホンゴには「悩殺」というコトバがあるのを思い出した。「悩殺」だって「殺」の一種。佳苗のように実際に男を殺さなくても、男を自縄自縛のシナリオのなかにからめとっていく。佳苗は「ケア」で。壇蜜は「エロ」で。

この記事で、「グラビア女優」という職業があることを初めて知った。男性誌のグラビアで、脱いでハダカになって扇情的なポーズをとってカネを稼ぐ、みのりさんに言わせれば「労働者にして商品」だ。「アイドル」というには薹《とう》が立ちすぎ(三二歳で「アイドル」はないだろう)、「セクシー」と呼ばれるにはエロすぎ、「女優」というには出演作が少なく、「AV女優」と呼ぶにはそこまで「落ちた」わけではないぎりぎり感がそそる……で、結果、「タレント」とか「有名人」とか呼ばれるほかない、よくわからない存在だ。どんな「タレント(才能)」があるのか、何で「有名」なのかがわからない点で、メディアがつくった「偶像(アイドル)」ではある。

メディアがつくる「偶像」には、ブランドの相乗効果がある。すでにメディアでブランドになったパーソナリティが、誰かをほめそやすことで新たなブランドが生まれる。壇蜜をほめそやす男たち、みうらじゅん、リリー・フランキー、福山雅治などが、壇蜜にオーラを与える。「王様はハダカだ」と誰も口にしないかぎり、たとえその中心が「空虚」であったとしても、壇蜜という記号は輝く。王様とちがって「女王様はハダカ」であることで、価値が増すのだ。移り気なメディアと消費者が次の「偶像」を見つけるまでは、女王様は君臨する。そのうち、「壇蜜、え？　そんなひと、いたっけ？」と彼らが言うだろうことも織りこみ済みだ。

壇蜜はそれをよく知っている。

「はい。日本の矛盾が生んだ空っぽのただの三二歳、それが壇蜜です(笑)」

写真でしか知らない壇蜜は、とびきりの美人ではない、どちらかといえば控えめな和風の容貌の持ち主だ。卵型の輪郭に長い黒髪、小柄でスレンダーな体型……モテル女、の定番スタイルである。「モテル」とはこの際、男に「アプローチしやすい」と思わせることの代名詞にすぎない。『ＡＥＲＡ』の撮影用に本人が選んだとされるコスチュームも、七〇年代を思わせるいささかチープなスリップドレス。意表を衝いたものでもなければ、カネのかかったものでもない。履いているサンダルも高級品には見えない。背景は、これも本人の提案で都内の中古車解体工場で。ほろびゆく昭和を思わせる。このまま機械油にまみれながら工場の床に、男ともつれながら倒れこんでゆく姿を連想させる。この貧乏くささが「セクシー」ではなく、「エロい」と呼ばれるゆえんだろう。今や「エロ」はすでにニホンゴだからだ。

その工場を背景に、本人は言う。「古く、朽ちていく存在。私に似てる」。

男の手前勝手なエロ(ス)のシナリオ(おっと、「エロス」というのももったいないかららここは「エロ」で通そう)にみずからはまってあげる。それがどんなに時代錯誤なものかがよくわかっているから「古く、朽ちていく存在」。ほとんど「ALWAYS三丁目の夕日」のエロ版だ。だが、それが「求められている」ことはたしかだ。だかららこそ、マーケットが成立する。

彼女が登場する着エロDVD……ちなみに「着エロDVD」なるものもこの記事で初めて知った。「軽快なポップスに合わせ、乳首や性器を薄い布(や紐など)で隠したアイドルが、ウィンナーを執拗になめ続けたり、水道の蛇口を両胸で挟んでこすったり、ちくわをゆっくり食べたり……するシーンが延々続く」んだそうだ。その着エロDVDを、みのりさんはこう評する。

「『あなた(男)が見たいものって、こういうものよね。ほうら、見せてあげるわよ』って男のファンタジーをそのままゴソリと、男の脳から取り出し演じているような迫力がある」と。

だから男はころりと「脳殺」されるのだろう。自分自身の「脳」が生み出したエロのファンタジーの毒がまわって自家中毒を起こしながら。その意味で、壇蜜もまた「毒婦たち」のひとりなのだ。

だとしたら壇蜜に「悩殺」される男たちは、自分のエロのシナリオの自己チューさと幼さ、貧乏くささと安直さとを「告白」しているようなものだろう。「壇蜜って、いいね」と口にするときに、彼らは少しは恥ずかしさを覚えたりしないのだろうか？

そう思えば、壇蜜と木嶋佳苗の共通点が、痛ましいほど見えてくる。三〇代、ブルセラと援交の九〇年代に一〇代を送っている。周囲に援交少女たちがいて、そのあいだの敷居を越すか越さないかは偶然でしかない。物心ついたら、自分の身体が男の視線にさらされ値踏みされ、価格がついていることに気がついた。自分がたくらんだわけでもないのに、売れるものなら売って何がわるい。どうせ賞味期限つきなのだし……と多くの援交少女たちが思ったかどうか。

しかも男の自作自演のエロのシナリオは、おどろくほど単純でわかりやすい。「これでしょ、あなたがほしいものは」と餌を投げ与えれば、おもしろいほど次々と男が獲物にひっかかってくる……実感を、佳苗は味わったことだろう。佳苗はひとつしかないカラダを多くの男たち相手にやりくりしなければならなかったが、メディアという複製文化の消費財である壇蜜は、使いべりしない。それどころかバーチュアル空間に拡散すればするほどマーケットは拡大する。

佳苗が「援交世代」であることを指摘したのは、『毒婦。――木嶋佳苗一〇〇日裁判傍聴記』[北原 2012]のみのりさんだった。壇蜜も援交世代に属する。

今から二〇年近く前、わたしは「女たちがふしだらになっている」と書いた。その名も『発情装置――エロスのシナリオ』[上野 1998]と題する著書のなかでのことである。題名の由来は、「エロスとは、発情のための文化的シナリオのことである」という命題から来ている。そこで論じたのは、しろうと女とくろうと女との区別があいまいになり、しろうと女たちが性の市場に登場し、とめどなく性的な存在になっていく……過程だった。あたりまえだ、女はもともと性的な存在だったのだもの、それまではしろうと女をくろうと女から区別するのが、「性の禁止」(まちがって「貞操」とも呼ばれていた)だけだったのが、そうではなくなった。「少女」とは「(使用可能であるにもかかわらず)使用を禁止された身体の持ち主」である、と定義したのは『少女民俗学』[大塚 1989]の著者、大塚英志だったが、その少女たちが、「使用可能な身体」として性の市場に大量に登場しつつあったのが、援交世代だった。

しろうと女がくろうと女との境界を越えて領域侵犯し、しろうととくろうとの区別がつかなくなる……時代がやってくる、と予見したら、そのとおりになった。だが、向かう方向については、完全に予測がはずれた。

くろうと女はカネを対価にセックスする女。しろうと女は、(「愛」というカンちがいのもとで!)タダでセックスする女。タダでセックスする女が、タダではセックスしない女の領域に進出していけば、タダの女がタダでない女を駆逐するだろう……売買春の最大のライバルは性の自由化こと、タダでやるしろうと女の増加だ、という予測は完全にはずれた。それどころか、しろうと女のほうが、セックスはカネになる(タダではやらせない!)ことを学習してしまった二〇年間だった、と言ってよいだろうか。

みのりさんのもうひとつの著書、女性誌『アンアン』の創刊以来四〇年間のセックス特集の歴史をたどった『アンアンのセックスできれいになれた?』[北原 2011]の読後感は、「……そしてみんな、風俗嬢になった」だった。しろうと女にとって、たしかにセックスのハードルは下がったが、その代わりセックスは男に奉仕するテクノロジーの集合となった。それなら、カネでももらわなければやってられないわよ! という気分になるのもムリはない。

壇蜜はエロのドラァグクイーンである。男のエロのファンタジーを、これでもか、と拡大し濃縮して目の前に差し出す。それに男は脳殺、おっと悩殺されるが、その自縄自縛、自業自得のシナリオに、すこしは自己嫌悪や羞恥を感じるほどの知性を持った男はいないのか。

ゲイのドラァグクイーンは、女装コスプレをこれでもか、とやりすぎるほど見せつけることで、ジェンダーなんてこの程度のコスプレにすぎない、とパロディ化する役割を果たす。自らを道化とすることで、お仕着せの秩序に毒を仕込む。だが、道化が権威に寄生しそれに飼われているように、ジェンダー秩序に依存するドラァグクイーン自身にも、やがて毒がまわっていくだろう。

これまでも聡明なグラビアアイドルやＡＶ女優たちがいた。彼女たちは自分を表現することばを持っていたが、そのことばは市場が許容する道化のことばを越えなかった。この聡明な女性たちが、性の荒れ野を無傷で生き延びてほしいとわたしは願ったが、飯島愛は自殺し、黒木香は自殺未遂し後遺障害を持って生き残った。壇蜜は、自ら毒をまわらせずに生き延びていけるだろうか？

壇蜜は「なぜ自分がこれほど受けているのか」という質問に対してこう答える、という。

「私が、赦しているから、だと思います。いやな部分、よこしまな部分も、過剰なくらい赦しているからです。いやな部分をぶつけられても、そうですか……で済んでしまう。拍子抜けされるところでもあるし、救われる部分でもあると思うんです。私も、赦すことで救われています」

レポートの最後に「壇蜜の黒い瞳の背後には、もの凄い絶望と希望が同じ力で存在しているように、見える。私には、そう見える」と書くみのりさんは、彼女に、いったい何を「赦している」のか、聞くべきだった。男の愚かさと破廉恥さと横暴と横着さとを？　だが、「男ってしかたがないわね」ですまされないほど、性的な存在としての女たちはずたずたに傷ついており、それを「赦す」ことのできる存在は神のみだ。自分を一次元高いところに置かない限り、そんな男という存在を「赦す」ことなどできっこないが、それは男に対する徹底的な「絶望」とひきかえだ。「絶望」とは、そういう男という存在に対して「わたしは何も期待しない」ということとんの「絶望」で、「希望」とは、その汚辱のなかでも「自分だけは無傷で生き延びてやる」という「希望」なのだろうか？　そしてこの「絶望」と「希望」は、佳苗にも、東電ＯＬにも親しい感覚ではなかったのだろうか、ね？　みのりさん。

本書は題名のとおり、北原みのりさんの『毒婦。』に触発されて生まれた。そこにもうひとり、信田さよ子さんに加わってもらった。わたしとは何度か『結婚帝国』〔上野・信田2004]などで、結婚し出産した「ふつうの女たち」の闇について語りあってきたからだ。毒婦は事件の女たち。ふつうの女たちは事件を起こさないが、そのすぐ隣にいる。「毒婦」は木嶋佳苗だけではない。だから、『毒婦たち』なのである。読者のなかには、女子会のノリで話しまくるこの三人の女が「毒婦たち」だと言いたい思いのひともいるかもしれない。そう、「毒婦」と毒婦でない女とのあいだの境界線は、ほんの少しだ。だからこそ、女たちは「毒婦」にこんなにもそそられるのだ。

『毒婦たち』は尽きない。だから、わたしたち三人の話も尽きない。これから先も、つぎつぎに「毒婦」は登場するだろう。もっと正確にいえば、男メディアがたまたま「毒婦」と呼ぶ女たちが。それがどんな異様な光景であっても、そのなかには、女と男をめぐるわたしたちの社会の矛盾と闇、頽廃と毒とが時代の断層のように鮮やかにうかびあがることで、わたしたちの関心をそそりつづけるだろう。

『毒婦たち』をめぐる三人のトークが終わったあとも、みのりさんが書いた壇蜜の「現代の肖像」に触発されて、こんなに長い「あとがき」を書いてしまった。まだまだわたしたちのおしゃべりは続く。

みのりさん、さよ子さん、今度わたしたち三人が話すのは、どんな時なのだろうか。

こじらせ女子の当事者研究

――雨宮まみ『女子をこじらせて』文庫版のための解説――

痛い。痛い本だ。読むのも痛いから、書くのはもっと痛かろう。

このイタさは、本人の気づかない無様《ぶざま》さを第三者が嗤《わら》うイタさのことではない。これほど鋭利な自己分析と徹底した自省のもとに書かれたテキストは、ざらにあるものではない。他人に突っこみを入れられる前に、そんなこととっくにわかってるよ、と著者ならいうだろう。

なぜわたしは女の身でAVライターになったのか？　なぜなら女子をこじらせたから。なぜ女子をこじらせたのか？　なぜなら……自分とはじぶんにとって最大の謎だ。その謎にありったけの知性と内省で挑んだ。おもしろくないはずがない。

だからわたしは『女子をこじらせて』[雨宮 2011/2015]を、「こじらせ女子の当事者研究」と呼ぼうと思う。

女子をこじらせる五つのステップ

心理学者の小倉千加子は『セクシュアリティの心理学』[小倉 2001]のなかで、思春期に卓抜な定義を与えている。女の子にとって思春期とは、年齢にかかわらず、自分の身体が男の性的欲望の対象になると自覚したときに始まる、と。

男に性的に欲望されても女は傷つく。欲望されなくても傷つく。それ以前に、女を性的欲望の客体(モノ)としてまなざす男の視線がはりめぐらされた磁場があり、そのなかで「オレをそそる女」と「そそらない女」とのあいだに、分断が持ちこまれる。誰かを見て「いい女だな」と男が一言いうだけで、いやもおうもなく女の序列のなかに自分も組み入れられる。誰にどんな価値を与えるかは男の掌のなかにあり、その評価に女はふりまわされる。

本書の著者、雨宮まみさんは、「スクールカーストの最下層」にいたという。第二次性徴の始まる中学校時代、「美人判定」「ブス判定」という外見の政治にまきこまれるからだ。高校に入れば「学力」と「モテ」の階級社会が待っている。まわりじゅうから「おまえは価値がない」と言われつづけて、彼女は自分に恋愛の資格もセックスの対象になる価値もないと思いこむ。これが「女子をこじらせる」第一ステップだった。

大学ではこれに「田舎者」のコンプレックスが加わる。「おしゃれしたい」「きれいになりたい」というふつうの女の子の欲望すら、自分にその資格がないと禁じてしまう。だが、ある日「女装」してみたとたん、男の欲望の対象になる自分を発見する。たいがいの女は「女装」というカラダに合わないコスプレと折り合いをつけながら、「女になって」いく。「女装」しても自己否定感はなくならず、「こんな女でごめんね」という卑屈さに、男はどこまでもつけこむ。ありがちな展開だ。ようやく男の欲望の対象になってはみたものの、男の値踏みと侮りのなかで、女としての自尊感情はますます低くなっていく。これが「女子をこじらせる」第二ステップだ。

このひとはやることの振れ幅が大きい。性欲の対象となるとは、男性目線の欲望の市場にみずから身を差し出すということだ。まるで「女」の市場の記号そのものであるようなバニーガールに、彼女はすすんでなる。おさわりと脱ぎがないことがハードルを下げたのかもしれないが、これがキャバクラや風俗であってもたいした違いはなかっただろう。事実、その後、出会い系で彼をつくる。

欲望の市場は、金銭がからんでもからまなくても、「やらせてくれる女」と「この程度のコスプレにかんたんにひっかかる男」とのあいだの、互いを侮蔑し合う男と女のゲームの場だ。そのコスプレが雨宮さんのようにうまくフィットしないひともいるが、天然のコスプレを備えている女性もいる。『愛より速く』[斎藤 1998]の著者、斎藤綾子さんは、肉感的なボディの持ち主で、その自分の身体を「ボディスーツ」と呼ぶ。そのコスプレ・ボディを男の前に投げ出せば、おもしろいように男がひっかかったと、斎藤さんはいう。男たちが自分にではなく、コスプレに反応していることを、彼女はよく知っていた。男を欲望させ、そのことで男を侮蔑し、欲望されることで自己確認をしながら、そのことの浅ましさと愚かしさに反吐《へど》が出る……こういう欲望のゲームのなかの悪循環が「女子をこじらせる」第三ステップだ。

たとえそんな市場のなかでも、商品価値のランキングはなくならない。ある日、ラジオを聴いていたらこんな歌詞が耳に届いた。「♪(女は)ちょっとお人よしがいい」「♪くどかれ上手な方がいい」……翻訳しよう、「ばかで扱いやすい女がいい」「パンツ脱ぐのに、オレサマにテマかけさせんな」。わかりやすさに卒倒しそうになる。裏返せば、この程度のちょろい男ならかんたんにコスプレで騙すことができるということでもある。女を侮蔑する男に対する徹底的な侮蔑が、連続男性不審死事件の容疑者、木嶋佳苗にも、後妻業連続殺人の容疑者、筧千佐子にも、分けもたれていたはずだ。

そして著者はついにAV雑誌のライターになる。男の性欲の対象にはならないが、男の性欲に理解のあるレアな女、という立ち位置で。「男の男による男のための消費財」、抜くためのおカズであるAV、月間何百本も量産されるAVを長時間にわたって見続け、そのツボを伝達するAVレビューのプロになる。なぜなら「AVの世界はエロくてエロくてうらやましすぎて死にたくなる」くらい好きなうえに、「出てくる女がイイ女すぎて」自分との断絶を思い知らされるからだ。男に愛される価値はないと思いこんでいるが、自分の性欲は認めてやりたい女にとっては絶妙の立ち位置だっただろう。これが「女子をこじらせる」第四ステップだ。

AV業界の周辺には二種類の女がいる。まちがってもAV女優にはならない女と、ふとしたきっかけさえあればいつでもAV女優になる女と。AV業界の女優の層は厚くなり、今では十人並みの容貌の女性が脱ぎさえすれば商品になるような時代は終わったといわれているそうな。街角でも周囲が振り向くほどの清楚な美少女や、めったにない爆乳の持ち主でもなければ、もはや商品価値はない。風俗ライターの最底辺に、風俗系の体験ルポがあるが、「自分のような駆け出しのライターがしごとをえり好みしてよいのだろうか」という卑下から、女性フリーライターはこの世界にはまっていく。

雨宮さんは「ＡＶ女優にはまかりまちがってもならない／なれない女」の立ち位置から、男に欲望されるＡＶ女優のきらきらした存在にうちのめされる。女を性欲の対象に還元するもっとも陋劣《ろうれつ》な男の欲望による承認でも、「きらきら」見えてしまうほど、女の自尊感情は低いのか。その「きらきら」にはまってしまった女が、『身体を売ったらサヨウナラ』[鈴木 2014]の鈴木涼美さんだ。「自分の(カラダの)ために一晩で百万円使った男」の存在が、その後の人生を支える誇りになるほど、女の誇りはちっぽけなのか。

「ＡＶ女優にならない／なれない女」という安全圏にいったんは身を置いたはずなのに、女であることから彼女は逃げられない。ＡＶレビューのプロとしてまじめに仕事をすればするほど、男にウケれば「女でも、こいつはちがう」「わかってる」と名誉男性の評価を受けるいっぽうで、逆に「女だから」とか「女目線」が評価の対象となることに傷つく。

女でなくても傷つき、女であっても傷つく。これは多くの女にとって見慣れた風景だろう。仕事ができればできたで、「女にしては」と評価されるいっぽうで、「女だから」評価されたのだとおとしめられそねまれる。仕事ができなければ論外だ。男の社会のうちに女の居場所はないし、逆に女の指定席に座ってしまえば一人前に扱われない。あまりになじみの経験なので、これに「ウルストンクラフトのディレンマ」と名前がつけられているぐらいだ。一八世紀のフェミニスト、メアリ・ウルストンクラフトが指摘して以来の、歴史的な性差別のディレンマのことである。これが「女子をこじらせる」第五ステップである。

こう書くと、本書が「全国のこじらせ系女子に捧ぐ！」という、経験の普遍性を持っていることがわかるだろう。こじらせのこのような各段階に無縁な女性は、ほぼいないといってよい。

当事者研究へ

彼女のプライドはねじれた方向へ向かう。ここが「こじらせ女子」の「こじらせ」度の深刻さかもしれない。女を扱うことにかけては巧者であるはずのＡＶ監督の、女優ではなく恋人になろうとするのだ。そして選ばれたことにひそかなプライドを持つ。だが、現実は恋人どころか便利なセックスフレンドのひとりにすぎず、自分の恋した相手がＡＶ女優とのからみで「ハメ撮り」するのを見ることに耐えられない。その嫌悪感までを抑圧しぬいてしまわなかったことが、著者の救いだろう。吐き気、嫌悪、苦痛……それらの身体的反応が、彼女にノーをつきつけたことで、彼女は次のステップにいくことができた。

当事者研究は、読み手の当事者研究を誘発する。この本を読みながら、わたしは、自分が「すれっからし」だった頃のことを思い出した(わたしは今でも「すれっからし」だが)。男を侮り、男の欲望をその程度の陋劣なものと見なし、そのことによってかえって男の卑小さや愚かさに寛大になるという「ワケ知りオバサン」の戦略である。セクハラにあってショックを受ける女性を「男なんてそんなもんよ」となだめ、下ネタには下ネタでかえすワザを身につけ、男の下心だらけのアプローチをかわしたりいなしたりするテクを「オトナの女の智恵」として若い娘にもすすめる……そんなやり手ババアのような存在になっていたかもしれない。そしてこんなワケ知りオバサンほど、男にとってつごうのよい存在はない。

「すれっからし」戦略とは、男の欲望の磁場にとりかこまれて、カリカリしたり傷ついたりしないでやりすごすために、感受性のセンサーの閾値《いきち》をうんと上げて、鈍感さで自分をガードする生存戦略だった、と今では思える。男のふるまいに騒ぎ立てる女は、無知で無粋なカマトトに見えた。そうでもしなければ自分の感受性が守れなかったのだが、ツケはしっかり来た。感受性は使わなければ錆びつく。わたしは男の鈍感さを感じなくなり、いつのまにか男にとって便利な女になっていた。著者のいう「ハメ撮りしてることを知ってて、うまくいっている(AV監督の)奥さん」と、その対極にいる「奥さんがいることを知っていて男の欲望に応じ、トラブルを起こさない愛人」のセットほど、男にとってつごうのよい存在はないだろう。

どんなにあがいても女であることからは降りられない。著者は、怖くてもくるしくても、女であることと向き合おうとする。それから著者の自己分析、当事者研究が始まる。「男だ女だにとらわれたくないと思っているのに、それにいちばんとらわれているのは自分だった」と気がついたからだ。

たどりついた答はこうだ。

「私の女としての強烈なコンプレックスは、男目線を内面化しなければ生まれ得ないものだった」と。それを著者は「自分の中に男を飼っているのと同じ」と分析する。こう書けばシンプルな答だが、ここに至るまでのこじれにこじれた七転八倒があればこそ、著者の発言には説得力がある。

さらに「問題は……私の男目線が童貞の妄想レベルの男目線だった」と分析は続く。無理もない。ＡＶ業界とは、「童貞の妄想レベルの男目線」(著者によれば「女は巨乳で肌がキレイでかわいくて美人でミステリアスな小悪魔で、でも素直なのが最高！みたいな超絶論理を支持する、現実離れした目線」のこと)に向けて、商品を生産しているところだからだ。

「男目線を内面化した女は、男向けのエロのほうが感情移入しやすい」と著者はいう。本書は「やおい」ファンの心理についても洞察に富んだ記述がある。女であることを否定したい女にとっては、男同士のからみのほうが、自分を安全圏に置いて「受け」「攻め」のいずれにも自由に感情移入しやすいことだろう。女の側に同一化できなければ、「女向けのエロに拒否反応すら生まれ」るのも理解できる。

著者は、「女が男目線でエロを観るというのは、エロといえば男性向けしかなかった時代から女性向けのエロがようやく生まれ始めた今の過渡期にあって、ごく自然なことだと私は考えています」と指摘する。「自然」というより、「たどらざるをえなかった必然」であったとは、わたしも思うが、その過渡期を生きた女が、壮絶な股裂き状態を経験したことは記憶しておこう。

なぜ「男目線の内面化」が起きたのか？　著者の自己分析はこうだ。

「子供時代、性的な目線で見られる『女』としての自分を確立する前に世の中の『男が女に欲情するエロ』を感じ取り、欲情する側の自分を先に確立してしまった」から。もうすこし正確にいうと、AVを通じて「童貞の妄想レベルの欲望をもった男が、その妄想に応えるつごうのよすぎる女に欲情するエロ」を、学習してしまったからだろう。

性と愛とが分離可能であること、そのふたつが別なものであることを、この世代は早くから学んでしまった。年長の世代(とくに女)にとって、性と愛が一致しなければならない(愛した男としかセックスしてはならない)という規範もそれはそれで抑圧的だったが、性と愛が分離した状況へ、性とは何か、愛とは何かを知らないうちに押し出されるのも問題だろう。セックスのハードルが下がったために、かえって無防備なまま性欲の市場にさらされる若い女が増えたようにみえる。愛より前に性を知ってしまうこと、それもひたすら男によってつごうのよいセックスをAVを通じて学んでしまうこと……が、この世代の女にとっても、男にとっても、深刻な問題かもしれない。

「文化装置」としての欲望

欲望とは他者の欲望である……と、何もラカンを持ち出さなくても、欲望は文化装置だから、学習される。欲望の学習は男にも女にもおこなわれる。『女子をこじらせて』を読みながらわたしが痛感したのは、著者の世代が、実際の性や愛を知る前に「欲望とは何か」をメディアを通じて学習していることだ。しかもAVという、男が女を性欲の道具に還元するような性差別的なメディアで。もちろんわたしもAVのなかに芸術性のあるものや実存に触れるような作品が少数ながらあることを否定しない。だがAVの多くが女性に対する蔑視(ミソジニー)をもとに成り立っているのはたしかだろう。例えば男性タレントたちが女を道具にしてホモソーシャルな絆を再確認するレース仕立てのAVで、「こんなブスでも抱けるボク！」に、ほとんどの女性は不快感をおぼえずにいないだろう。だが、女がそんな不快感をあらわしたとたん、それはないことにされてしまう。

AV女優は金銭の対価がなければ職業として選ばないだろうし、出演した過去を公然と経歴に書くことができない。他方、おのれの欲望の卑小さを自覚しているからこそ、男はAV女優を道具として欲望を満たしながら、彼女たちの過去をスティグマ化することでペナルティを与える。そしてその程度の男による承認すら、「きらきら」見えてしまうほど、女の自己評価は低いのだろうか。

AV業界という「男しか行けない場所」に取材に赴いた女性の漫画家・ノンフィク

ションライターがいる。田房永子さんだ。『男しか行けない場所に女が行ってきました』[田房2015]のなかで、彼女はこう書く。

「今までAVというのは『男の人たち』から『借りて』見ていたんだと強く感じる。女にとって今までのAVはすべて海賊版だったたと言える。『世の中に、男物の洋服しか作られていなくて、仕方ないから体に合わないけどそれを借りて着ている』みたいなことだったんだと思う。それが当たり前すぎて『普通のこと』だと思っていた……」。

実のところ、「女のエロ」については、まだまだ多くのことがわかっていないのだ。そして、「男物しか作られてなくて、仕方ないから借りてる」というものは、「他にもたくさんある気がする」と指摘する。そして「この世界そのものが男による男のための『男しか行けない場所』なんじゃないのか」という。

この本の帯には「お宅のダンナ(カレシ) こんな楽しいことしてますよ……羨ましすぎるッ! (怒)」とある。誰がつけたのか、大いなるカン違いというべきだろう。本書には、「男しか行けない場所」に行ってみて田房さんの経験した、怒り、キモさ、いらだち、うんざり感が、読み間違えようがないほどにあふれている。「出産して三五歳になった今、私はもう彼らが羨ましくなくなってしまった」と「あとがき」ではっきり書く彼女が、「羨ましすぎるッ！（怒）」と思うわけがない。田房さんは「男しか行けない場所」での傍若無人な男のふるまいに嫌悪感を隠さなかった。それをワケ知り顔で許容するのが「オトナの女」だという罠にもはまらなかった。どんな小心な男の手前勝手な欲望にも笑顔で応えてくれる「優しいおばあちゃん」が女子高生みたいな制服を着てとんだりはねたりする「男が作り出した男のためのサービス」がAKB48だと、田房さんは喝破するが、そういう女たちを「アイドル」の名で量産することの社会、そして「アイドル」志望の女の子たちが絶えないこの社会が継続するのは、男の妄想に応えるほうが女にとって有利な生き方だと、彼女たちが知っているからだろうか。

田房さんが風俗やAV業界のライターになれたのも、「AV女優にならない／なれない」カテゴリーの女に、自分を分類したからだ。「風俗嬢やAV嬢に対して自分が持っている蔑みと劣等感、矛盾した過剰な感情、これは尊敬と軽蔑、どっちなのだろうかという思いがあった」と書く田房さんのアンビヴァレントな感情は、雨宮さんも共有しているにちがいない。それを自己分析した結果、「それが両方であるということがわかって、『敬蔑しているんだ』と自分で認めることができて、すごくスッキリとした」という。

それでも彼女はいう。

「はっきり言って、ＡＶは出ないほうがいいものだと思う。……もし友だちが出たりしたら、大きなお世話であっても、『やめたほうがいい』とか、『もうこれ以上出ないほうがいい』とか、忠告してしまうだろう……」

そういう彼女自身はやらないだろうし、もし娘がいたらけっしてすすめないだろう。彼女にならってわたしも若い女たちに言いたい。はした金のためにパンツを脱ぐな。好きでもない男の前で股を拡《ひろ》げるな。男にちやほやされて、人前でハダカになるな。人前でハダカになったぐらいで人生が変わると、カン違いするな。男の評価を求めて、人前でセックスするな。手前勝手な男の欲望の対象になったことに舞い上がるな。男が与える承認に依存して生きるな。男の鈍感さに笑顔で応えるな。じぶんの感情にフタをするな。そして……じぶんをこれ以上おとしめるな。

ウーマン・リブの闘士、田中美津さんは四〇年も前にこう言ってのけた。

「男に向けて尻尾をふるこの世の女という女はすべて永田洋子《ひろこ》なのだ」

永田洋子、連合赤軍のリーダーであり一二人のなかまをリンチ殺人した首謀者として死刑の判決を受けた女だ。「どこにもない女」になろうとして、永田はほかの女を殺し、自分自身をも殺した……と。

田中さんはある「文化」の名を冠した会議に招かれて、レセプションで緊縛ショウがアトラクションにあることを知ったとき、憤然として席を立った。ハダカの女が公衆の面前で縄師に縛られる……苦痛でないはずがない。それを余興とする主催者の神経も問題だ。田中さんが席を蹴って去ったあとに、にこやかな「文化人」の紳士たちや、それを許容する女性たちが、笑いながら余興に興じたのだろうか。あなたなら田中さんのように席を立てるだろうか、それとも無粋でおとなげない態度として、眉をひそめるだろうか。……田房さんがいうように、この世の中は男の性欲にはおそろしく寛大で、男の性欲に寛大な女が受け入れられる社会なのだ。

男に欲望されても、されなくても、あなたの価値に変わりはない……フェミニズムはそういってきたはずなのに、その声は若い女性に届いているのだろうか。

「女子」が解く「女子問題」

ところでなぜ「女子」なのか。

『女子をこじらせて』だけではない。他にも、ジェーン・スーさんの『貴様いつまで女子でいるつもりだ問題』[スー 2014]や、湯山玲子さんの『文化系女子という生き方』[湯山 2014]など、「女子」を論じた本がアラフォーを超えた女性によって次々に書かれている。いい年齢をした女が、自称「女子」とは笑わせる、とおもう向きもあるだろうが、オヤジからの他称詞としての「女の子」(職場の女性は三〇代になっても四〇代になってもそう呼ばれていた)を返上した女たちが、今度は自称詞として「女子」を選ぶのには、次のような理由があるとわたしはにらんでいる。

女子は結婚前の女の代名詞だった。結婚しても出産しても、「わたしは変わらない」という強烈なアピールをしたのが松田聖子だ。結婚と出産は「使用前／使用後」みたいに激烈にかつ不可逆的に女を変えるものだったはずなのに、妻になっても母になっても「私はわたし」というアピールが、多くの女に届いた。「少女」というには気がひける。それに「少女」のように無垢でも無力でもない。だから「女子」「男子」と対等に呼び合っていた共学時代の残響のする「女子」なのだ。

最近、岸本裕紀子さんの『定年女子』[岸本 2015]という新刊のタイトルをみつけて笑った。女もいよいよ企業のなかで定年を迎えるようになったのだ。そのうち「退職女子」ばかりか、「要介護女子」「認知症女子」という呼び名も登場するかもしれない。なぜって女子は一生、女子だから。女子は生涯、自分のなかに誰にも冒されない透明な核を持っているはずだから。

「女子問題」はこれまでの「女性問題」とは違うかもしれない。働くことがデフォールトになり、もはや結婚も出産も人生のパーツでしかなくなった女たちの経験は、わたしたちの世代の女たち(結婚しなければ生きていけなかった女、出産しなければ一人前と認められなかった女、仕事か家庭か二者択一を迫られた女)とは異なるだろうが、違う種類の生きづらさを味わっているように思える。現に性欲が女に解禁されたからといって、それがすこしも解放的なものではないことは、雨宮さんの現場レポートからもあきらかだからだ。「女子問題」は女子自身によって解かれねばならない。それこそが当事者研究である。

当事者研究の元祖、『べてるの家の「当事者研究」』[浦河べてるの家 2005]のなかで、「生きのびるためのスキル」として「摂食障害の研究」を書いたブライトな若い女性、渡辺瑞穂さんは、これでもか、という自己分析の最後にこういう。

「分析は終わった、それで?」

自分とは謎だ。だが自分以上に自分について知る者はいない。だから自分の謎は自分で解く。そうやって自己分析の果てまでたどりついたとしても、自分の生きづらさが減るわけでもなければ、自分の周囲にある困難な状況が分析前と分析後とで変化しているわけでもない。「それで?」といいたくなるのも無理はない。

「あとがき」で雨宮さんはこう書いている。

「私は鈍くて凡庸なので、きっとまた今のような気持ちをいつか忘れて、またいつか何かに気がついて目が覚めたような気分になって、そんなことを繰り返していくのだろうと思います」

そして「一人でも多くの心優しきこじらせガールが心から笑える日が来ることを祈って」とエールを送る。

田房さんの「あとがき」の最後にはこうある。

「山(男社会の比喩・引用者注)をつぶしたいわけではないし、乗っ取りたいわけでもない。ただ山に怯え、『仕方ない』と諦め、世話だけをし、本来山にぶつけるべき怒りを次世代の女へ流し愚痴る、そんな歴史はこれ以上続けたくないなあと、思っている」

女であることの謎を、痛みを伴いながらここまで率直にえぐりだし、みずから自己分析する当事者研究の最上のテキストがこうして次々に生まれている。

痛い。痛い本だ。読むのも痛いから、書くのはもっと痛かろう。この痛みは脱皮の痛み、脱洗脳の痛みだろう。雨宮さん自身はそれを「デトックス(解毒)」と呼ぶ。クスリづけからの脱中毒。男目線の欲望の洗脳からの脱洗脳。痛くないわけがない。顔にはりついた面を剝ぐような作業だからだ。だがその後で外気にさらされた素顔は、すがすがしいはずだ。その後でどんな顔をつくっていくか……は、あなたに任されている。

II

性愛・この非対称的なもの

裸体《ヌード》の記号学――裸体の文化コードを読む

日本文化と裸体

日本の歴史のなかで、裸体が特権的な記号性を帯びたのはごく最近のことである。西欧近代絵画が古典古代にならって裸体《ヌード》を「再発見」したこと、そしてその裸体の記号性に、ジェンダーによってはっきりした非対称性があったことはフェミニズムの美術史研究があきらかにしてきたが、同時期の西欧絵画と比べると、日本画のなかでの裸体の価値は低い。エロティック・アートである浮世絵の春画のなかでさえ、交合する男女はしばしば着衣で描かれている。歌麿の美人画でも、湯上がりや化粧など、衣服の着脱の過程にエロティシズムが描かれても、全裸の美人画はほとんど見られない。

この事実をもって日本人のエロティシズムはむき出しのセックス・アピールのなかにではなく、抑制とチラリズムのなかにある、それこそ文化の洗練だ、とする「日本文化論」もあるが、ことはそう単純ではない。裸体の持つ記号価は日本の文化的文脈のなかではなぜ高くないのであろうか。念のためにつけ加えておけば、エロティシズムとは「発情をもたらす文化的な装置（シナリオ）」のことであり、それ以上でもそれ以下でもない［上野・夏石・復本 1996］。エロティシズムを過度に神秘化する必要はないばかりか、その種の態度は、裸体の記号学にとってかえってさまたげとなる。

もちろんビジュアルな表現をそのまま現実ととりちがえる方法論上のあやまちを犯すことはできない。表象研究の立場からいえば、表象と現実とのあいだにはいくつものねじれた関係がある。近世における裸体の図像表現の少なさは、素朴反映論の立場からは、性交の際も男女が全裸になることは少なかった現実の反映と解釈される。春画の視線は性器のハイパーリアルな描写に向けられる。怒張した男根に浮き出す血管、毛彫りといわれる性毛の繊細な表現、実際よりも誇張した男女の性器のサイズは、性器に対するオブセッションを感じさせる。一七、一八世紀に春画を含む多くの浮世絵がヨーロッパに流出し、ジャポニスムと言われる美術と風俗の流行を生み出したが、春画を目にしたヨーロッパ人が、日本人の性器のサイズに驚嘆した、と伝えられる。もちろん春画の表現はたんなるリアリズムではない。

春画研究者のひとりは春画に描かれた性器のサイズを克明に比較し、図像表現のなかで顔のサイズと一致することを発見した（図1）。彼によれば、性器は「下半身の

図1　磯田湖龍斎「色道取組十二番」18世紀．誇張した性器はほぼ顔と同じサイズに描かれている．繊細な毛彫り，手足の表情，裏側から写生したとしか思えない性器のリアリズムに比して，顔は驚くほど様式的である．

図2　歌川国貞「春色初音之六女」から「天の邪鬼交接(あまのじゃきのとぼし)」19世紀．上下が入れ替わった絵柄は，性器が下の顔であることが表情豊かに描かれている．

顔」であり、したがって春画のなかでは、あれほど豊かに性器の「表情」が描かれるのだと(図2)。だとすればなおさら、性器以外の身体の部分に対する、春画作者の無関心は驚くほどである。「上半身の顔」の方は男女を問わず様式化されているし、個性も性差も見分けがたい。身体のほうも徹底的な省略がおこなわれており、色塗りによって男性の身体が女性の身体より濃色で表わされていることを除けば、ひと目では性別もわからない。むしろ衣服、髪型、小物などのイコノロジー的な記号性によって、登場する人物の性別、地位、身分のような社会的な属性が指示されている。

春画のなかでは男色《なんしょく》と女色《にょしょく》との区別も、性器部分や他の社会的なコードがわからなければ、見分けがつきにくい。女装と見まがうばかりの華麗な若衆習俗や前髪を落とさない若衆髷からは、ひと目で性別を判定することはむずかしく、性器の結合部を見て、はじめて男色だとわかるような例さえある(図3)。

浮世絵は約束事の集合からなる「慣習的 conventional」な表現領域である。文化的なコードの解読を欠いては、そのエロティシズムを享受することもできない。春画作者の身体への無関心は、裏返しに性器への過剰な注目としてあらわれる。江戸研究者、田中優子は春画における着衣の役割を「枠取り framing」、すなわち性器に視線を集中するための額縁の役割、として論じた[Tanaka 1996]。交合する男女が実際に着衣で

図3　鈴木春信「接吻」18世紀．若衆と男色にふける成人の男性．性器の結合部分を見なければ，髷や衣装からは性別の判定がむずかしい．

あったかどうかは別にして、着衣の図像的なコードはそれとは別に解釈されなければならない。

もうひとつの解釈は、裸体があまりに日常的であったために、それをわざわざ図像表現する価値を認めなかった、というものである。江戸時代の風俗には日常的に裸体があふれている。もろ肌脱ぎをする男女、人前で胸をはだけて授乳する母親、ふんどしひとつで労働する下層民、そして混浴。とりわけ乳房に対する関心は江戸の浮世絵のなかでは、性器に比しておどろくほど低い(図4・5)。

乳房の性的価値はいつから上がったのだろうか？「隠す」ことがなけれ

(図 5)

(図 4)

(図 6)

図 4　万月堂「絵暦 浮世三幅対の内」.
図 5　「浮世さまざま」北斎漫画初編(部分). 江戸には裸体があふれていた. 働く者, 湯浴みする者, くつろぐ者, 涼む者, 身仕舞いする者.
図 6　内田春菊『私たちは繁殖している』1994 年. ドゥマゴ文学賞受賞の出産・育児マンガ. ボディコンのスーツ・スタイルで胸をはだけて授乳する主人公の姿は周囲をぎょっとさせる. オッパイはいつの頃からか男のためのものになった.

ば、身体の部位の記号価は上がらない。わたしはかつてブラジャーの普及が女性の乳房の性的価値を高めた(その逆でもある)と論じたことがあるが[上野 1982 a]、胸を隠す、という習俗じたいは日本では比較的新しいものである。内田春菊が『私たちは繁殖している』[内田(春)1994]という、ドゥマゴ文学賞を受賞した出産・育児マンガのなかで、彼女が授乳のために人前でオッパイを出すとまわりがぎょっと驚く、というシーンを描いているが(図6)、ごく最近までそれは日常的な習俗だった。民族学的に見ても、日本を含むオセアニア文化圏など世界の各民族のなかでは、乳房を隠す文化よりあらわす文化のほうが圧倒的に多い。ハワイでもフラダンスのダンサーたちがブラジャーをするようになったのは、近代以降のことである。

江戸に裸体があふれていたことには多くの証言がある。明治政府は違《い》式《しき》詿違《かいい》条例によって混浴や立ち小便などを次々に禁止していくが、そのなかには裸体風俗の禁止も含まれていた[小木・熊倉・上野編 1990]。

裸体が図像表現のなかで記号性を持たない事実について、美術史家の若桑みどり[若桑 1997]はそれに基本的に合意したうえで、養老孟司の文章を引きながら次のように論じる。

「江戸に『身体がない』ことをよく示すのは当時の絵画である。虫や鳥にあれだけリアリズムを発揮した絵師たちがいたのに、人体については、解剖が始まって数十年たつまではおよそへたくそな人体図しか書けなかったのである。橋本治［橋本 1989］は『江戸に身体はない』と言っている」［養老 1996］

若桑は「この理論は、江戸時代には巷間に裸体があふれており、日本には『おおらかな』裸体の文化があったとする旧来の見方とまったく対立する」と論じる。「身体があっても、それを、自然な身体の危険性をもつものとして見る『視線がなかった』ということを意味する……いわば身体そのもののもつ意味が制度化されている、無害なものとなっている」［若桑 1997：p. 28］――ここまではよい。若桑はここから開化以前の日本では「身体のもつ意味を直視することがタブーとなっていた」と結論する。「身体のもつ意味」とは、ここでは「身体の自然で危険な本性」のことである。

裸体が「自然」に属する、というのはナイーヴな信念である。若桑の指摘にまつまでもなく、裸体もまた「制度化された身体」である。写真家の木村伊兵衛は昭和一〇年代の九十九里の浜で全裸で網を曳く漁師の群像を撮っているが(図7)、彼らも性器の先端を藁しべで結わえることで、身体を制度化している。裸体も裸体の禁止もともに「身体の制度化」にはちがいないが、裸体の禁止には「身体の自然化」(これもまた制度にはちがいない)とその「身体の自然性の危険視」という価値付与がともなって

図 7　昭和 10 年代の九十九里浜．全裸で働く漁師たち．写真：木村伊兵衛．

いる。この裸体の記号価の発生は「裸体の禁止」の効果であり、その逆ではない。裸体が禁止されたからこそ、着衣の文化的なコードに比して、裸体が「自然性」へと帰属させられたのである(1)。

裸体の禁止に先だって裸体そのものに「危険な価値」があると前提するのは、論理的な倒錯というほかない。江戸の「身体の無化」が「身体のもつ意味を直視することのタブー視」だという説は、第一に「身体の危険性」が本質主義的に前提されたうえでそれを「タブー」化することが裸体の氾濫につながったとする論理の倒錯において、第二にその「タブー」の解除が近代(西欧)裸体画であると含意する隠れた近代＝西欧中心主義において、受け入れがたい。

若桑とわたしは、「女性の身体がエロチックなものであることを示すには裸体はまったく役に立たない」[若桑1997：p.29]という観察においてまったく同意するが、その根拠については意見を異にする。ここでは江戸期に裸体の記号性がいちじるしく低かったことを確認しておけばよい。

裸体のジェンダー非対称

裸体の記号性とジェンダー非対称性が問題化problematizeされたのは、フェミニスト美術史の功績による。それまでは「人体＝美」のカノンのもとで、裸体画(これにヌード写真を含めてもよい)は「芸術至上主義」の名のもとに擁護されてきた。が、裸体画のなかでも、とりわけ男性の表現者によってくりかえし女体が描かれるのはなぜか？「視るもの」と「視られるもの」の性別による非対称な構造のもとで、男性画家が女性ヌードを客体化し、領有し、性的に対象化し、あまつさえ凌辱しさえしてきたこと、客体としての女体への視線が決して美神への奉仕などではなかったこと……は、次々にあきらかにされてきた。

裸体の記号性のジェンダー非対称は、マネの有名な作品、「草上昼餐」(図8)を例にとってしばしば論じられる。昼下がりの公園でくつろぐ一群の男女のなかで、着衣の男と裸体の女、というジェンダー非対称は「裸体の記号学」のうってつけの対象であ

図 8　マネ「草上昼餐」1863 年．あまりにも有名な近代裸体画．ヌードの女性と着衣の男性という組み合わせは，公的男性 vs 私的女性のコントラストを表現している．

る。つまりここで記号性を持っている裸体とは、最初からジェンダー化されている、すなわち「身体」とは「女の身体」の別名なのである。「身体性」は「自然性」「私秘性」と結びついている。身体史の提唱者である荻野美穂の卓抜な表現を借りれば、なぜだか女の方が「身体度が高い」存在と考えられている[荻野 1993]。マネの絵がスキャンダラスなのは、「公的な男性」vs「私的な女性」という二項図式が、同一のキャンバスのなかで、これ以上ないほどあからさまなしかたで表象されているからである。公的な場における女性とは、このような視線によって扱われてもしかたのない存在なのである。そしてこの身体性＝自然性＝私秘性の、女性へのジェンダー配当こそ近代の産物だったことを考えれば、マネの表現の近代性はあきらかである。このような裸体のタブー化とそれがもたらす裸体の特権的な記号性を、歴史超越的に本質視することの誤りもまたあきらかであろう。

と考えれば、だれの裸体がだれにとって「危険」なのか、という問いに答えることができる。裸体の記号性をジェンダー抜きに論じることはナンセンスである。「身体が危険」なのは「女性身体が男性主体にとって危険」であることの男性中心的な表現なのである。

裸体の「露出度」とその「政治性」

わたしの処女「喪失」作、『セクシィ・ギャルの大研究』[上野 1982 a]は、コマーシャル写真の身体表現をジェンダーという変数にもとづいて記号論的に分析したものだが、研究の過程で、戦後風俗史のなかにおける、とりわけコマーシャル写真のなかでの裸体の扱われ方を、ひととおり追跡してみた。その結果わかったことは次のようなことがらである。

ひとつは裸体とは女性の裸体の別名であること。ふたつめは女性の裸体が性の記号として使われていること。そして最後に、性表現の「ラディカルさ」とはイコール「露出度」の高さと同義であること。少なくとも七〇年代までは、「露出度の高さ」だけが競われていて、それが表現する記号内容に対する反省的な意識は、まったくといっていいほど見られない。この図式は「チャタレー裁判」から現在のヘアヌードに至るまで、戦後風俗史のなかに一貫して続いている。「CMにおける性表現の可能性」を論じるアーティストたち、アート・ディレクターたちの「どこまで見せるか?」という議論は、「男らしい」無邪気さにあふれているが、フェミニズムのおかげで、「露出度イコール過激さ」とみなすナイーヴな見方はもはや不可能になった。それだけではない。宮台真司と彼の共同研究者たちがあきらかにしたところによれば、階級や世代を変数とした「性の反体制コード」(性表現を扱えばそれ自体で反権力、反権威でありうる、というこれもまたナイーヴな解釈コードのこと)そのものが、七〇年代で終わりを告げた[宮台・石原・大塚 1993]。

七〇年代は同時に性解放の時代でもあった。性解放の波に乗って成長したのが性産業である。アメリカでは『プレイボーイ』や『ハスラー』などの男性誌が女性ヌードのグラビアページを売り物にし、そのコマーシャル・フォトはますます過激に露出度を高めていった。商業誌のなかでは女性の性毛だけでなく、割れ目やそのものずばりの性器写真が登場する。他方日本では、商業的な裸体の表象は、性毛と性器の露出を禁ずる倫理規定のせいで、特異な発展をとげた。ヌード写真だけでなく、コミック、アダルトビデオを含む性のビジュアル表現のジャンルは、性器とその周辺部分をタブーとすることで、かえってありとあらゆる想像力(「劣情」とも呼ばれる)をかき立てる方向へと、文化的な洗練の度を——もしそれを「洗練」と呼ぶとすれば——加えたのである。その一部には、女性身体を造形的、審美的なオブジェに還元する芸術至上主義的な作品群もたしかに存在した。日本の裸体アートの文化的な達成にくらべれば、逆説的にも「性解放」のおかげで、アメリカのヌード表現はかえって即物的に見える。

露出度をめぐるメディアと権力とのせめぎあいは、「ヘアヌード・ブーム」という、いささか滑稽な現象を生み出した。「ヘアヌード」とはたかだか性毛が写っているヌード写真、というだけのしろものである。アメリカやヨーロッパの男性向け商業誌ではもはや常識にすぎない程度の表現を「ヘアヌード」と呼んでもてはやし、それを載せるたびに確実に雑誌の販売部数が伸びるという日本の現実は、宮台らが指摘する「サブカルチャー神話解体」以前の時代錯誤というほかない。ここでもヘアヌードの記号価は、禁止によってのみ逆説的に高まっている。

日本を訪れる西欧の女性が、商業メディアに氾濫するわいせつな性表現にショックを受けるのには、以上のような文化背景の違いがある。日本では「性毛および性器の露出」という倫理コードを守りさえすれば、逆に「何をしてもかまわない」のである。実際には性表現においては、アメリカの商業誌のほうが日本とはくらべものにならないほど露出度が高い。ただ、それらの商業誌が「Xレイト(猥褻度の高さ)」で分類され、一八歳未満の購読者には販売が禁止されているとか、入手先が限られているとかの事情で、多くは女性の目に触れにくいだけのことである。日本では逆に、公共空間に男性メディアがあふれている。欧米から日本への訪問者たちは第一に、自分の社会でも目に触れにくかった過激な性表現にショックを受け、第二にそれが電車のなかやオフィスなど、日常的な公共空間で消費されている事実にショックを受ける。前者については彼女たちが自分の属する社会の差別的な性表現について無知だというにすぎないが、後者については日本の男性が、公共空間であたかも女性が「見えない存在」であるかのように、わがもの顔にふるまってきた事情を反映している。

男性ヌードとその消費者

女性ヌードの消費者が男性であるとするなら、女性が男性ヌードの消費者であってもいいのではないか？――この誰でも考えつきそうな問いは、たんに陳腐なだけでなく、決定的に誤ってもいる。

九〇年代に入ってから『ａｎａｎ』などの女性メディアに男性ヌードが登場したことを、新しい衝撃であるかのようにいう言説が流通した。男性ヌード、ことに美青年ヌードの登場は写真の歴史のなかでは新しい現象ではない。ヌード写真というジャンルが成立して以来、前世紀から早くも男性ヌードは存在した。裸体の美青年、無防備で誘惑的な姿態、カメラとのアイコンタクトをはずして一方的に見られる客体となった男性ヌード――女性ヌードのあらゆるクリシェをそのまま再生産した――は、何よりも男性同性愛者のまなざしに供される性的なオブジェだった（図９）。桂冠を頭に飾ったり、神殿風の円柱にもたれたり、あからさまにギリシャ的な意匠をほどこしたものもある。異教的な背景のもとで、少年愛をコード化する意図があらわである。男性ヌードもまた、男性支配の性産業のなかで「男の男による男のための性商品」として生産・流通・消費された。

男性ヌードが新しいとすれば、女性向けの媒体に女性によって「見られる客体」として登場したことであろう。それは性産業の消費者として女性が登場したこと、それを可能にするだけの購買力を女性が持つようになったことと無関係ではない。性の商

図 9　ハーヴェイ・フェルドシュナイダー「顔をおおって横たわるニック」1989 年．視線をそらして裸身をさらす美青年の姿は，ゲイの男性のまなざしに供されている．

品化はマーケットの成立と切り離せないし、購買力のないところにマーケットは成立しない。性産業のマーケットではこれまでは圧倒的に男性の購買力が支配していた。だが購買力さえあれば、女性は性のマーケットに消費者として新しく参入するだろうか？　ことはそう単純ではない。性愛のコード――もっとはっきり発情のシナリオと言ってもいい――には、ジェンダー非対称性が埋め込まれている。

金塚貞文の精緻な分析にしたがうなら、男性ヌードが性商品として成り立つためには、男性身体が女性の性幻想を仮託する「虚想の他者」として記号化されなければならない[金塚 1987]。そのための前提条件は、女性身体がすでに単身化していること、言い換えれば「虚想の他者」によって発情が可能なオナニストの身体と化していることである。『ａｎａｎ』の読者が男性ヌードの消費者になったと(いう仮説を支持)するなら、彼女たちはいまや男性なみに「オナニスト化」している、ことになる。その動きはたしかに、女性の単身化と無関係ではない。『ａｎａｎ』や『Ｈａｎａｋｏ』は、自分だけの可処分所得を持つ首都圏シングルの女性読者をターゲットに出版された。なるほど女性の購買力だけから言えば、女性誌はそれ以前にもあったが、『微笑』のような本音マガジンでさえ男性ヌードを商品化してこなかったことを考えると、女性身体の単身化はつい最近までじゅうぶんにはすすんでいなかった、と解釈することもできる。

だが、女性の性幻想が「男なみ」にオナニスト化してきた、という観察は正しいだろうか？　性幻想にはジェンダー差がふかく埋め込まれている。女性が異性の身体を性幻想の記号としてきたことは、歴史的に見て、なかったと言っていい。身もふたもなく言えば、異性の裸体を見るだけで「催す」ほど、女性は男性ほど裸体に対してフェティッシュではない——べつな言い方をすれば、それほど機械的に単純な反応をしない——のである。

『ａｎａｎ』のような雑誌媒体でも男性ヌードは一時の話題性を呼んだけれども、たとえばグラビアページとして定着することはなかった。むしろ新しい衝撃と思われた現象は、「きれいな裸」のような読者参加の企画が大当たりを取ったことである(図10)。有名写真家に自分の裸体写真を撮ってもらう——「若くてきれいなうちに」「わたし自身の記念に」と彼女たちは、代価もなしに惜しげもなく裸体をさらす。性の市場に商品としてさしだすわけではないが、「他者の視線」を不可欠とするこのナルシス的な身体は、自分のマーケット・ヴァリュー(市場価格)をじゅうぶんに自覚している。そのうえ「殻を破りたかった」「自己実現のために」と語る彼女たちの自己表現のなかには、性が超越への回路でありうる、という前時代的な性の特権化までともな

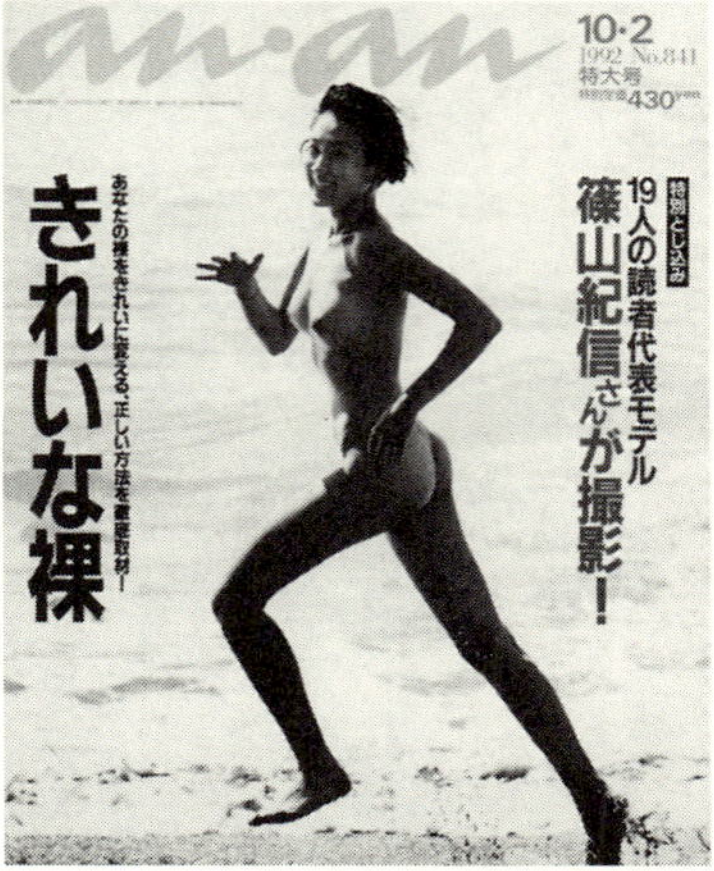

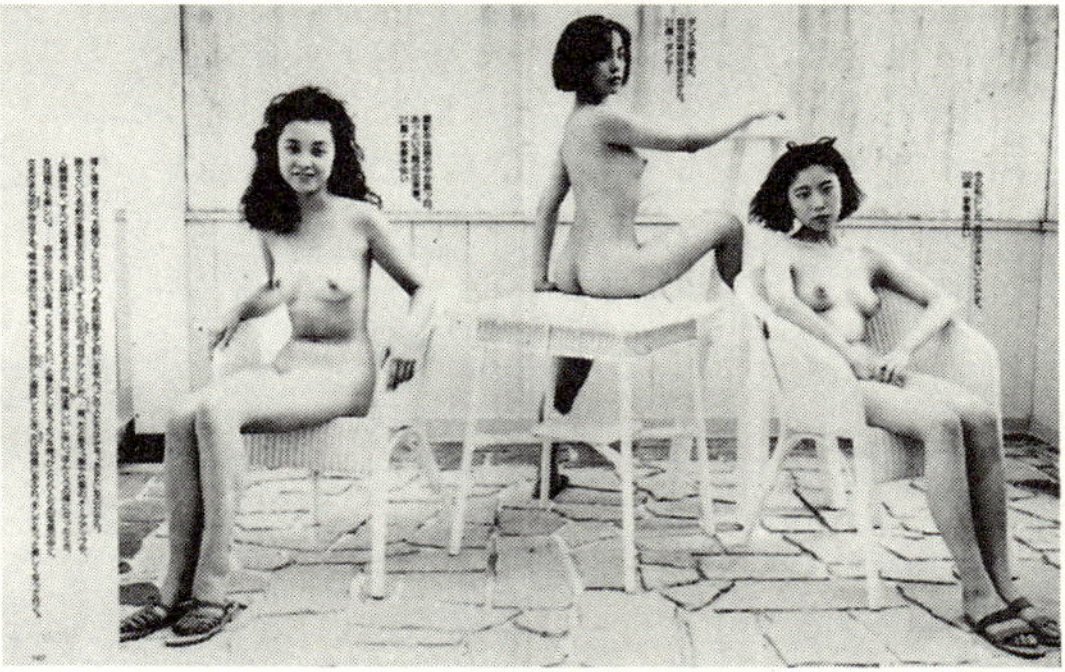

図 10　『anan』1992 年 10 月 2 日号.「きれいな裸」特集. 有名写真家(篠山紀信)に自分のハダカを撮ってもらおうと, しろうとの女性たちが積極的に応募した.

っているというのだ。なんという古さとわかりやすさ。

「天才」アラーキーこと荒木経惟のもとへは、「わたしのハダカを撮ってください」という読者からの「お便り」がひきもきらない、という。不特定多数の視線に自分の裸体をさらすという「一線」を越えることで得られる「超越」の錯覚と高揚感。そしてマスコミの寵児にして「天才」アラーキーという「有名人」を自分の「超越」の生き証人に仕立てようという自己顕示欲。裸体が性の記号として特権性を持ちつづけていること、裏返せばまだそれほどまでに若い女性たちの性が「抑圧」されているという古典的な構図の、これはパロディにほかならない。その翌日からふたたび退屈な日常に復帰するにしても、一枚の自分の裸体のポートレートを証拠写真に、自分を超えた、そして何事かをなしとげた「気分」にはなれる、のだ。

『anan』の「きれいな裸」ばかりではない。『太陽』が荒木経惟を審査員に新人写真家の登竜門として賞を設けたとき、入賞した二〇代の写真家の多くは女性であり、かつ彼女たちの被写体は裸体を含む自分自身であった。ファインダーの向こうに女性がまわって「視る側」に立ったとき、彼女たちが見出したのはやはり自分自身の身体であった。事実、シンディ・シャーマンをはじめとする女性写真家はあくことなくヌードを含むセルフ・ポートレートを撮りつづけている。

「視る」ことへのフェティシズムではなく、「視られる」ことへのナルシシズムほど女性のエロティシズムを雄弁に物語るものはない。わたしが『スカートの下の劇場』[上野1989]で注目したのも、性幻想のこのジェンダー非対称性であった。裸体の記号性とは男性にとっては女性の身体の記号性であり、女性にとっては自己身体の記号性である。女性が「視られる身体」から「視かえす」身体の持ち主になること、「視る」ことと「視られる」こととのあいだのこの「視線の政治学」がジェンダー対称性を獲得するには、かなりの時間がかかることだろう。

自己と自己身体との関係

身体は他者である。たんに比喩的な意味で言っているのではない。自分の容貌が鏡の助けを借りなければ見ることができないように、身体もまた鏡像によって選びようのない与件として自己に与えられる。身体は「視られる」ことによってのみ「発見」される。

女性は「視られる身体」としての自己身体を、早いうちから否応なしに発見させられる。その身体は、誘惑の客体として、視線の持ち主＝男性主体から、評価され、比較され、値踏みされる。女性は「視られる対象」としての自己身体と折り合いをつけるために、思春期から何十年にもわたる葛藤に満ちた経験をすることになる。

自己身体が性的に価値の低い場合は、自己身体と自己意識とのあいだに折り合いをつけるのは難しい。身体の性的価値はつねに他者に依存しているから、エステやダイエットも、身体を自己コントロールしているように見えて、その実、他者の視線の内面化にほかならない。ある摂食障害の女性が、年齢が彼女を性的存在であることから解放してくれたとき、はじめて安心して食べられるようになったという例に見られるように、他者への依存すなわち他者からの評価を放棄したとき、はじめて彼女は自己身体を受け入れることができたのである。

自己身体がたまたま性的に高い価値を持っている場合でも、自己身体との関係は容易ではない。自分のコントロールできない価値を一方的に付与されることで、男性の欲望や賞賛に対する依存が起きる。誘惑の客体としてつねに他者に依存しつつ自己確認をするほかない嗜癖を、わたしたちはまちがってニンフォマニア(多淫症)と呼んできた。まことにラカンのいうとおり、欲望とは「他者の欲望の欲望」、すなわち欲望されることの欲望なのだ。

衣服や化粧は社会的な記号だが、その気になれば着たり脱いだりすることができる。だが裸のボディは？　裸体が社会的な記号として、市場価値を付与されることになれば市場の規範に合わせて自己身体をコントロールしなければならない。ダイエットやシェイプアップはそのようなセルフ・コントロールの表現であり、自己身体が社会に馴《じゅん》致《ち》されていることの証明である。極端な肥満はそれ自体でセルフ・コントロールの失敗をあらわし、非難の対象となる。ここでは身体が人格なのだ。

身体の他者性が自覚化されれば、作家の斎藤綾子のように言い放つこともできる。わたしはウェットスーツを着るようにたまたま男から見て魅力のある女のボディを着ているだけだ、と。このボディを投げ出せばおもしろいように男が寄ってくる、わたしはその雄の発情につけこむが、それはわたしの与《あず》り知《か》らぬことだ、と語る斎藤には、自己身体とのクールな距離がある。

もしボディがウェットスーツのように自由に着脱のできるものであったら。そしてウェットスーツのように望ましいボディをオーダーメイドすることができたなら。——身体の他者性の彼方には、こうした究極の欲望が潜んでいる。

女性が「視られる」存在として身体性へと還元されているとしたら、男性は、他者から「視られる」ことがないために、自己身体を「発見」してもらうこともできない。言い換えれば女性は身体へと疎外され、男性は身体から疎外されている、と言ってもいい[上野 1996 a]。視線の政治学における男性のまなざしの優位は、やがて「視る」

ことだけを確保して「視られる」危険を冒すことのない欲望へと向かう。覗き屋Peeping Tomもしくは窃視症voyeurismの欲望である。浮世絵の春画ではこの覗きの欲望は、鈴木春信の真似《まね》ゑもん(豆粒ほどのおおきさで自由に他人の閨房に出入りし、房事をのぞき見することができる一種の透明人間)の趣向(図11)や当時のハイテクであった遠眼鏡《とおめがね》という趣向で実現される(図12)。カメラという技術文明の産物が登場することによって、「視る」ことの欲望はファインダーの背後に完全に身体を消去することによって完成された。写真家と同一化する観客は、被写体から「見返される」危険、すなわち自己身体の客体化の危険を冒す必要がない。だがそれは、自己身体を「発見」してくれる他者をついに持てないことと同義でもある。したがって男性は自己身体を発見していないだけでなく、自己身体と関係することもできない。これは視線の政治学が男性に主体の位置を与えたことの代価である。

男性はどうやって自己の身体を発見することができるのだろうか? 自己身体との折り合いのいい関係は、男性にとっても課題である。だがどうすれば自己身体を「発見」してくれる他者の視線を持つことができるのか? ゲイの男性以外に、自己身体の客体化は、男性には難しそうである。あるいは異性装者の男性は、女装によってつかのまだけ、身体を「借り着」しているのかもしれない。

(図 11)

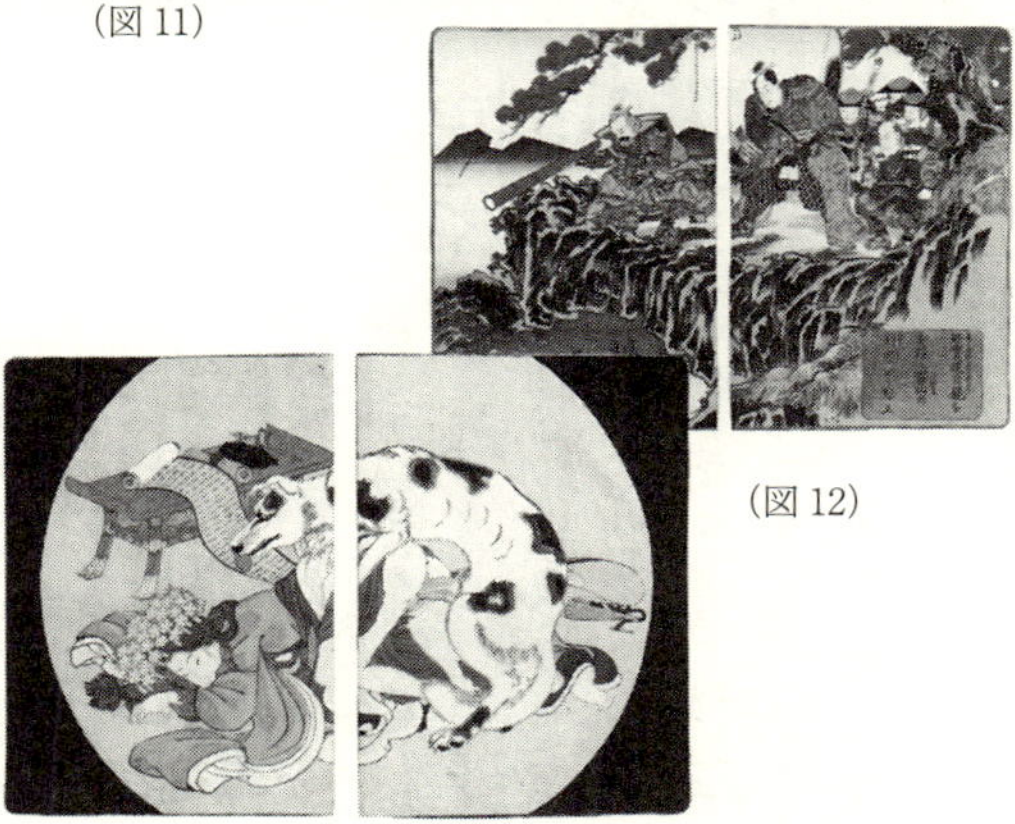

(図 12)

図 11　鈴木春信「風流艶色真似ゑもん」18 世紀．浮世絵春画の趣向のひとつ．まねゑもん(まめえもん，まめすけ)と呼ばれる小さな男が，他人の閨房をのぞき見する冒険譚．

図 12　歌川国貞「恋のやつふぢ」19 世紀．有名な曲亭馬琴の『南総里見八犬伝』のパロディ．遠眼鏡は当時の“ハイテク”で，春画の覗きの趣向にしばしば使われるが，その代表的なもの．遠眼鏡の視界には，佐世姫(原作は伏姫)が犬の八総(原作は八房)と交合する煽情的なシーンが描かれる．

だが性の市場のなかでは、思った以上に早いスピードで、身体の記号化は男女を問わず進行しているようにも見える。若い男の子たちも「視られる存在」としてのナルシス的な自己身体との関係を生きているかのようである。男性が女性によって選ばれるようになったという時代の動向だけではない。たしかに『ａｎａｎ』の男性ヌードは、男が考える「男らしい」ヌードではなく、若い女性の好みを反映してもいた。体毛のないすべすべしたボディ、汗くささや臭いを感じさせないクリーンなボディ、スリムで少年のような性差の少ないボディ――総じて「男性性」の脅威を感じさせないボディの持ち主が選ばれている。蔦森樹《つたもりたつる》が『男だってきれいになりたい』[蔦森 1990]という本をマガジンハウスから出したとき、彼は男のエステや毛抜きボーイの存在を著書のなかで追認したにすぎなかったのだけれども、男の子のためのエステ・ガイドつきのこの本を目にして、憤慨したオヤジたちもいたと言う。男の子たちはオヤジ化を拒否することによって、当然にもそんな反応を示すオヤジたちそのものを敵にまわしていたのだが。ここにはジェンダー差の縮小だけでなく、従来型の男性役割への拒絶と、男としての成熟拒否とがある。

女性同様、消費市場での身体の客体化という趨勢を男性も逃れようがないという意味で身体の「男女平等」が不可避に進行しているのだろうか。外出前に全身を点検し、ダイエットとシェイプアップに余念がなく、ディスコではパートナーなしで鏡の前で自己陶酔しながら踊りつづける男の子たち。「女の目」がなくても彼らはそうするにちがいない。ダイエット症候群の少女たちと同じく、望ましくないボディの持ち主の場合には男の子もまたそれと格闘しなければならず、そのうえ女の子とちがって身体の悩みをあからさまに自分にも他人にも認めることさえはばかられる。逆にナルシシズム的身体の持ち主の場合であれば、女性の場合と同様、他者の視線と賞賛への依存が始まる。身体はどちらにころんでも「他者に属している」のである。

こういった自己疎外のない、身体との折り合いのいい関係はあるだろうか？　あるとしたらエコロジストのボディにちがいない。わたしがただこうしてあること、食べて呼吸をして排泄して生きていること、そのことがキモチイイと思えるような身体の持ち主。自分の身体の価値を他者に依存するのではなく、自分自身で意味づけることができるような自己充足的な身体の持ち主。身体のユートピアというものがあるとすれば、玄米ご飯を食べたら今日も健康なうんちが出た、なんとわたしのボディは美しいのだろう、と思えるような自己充足的な身体であろう。もしそのような自己充足的な身体との関係を、社会との介在なしに持つことができれば、そういう身体はもはや社会的な存在ではないから、オナニスト的な身体と同じく、エコロジカルな身体とは身体の単身化のもうひとつの回路かもしれない。

だがオナニスト的な身体が金塚のいうように、高度資本主義に適合的な単身者としての身体のありかただとしたら、わたしたちはエコロジカルな身体が同じように資本主義の副産物、もしくは補完物でありうる可能性を疑ってみることもできる。エコロジカルな身体が自己の価値を表現するとき、それは資本制的な身体からの示差として逆説的な市場価値を与えられるのではないか。もしくはそのような市場的な価値の発生をエコロジカルな身体の持ち主はじゅうぶんに自覚し計算に入れているのではないか。加藤まどかの秀逸な分析によれば、「身体」をめぐるメディアの言説のなかでは「知性」も「教養」も「エコロジー」もすべて「外から」、すなわち身体によって測られる[加藤(ま)1995]。本を読むのは「内側からきれいになる」ためであり、教養を身につけるのはそれが「外へにじみでる」からである。有機栽培の野菜を食べるのは「美しい肌を保つため」である。非市場的な価値もまた、市場的に評価される。言い換えれば社会的な記号性を欠いた身体とは、この世に存在しない、のである。

身体の私秘性をめぐって

裸体の記号学の発見には、女性＝身体性＝自然性＝私秘性という近代のからくりがある。性的身体とは(男性にとっても、女性にとっても)女性の裸体のことである。このわかりやすすぎる構図のなかで、(女性の)裸体の露出度が、そのまま「スキャンダル」になったり「チャレンジ」になったりする。このジェンダー非対称性は男性はもとより、女性自身のなかにも内面化されているから、それを逆転しても、つまりたんなるジェンダーの入れ替え(女性にとって男性＝身体性＝自然性＝私秘性となる可能性)だけでは意味をなさない。すなわち男性ヌードは女性にとってエロティシズムの対象とならないのだ。

だが、もちろんのことながら、この構図は歴史超越的ではない。フェミニズムの到達によれば「私的領域とは公的に構成されたものである」。性と身体とを公領域から排除し、「見えない」領域におしこめたこと。内田隆三[内田 1987]によれば、この「見えない(オフ・シーン off scene)」性格こそ「猥褻(オブシーン obscene)」の発生の機序なのだ。「猥褻」とは、裸体や性器そのものに対して与えられた形容ではない。私秘的なものが「場違い out of place」に公的領域に登場すること、その文脈の混乱が「猥褻」感をよびおこす。だが、くりかえせば、そうやって発生する私秘的なものの価値こそ、公的領域からの排除によってあらかじめ定義されているのだ。公的なものとは、私秘的なものの排除に依存している。裸体はこの境界を攪乱するのだが、それはすでに私秘性という制度によってコード化されているからこそなのである。したがって、ありのままの、はだかの肉体というものは、ない。

追記

本稿はインタヴュー構成「裸体の記号学──裸体の文化コードを読む」[『武蔵野美術』94「特集・裸体神話」武蔵野美術大学出版編集室 1994]をもとに、その後の研究上の展開をふまえて加筆訂正したものである。インタヴュアーの安達史人さんと掛井育子さんの挑発的な問いかけのおかげでアイディアの活性化を促された。感謝したい。

(1) 本稿脱稿後に、ヨコタ村上孝之の同様な主張に出会った。「裸体をさらすことを禁止し、隠蔽することによって、覗く視線が形成される。そして、この視線がエロティックな価値を創出する。エロスは裸体そのものにはなく、裸体を取り巻く装置にあるのだ」[ヨコタ村上 1997 : p. 149]。

視線の政治学

カメラマンと言うからには、ファインダーを覗くのは、つねに男なのである。たんにカメラというテクノロジーを操るのが男の特権だというだけではない。近代に「視線の優位」が確立して以来、「見る主体」はつねに男であった。そして「見られる客体」は女。ファインダーを覗く男の視線は、女を追いまわし、犯し、裸にする。だから、女はヌードである。ヌードは女から人格性を剝ぎとり、社会性の記号を奪う。拘留された犯罪者が裸にされるように、裸は人を無力に、無防備にする。視姦する男の視線が、いつのまにか女から衣服を剝ぎとって、裸体を透視しているように、その視線のリアリティを、マネは「草上昼餐」の中で描く。着衣の男とヌードの女という〝不自然〟な組み合わせがアートの名のもとに許される。

たとえルネサンス期の古典復興の掛け声が裸体を正当化するイデオロギーとして働いていたとしても、ヌードはいつもスキャンダルであった。フェミニズム批評がアートの領域に及ぶことによって、芸術至上主義の名によって守られていた性的なスキャンダルが次々に暴かれていく。古典モデルをよそおったゴヤの「裸のマハ」は、実は娼婦像だった。そこには崇高さよりは世俗的なエロティシズムが溢れている。アーティストは目で犯したモデルと実際に関係し、愛人にし、妻にする。または妻にしたモデルを、描きつづける。それは〝愛〟なのだろうか。フロイトは芸術の衝動を「性欲の昇華」と呼んだが、崇高さのうちに濾過されるとは限らない、男の直接的な性幻想や性的な妄想をも芸術は描き出す。そうなれば、芸術とポルノグラフィーの境界線を引くのはむずかしい。

写真は、この「視線の政治学」のただ中にのりこんでくる。対象をデフォルメも美化もできない、カメラというとことん世俗的なテクノロジーは、写真を最初からスキャンダルにする。

I　男が女を撮る

写真家と被写体、「見る主体」と「見られる客体」の間の性の政治学はジェンダー変数を導入することで、次のような四つの類型に区分することができる。この四つの類型は、それぞれヌードの写真史のなかの四つのフェイズに対応している。

Ⅰ　男が女を撮る
Ⅱ　女が女を撮る
Ⅲ　女が男を撮る
Ⅳ　男が男を撮る

男性写真家による女性ヌード写真は、いつでもスキャンダルである。そこには、女を裸に、ただの身体に還元したい男の、あからさまな権力＝欲望があらわれている。だがそれにも、女性の身体をシュールリアリスティックな美的なオブジェとして二次元で処理するアート寄りの方向と、写真の持っている世俗的なリアリズムを、そのスキャンダラスな性格の限界まで追求する方向とがある。

七〇年代の日本は、荒木経惟というユニークな男性写真家を産んだ。アラーキー――「アナーキー」を連想させる――というニックネームを持ったこの写真家は、ふつうの素人の女性を口説いて裸を撮らせる。彼のモデルはプロフェッショナルでなく、若くもなく、美しくもない。被写体になった女性たちは、合意の上で客体を演じながら、自らの性的欲望さえあらわにする。この写真家は、自分にとっては撮影がファックであり、カメラがペニスだと公言する。事実、彼の貧弱な肉体は、ファインダーの向こうに隠れて、観客には見えない。被写体の女は、ファインダーの中を挑戦的に見つめ返している。女を、その性的な欲望まで含めて、等身大で描いた写真家として、荒木は一つの到達点を示した。荒木の写す女は、美しくも醜くもない。それは限りなく実像に近いことで、そのまま一つのスキャンダルだった。

II 女が女を撮る

女がカメラのファインダーの向こう側にまわった時、女はやはり女を撮った。女はあまりに深く「見られる客体」であることに慣れていたために「見る主体」にまわっても、対象に自分自身を持ってくるほかなかった。女性写真家がしばしばセルフ・ポートレイトを撮るのはそのためである。パット・ブースの「セルフ・ポートレイト」は、自分のヌードを撮る自分を写すには鏡を使うしかないというパラドクスを、そのしくみごと写す。これは、客体が主体になろうとした自己言及性のパラドクスを冒した罪なのだ(図1)。

シンディ・シャーマンの「セルフ・ポートレイト」は有名である。だが自画像を女性写真家の実像ととりちがえてはいけない。女性写真家の自己は、ファインダーのこちら側と向こう側とに分裂する。その分裂をそのまま生きた軌跡を、シンディ・シャーマンは万華鏡のように差異化していく自己像の連なりとして見せる。どの像も、彼

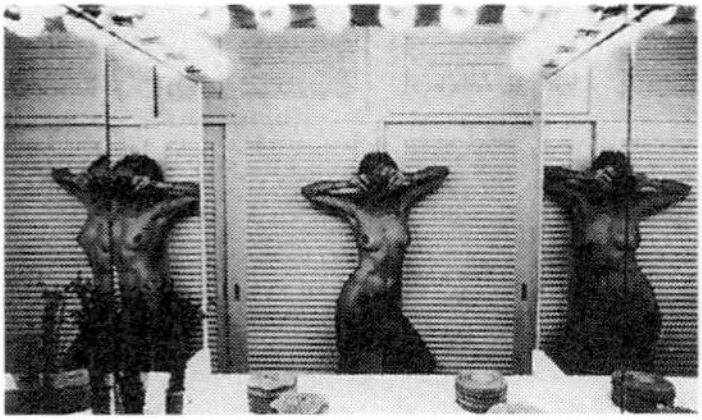

図1　パット・ブース「セルフ・ポートレイト」1983年．女性がカメラを手にしたら，鏡を媒介にして，自分のヌードに向かうことになった．その視線の自己言及性を，これでもかと示す作品．

図2　シンディ・シャーマン「セルフ・ポートレイト」1978–83年．シャーマンはさまざまなステレオタイプな女性像に扮して，セルフ・ポートレイトを撮り続けた．「ほんとうの私」などどこにもいない，とあざ笑うように写真の中の彼女は断片化していく．

女であって彼女でない。そこにあるのは、カメラの前の自己回復ではなく自己解体である。多型化していくシャーマンの自画像は、不機嫌そうな表情をしている(図2)。

ダイアナ・ブロックは女性群像を描くことで異性の視線をシャットアウトした「女部屋の連帯」を描いた。単独のヌードでさえ、彼女の写真では、無防備で自足している。それは異性によって対象化されることを待っているボディではない。女同士は互いに似たもの(ツインズ)として自足的に相手を写しあっている(図3)。家族の群像を撮った写真では、彼女は「着衣の女/ヌードの男」という逆転の構図を示した。ペニスをあらわにした男たちは少しも女に対して脅威的ではなく「女から生まれる者 of woman born」として中性化される(図4)。女性をとり囲む男性ヌードの群像を撮ったビル・キングのファッション写真と比べてみると、そのちがいは歴然としている。

他者としての女を同性の女が撮った作品として出色なのは石内都である。女性のポートレイトを撮り続ける日本の女性写真家として、松本路子[松本 1995]も忘れることができない。だが松本がニキ・ド・サンファルのような卓越した女性アーティストたちを、尊敬すべき役割モデルとして画面に定着させようとしているのに対して、『1・9・4・7』と題された石内の組写真[石内 1990]は、ただたんに一九四七年という自分と同年生まれの少しも卓越したところのない無名の女たちを執拗に写し出す。

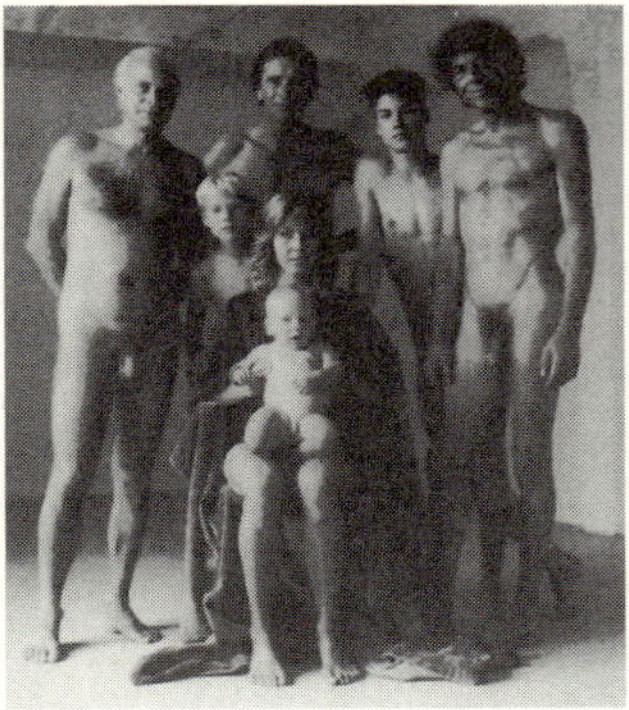

（図 4）

（図 3）

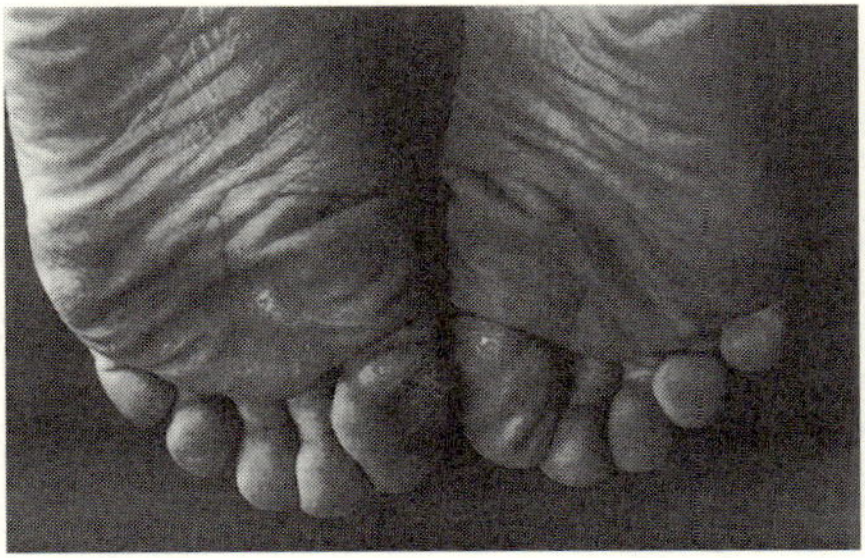

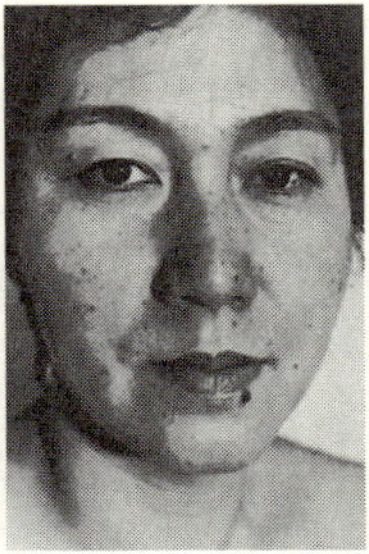

（図 5）

図 3　ダイアナ・ブロック「姉妹たち」1985 年．向かい合う双生児のような姉妹たちは，他者の視線に頓着せず，自足した世界をつくっている．女性の裸体はつねに性的とは限らない．

図 4　ダイアナ・ブロック「母，父，息子たち」1986 年．着衣の母をとり囲む一族の男たちの裸体．威厳のある母のもとからすべての生命が生まれたというメッセージが伝わる．

図 5　石内都「1・9・4・7」1988 年．石内は自分と同年生まれ，撮影当時 41 歳の女たちの肖像を撮り続けた．しみの入った肌，しわの寄った表情，使い込んだ手足，だがそれらは彼女と同世代の女たちの，等身大の生きてきた証だ．（1990 年に刊行された写真集は手と足だけで構成されている）

一九八八年現在で四一歳の、もう若くはない女たちを、その肌の衰えやシミ、シワの一つ一つに至るまで、高精度の印画紙はハイパーリアルに再現する。そのうえ石内は、四〇年間の使用に耐えた女たちの手と足を、顔よりも表情豊かに描き出す。ある女は笑い、ある女は眉間にしわを寄せている。四一歳の女は若くもなく、美しくもないが、そこにあるがままのものとして等身大に、彼女のカメラアイに写しとられている。そして、女を、女の視線の中で、そこにあるがままのものとして見ることが、それ自体一つの達成だったと知ってわたしたちは驚く(図5)。

III　女が男を撮る

男のヌードを撮る女性写真家は驚くほど少ない。それはあたかも、女が「性的客体」としての男に関心を持たないかのようだ。女は「性的客体」としての自分自身に興味を持つ。男はただ自分を客体化してくれる視線としてのみ、女によって必要とされる。その関係を逆転して、今度は自分が性的主体として男を性的客体にしかえすということに、女は何の興味も持っていないように見える。女が性的に興奮するのは「性的客体」としての男の身体にではなく、男の視線を介して「性的客体」化された自己身体に対してなのだ。女はそれほど深く客体になることを内面化してきた。

女が性的な欲望の対象として、男のボディを思い描くことがあるのだろうか。アーノルド・シュワルツェネッガーのようなたくましいボディ？　こっけいだ。筋肉質の男のボディは、女のためにではなく男のためにある。もっとはっきり言えば、男が男との競争にうちかつためにある。それは男のナルシシズムの表現でこそあれ、女の性的欲望の対象などではない(図6)。

バーバラ・ド・ジュヌヴィエーヴの作品は、女性が男性ヌードを撮った数少ない写真の一つである。花模様の背景の前に立たされた四つの裸体は、顔をカットしたトリミングや、腕を後ろに回した無防備な姿勢、さらには「四つの優美」と題されたアイロニーも含めて、男性性をカリカチュアライズ——もっとはっきり言えば去勢——されている(図7)。そこでは裸体は、兵隊検査の兵士や囚人と同じく、無力さと尊厳の剝奪の記号なのだ。

エヴァ・ルビンシュタインは、男のボディを完全にオブジェにする。木肌に同化しそうな屈強な男のボディについた萎縮したペニスは、少しも性的でない(図8)。女性ヌードをどこまでも美的なオブジェとしてアーティスティックな表現を追求した一群の男性写真家がいたように、女性写真家の中にも、男性ヌードをあくまで美的なオブジェに還元しようとする視線を持つ者があらわれた。レニ・リーフェンシュタールの

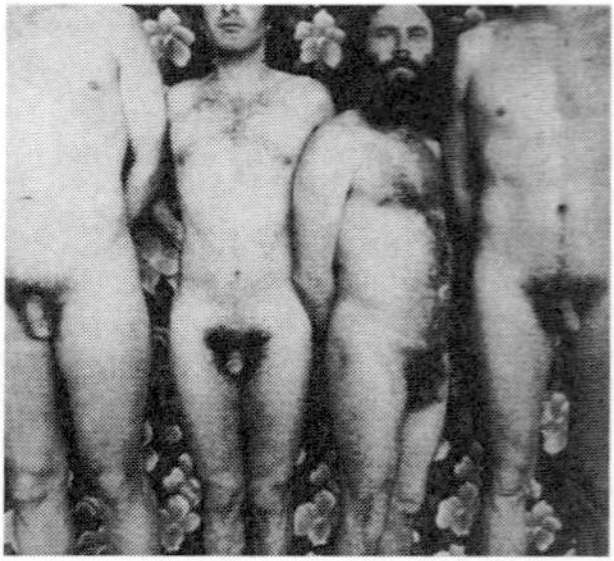
(図 7)

(図 6)

(図 9)

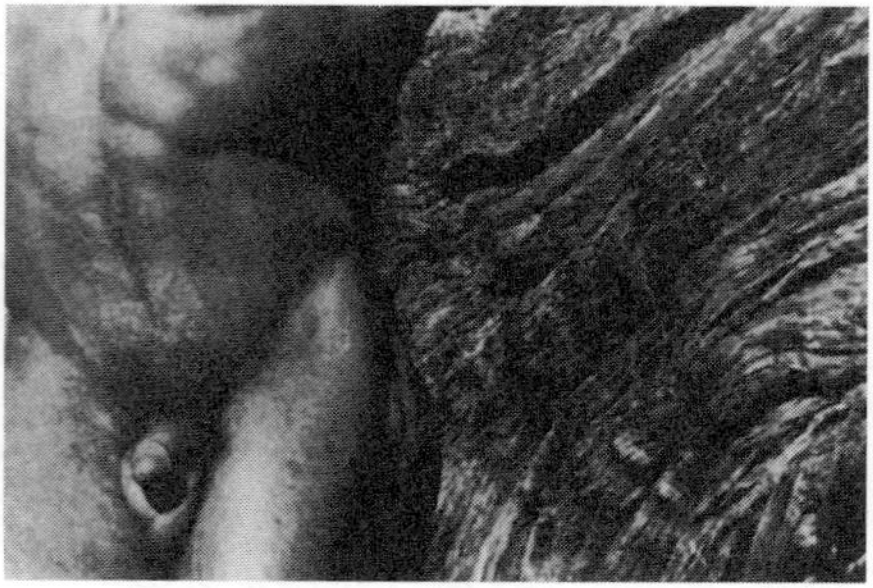
(図 8)

図 6　ジム・フレンチ，1987 年．ボディビルでみごとにシェイプアップされた男性ヌード．これは女性の視線に向けられた性的な裸体ではなく，男性性の誇示のための男のためのヌードである．
図 7　バーバラ・ド・ジュヌヴィエーヴ「四つの優美」1979 年．女性写真家の手になる，花柄の壁紙の前に立つ 4 人の男性ヌード．両手を後ろに回し，頭部をトリミングされたボディは，無力さを象徴する．
図 8　エヴァ・ルビンシュタイン「肉体と木の肌」1974 年．女性写真家による男性ヌード．顔を欠いた裸体は，木の肌と同様，審美的なオブジェに還元されている．
図 9　レニ・リーフェンシュタール「ヌバ」1973 年．ヒットラーのもとでベルリン・オリンピックの映像を撮った女性監督は戦後，アフリカ・ヌバ族の写真集を刊行する．黒褐色の男性の裸体は，対象から距離のある，オブジェとしての視線でとらえられている．

「ヌバ族」の男性ヌード(図9)にも、同じ視線を感じる。だが、リーフェンシュタールの視線には、男を対象化するためのもう一つの屈折——人種主義——を見てとることができる。

石内都は『1・9・4・7』の後、男性ヌードへと向かう。『さわる』[石内 1995]と題された彼女の作品は、だが性的な客体としての関心を男性ヌードに向けているわけではない、彼女の視線は、男性の性的なボディでも、性的なボディ・パーツ(性器)へでもなく、男の肌の上にある傷へ、すなわち男の不完全さ、男の哀しみ、男の経歴へと向かっている(図10)。ここではヌードは人格なのだ。女性写真家の前に裸身をさらす男性モデルたちは、少しもマッチョではない。

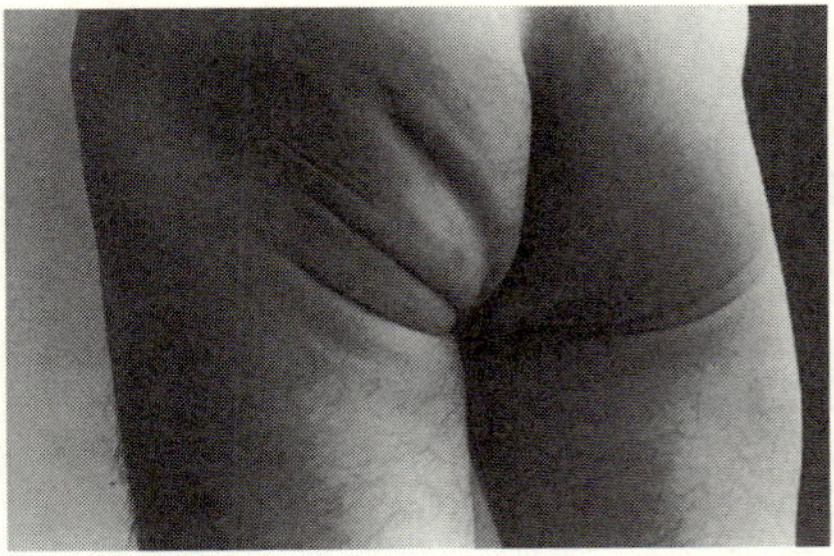
図 10　石内都『さわる』1995 年．かつて自分と同世代の女性のヌードを撮った写真家は，もう若くもなく美しくもない男性の，裸体にある傷あとを執拗に撮り続ける．それは男の人生の軌跡だ．

Ⅳ　男が男を撮る

男性写真家が男性ヌードを撮ってきた歴

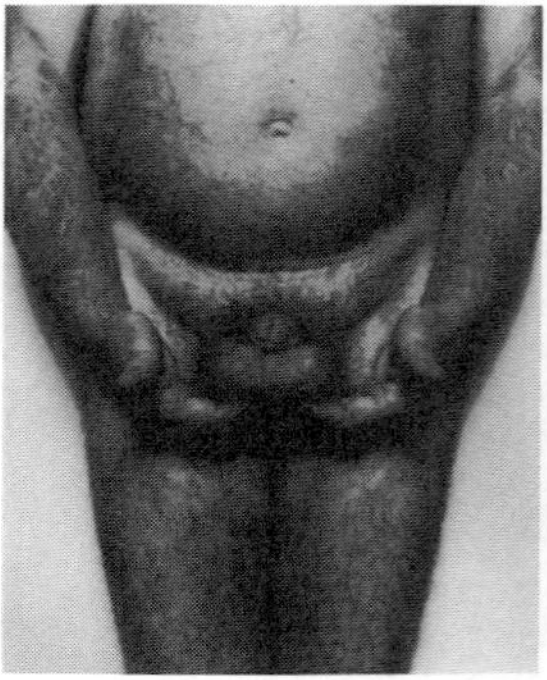

(図12)

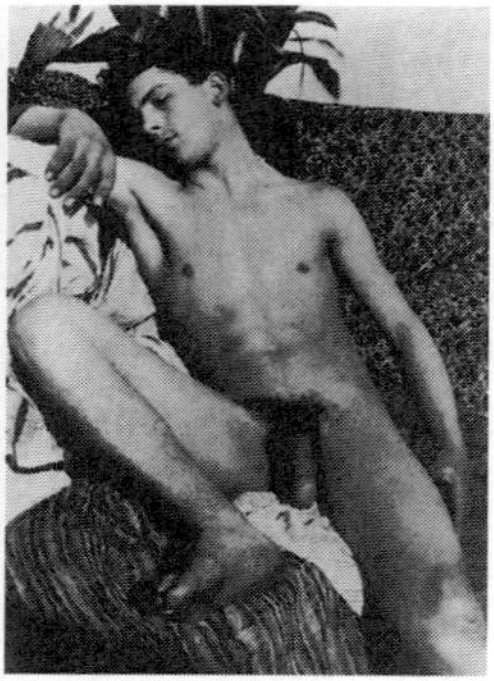

(図11)

図11　ヴィンセンツォ・ガルディ，1900年頃．無防備にまどろむ美少年ヌード．男性同性愛者が愛好したポーズである．
図12　ジョン・カプラン「セルフ・ポートレイト」1985年．毛むくじゃらでたるんだ体型の中年男性の裸体．みじめに萎縮したペニスを睾丸で支え持って，カプランは「自画像」として提示する．卑小で滑稽で，偉大さには縁遠いが，哀れむべきでも愛すべきでもある等身大の男の生．

史は古い。男は女ばかりでなく男をも性的に対象化する。ホモセクシュアルという装置の中で。初期の男性ヌードが古典古代の神話的な構図を擬しているのは陳腐な常套手段である。ギリシャ的な舞台装置。月桂樹の冠。そして少年と眠り。男を対象化するためには男から主体性を奪わなくてはならない。「少年」と「眠り」は、無防備さと無力さの記号である(図11)。
　もう一つは、ナルシスティックな受苦の神話的イメージが多用されることだ。十字架上のキリストと聖セバスチャンの受難の構図が、くり返し利用される。三島由紀夫は、『仮面の告白』の中で少年の頃、聖セバスチャンの受難図にエロティシズムを掻き立てられたことを告白している。のちに彼は、ボディビルできたえた身体を聖セバスチャンに擬した写真を、高名な写真家に撮らせさえした。

フェミニズムを通過したあとの一九八七年のロンドンで「ボディ・ポリティックス」と題する写真展に、ジョン・カプランは「セルフ・ポートレイト」という男性ヌードを出品した(図12)。醜く下腹がふくらんだ毛むくじゃらの下半身だけのヌードに、小さなペニスがついている。両手で支え持った睾丸の上に鎮座しているペニスは、存在の哀れさ、こっけいさを、等身大に写し出している。これは、女が欲望するボディでもなければ、男が陶酔するボディでもない。〝欲望〟という卑小で哀しいものをかかえた人格のあるボディとして、これはみごとな「セルフ・ポートレイト」になっている。ロンドンで活躍する日本人写真家ヒロ・サトーの「セルフ・ポートレイト」も、見られる肉体の受苦を、圧し縮められた身体の中に表現している。そこにあるがままのものとして、男が美しくもたくましくもない自分の肉体を見すえることができるようになったのは、もちろん、女に見返されるようになってからのことだ。女の目に自己像がどう映るかを気にしはじめた男たちが、自分自身のボディに向かう時、彼らも女が経験した自己解体や自己疎外を味わうことになるのだろうか。それとも長らく「見る主体」であった男にとって、ようやく肉体の回復が始まるのだろうか。

オナニストの宿命

買春は悪い――被害者の正義

買春は悪い。そうだ、買春はわるい。

レイプは悪い。そうだ、レイプはわるい。

抑圧的な男への性の告発は、一言いえば、終わる。それは一〇〇パーセントの正義だからだ。あとは何万言ついやそうが、同じことだ。

たとえば『性の植民地』[Barry 1979＝1984]のキャスリン・バリーは、えんえん数百ページにわたる大冊の中で、厖大な資料にもとづいて、性的奴隷制の数々――人身売買、強制売春、チャイルドポルノ等々――をあばいている。彼女にこの大作を書かせた怒りを前にして、読者の方もこれでもかと怒りをかきたてられるが、この大作をつうじて彼女の言いたいことは、要するにこの一言に尽きる――男はわるい。

告発は、ここで終わる。だが男のセクシュアリティに対する理解は、ここから――

キャスリン・バリーの大部な著作が終わったところから――始まる。男はなぜ、そんな悪いことをするのだろう？　この素朴で根源的な疑問に答えてくれないこれまでの告発型男性研究は、だからどれも退屈だ。

七〇年代の女性運動の中で、買春やレイプやポルノを主題化した映像表現が次々にあらわれた。カナダの女性監督のグループが作った映画が話題を呼んだ。

その一つに、レイプを女の側から描いた『女の叫び』がある。この映画は金井美恵子が『おばさんのディスクール』[金井 1984]の中で、退屈でつまらないフェミニスト映画と酷評したが、映像表現の出来はべつにして、たった一つ、フェミニスト映画と言うべき新しさと衝撃性を持っていたとすれば、それは、レイプを女の視点で描いたことだった。もっと具体的に言うと、レイプ・シーンを映像化するのに、カメラを女の眼の位置において、レイピストがのしかかってくる醜いさまを、大写しにしたことだった。

一度やってみればコロンブスの卵のようなアイディアだが、この視点の逆転のおかげで、これまでの強姦シーンが、どれほど徹底して男の眼の位置にしかカメラアイを置いてこなかったかが、逆によくわかるしくみだった。なにしろ強姦シーンと言えば、必ず女の顔の大写しだもの。それが苦悶に歪み、それから抗いながら恍惚に転じていく、というお決まりのパターン。たまに男が画面にあらわれても、後ろ姿と相場が決まっていた。『女の叫び』は、カメラアイを女の眼の位置に持ってくることで、レイプが女にとって恐怖と屈辱以外の何ものでもない、という単純な真理を説得力をもって示した。

ところで男はどうしてレイプをしたがるの？　――この素朴な疑問は残る。

ポルノ女優の性器は美しくなければ

北米で話題を呼んだカナダの女性監督によるもう一つのフェミニスト映画に『ノット・ア・ラブ・ストーリー(愛の物語ではなく)』がある。「北米で」とわざわざ但し書きをつけたのは、これが日本では公開されていないからだ。この映画はポルノ女優を主人公に、性風俗産業の現場をルポしながら、女性監督がポルノ女優にインタヴューをつづける一種のディスカッション・ドラマ仕立てになっている。

この映画は、ポルノ製作現場やのぞき部屋、テレフォンセックス産業の内側からの取材で、話題を呼んだ。白黒一六ミリのこの地味な映画は、商業映画館のルートにはのらずに、各地で自主上映された。

アメリカのポルノ女優は、たんに美しい顔や肢体の持ち主であるだけでなく、美しい性器の持ち主でもあることが求められる。『プレイボーイ』のピンナップポルノは、いまや品がいいことで知られるが、モデルがとるポーズに応じて自然にあらわになる範囲で性器を撮る。日本の妙な倫理コードみたいに、ヘアはだめ、ワレメが映ってちゃダメ、という禁止はないから、ヌードは自然でかつ堂々としている。しかし残念ながら、女の外性器は、通常自然なポーズでは、外から見えないようになっている。それを見せるには、不自然なかっこうをしなければならない。『ペントハウス』は、モデルに、大また開きや四つん這いなどの、ふつうの生活ではしない不自然なかっこうをさせる。もちろん性器を、よりはっきり見せるためである。『ハスラー』や『スクリュー』のような雑誌になると、モデルは、大また開きをやった上に指で自分の性器をおし拡げて見せる。顔より性器。モデルは、フォトジェニックな性器の持ち主でなければならない。ワレメがタテ長であること。外陰唇は大きからず小さからず、くろずんでいないこと。陰唇の内側は、あざやかなバラ色の襞が波打っている……日本にはほとんど芸術と化した料理写真という一ジャンルがあるが、アメリカには性器写真というジャンルがあって、さまざまな技法が発達している。性器にオイルを塗ってシズル感を出したり、ライトニングの工夫をしたり。

しかし『ノット・ア・ラブ・ストーリー』が扱うのは、ポルノ産業の担い手——製作者とそこで働く女性たちだけである。映画の中には最初から最後まで、消費者——客の男性があらわれない。

後ろ姿の男——ポルノの論理

需要は供給の母。少なくとも、性産業についてはそう言える。ポルノ産業の製作者と女性の労働者が働く理由ははっきりしている。カネのためである。好きでやっているという説もあるが、カネにならなければ彼らは供給をやめる。性産業が成り立つのは、買い手がいるからである。だから性産業の謎は、買い手の謎である。

売春の謎は、買春の謎である。

レイプの謎は、レイピストの謎である。

この謎に答えない研究は、何百ページついやしても、まったく意味がない。それどころか男がいっこうにこの「悪い」ことをやめようとしないありさまを見て、法律の強化や治安の維持を求める人々もあらわれる。その結果は皮肉だ。「夜を女に返せ《テイク・バック・ザ・ナイト》」(アメリカではレイプの危険のため、女が夜道を一人歩きすることもできない)というフェミニストの要求は、しばしば治安警察力の強化を要求する結果になる。ポルノに反対する女たちの運動は、取り締まりの強化と検閲制度の導入を招きかねない。フェミニストのポルノ反対と「表現・出版の自由」とは、心ならずも敵対関係に陥ってしまう。

どうしてこんなディレンマに陥るのか？ かんたんだ。男の性の謎を解かずに、力の論理でそれをおさえつけようとするからだ。それも自分たちの力でなく、国家と権力の力を借りて。

ポルノの中で男はいつも後ろ姿だ。カメラはいつでも男の眼の位置に立ち、女の顔をカラダを性器を、なめつくすように映し出す。男を後ろ姿のままに置いておいて、性風俗産業で働く女たちの悲惨や不幸を「被害者の正義」の側からいくら論じても、わかりきった真理をくり返して終わるだけだ。カメラアイを反転して、後ろ姿の男を正面からとらえなければならない。そして彼らを理解しなければならない。迂遠なようだが、レイプの解決には、レイピストの男を理解するほかには、道がないのだ。

男は「ひとりよがり」が好き？

アメリカの男性ジャーナリスト、ティモシー・ベイネケは、レイプの常習犯をはじめ、妻や恋人をレイプされた男・警察官・司法関係者・医者など、さまざまな立場の男性二七人に対するインタヴュー記録『レイプ・男からの発言』[Beneke 1982＝1988]

の中で、当事者に「加害者の論理」を語らせている。

「彼女が無力にころがって泣きわめいた時、わたしはカッとなって、彼女をさらにぶちのめしたい衝動に駆られました」

とある男は証言する。

レイプについての研究は、「レイプが男の衝動的な性欲から起きる犯罪である」という神話をつぎつぎに打ちこわした。近年の研究では、レイプとは社会的弱者の立場にある男性が、自分の攻撃性をさらに弱い相手に向けて発動する行為だということがわかっている。だから被害者が抵抗したら相手はますます凶暴になる。被害者が抵抗をあきらめて、無力さやみじめさをさらけ出したら、やっぱりますます凶暴になる。レイプの加害者や被害者の体験を総合すると、レイプにあったら抵抗してもしなくても同じ、結局どんな対応をしてもムダなのだからレイプを防ぐ方法やレイプにうまく対処する法なんてのはない、ということがはっきりする。あとはただ「レイプから立ち直る法」だけがある。

というわけで、アメリカのフェミニストが作っている対レイプ用マニュアルは、レイプの事前対策ではなく、事後対策だけをこんせつていねいに書いている。レイプの事後処理の過程で「女は二度レイプされる」のだから、二度めのレイプを避け、このいまいましい経験からいかに立ち直るかについては、女たちはノウハウを伝えあうことができる、と彼女たちは考えている。

社会的強者の立場にいる男は、レイピストにはならない。レイピストにならずにすむからだ。彼らはカネで女をレイプすることができる。彼らはカネで女にセックスを「強要する」か、レイプまがいの行為をしてもカネか権力で女を黙らせることができる。彼らは日々レイプ同然の行為をしているが、ただ常習レイピストであると誰からも告訴されないだけである。

売春とは、金をもらって強姦されることである、と喝破したのは『オナニスムの秩序』の著者、金塚貞文である。金塚は、「娼婦とならうまくいくのに妻とだと早漏になってしまう」三六歳男性の症例を紹介して、こんなふうに分析している。

「この場合、患者にとって、妻との関係は、早漏が悩みとなる——相手のオルガスムを気にかける必要のある——関係であるのに対して、娼婦との関係は、それが悩みたりえない——相手のオルガスムを気にかける必要のない——関係でしかないと考える方がより適切だろう」[金塚 1982]

たいがいの男性は、この「三六歳男性」のように妻との関係でも早漏で悩んだりしていないのだから、多くの妻たちは「ああ、あれは私のオルガスムを気にかける必要がないからなのね」と合点がいくことだろう。事実、そういう種類の夫たちと何十年間かにわたる性生活を営んできた明治生まれの女たちは、『老年期の性』の著者で保健婦の大工原秀子さんの質問に答えて、「もうこりごり。あのつらい夜のおつとめは。女の歓びなんて、どんなものか見当もつかない」と答えている[大工原 1979]。

買春は金を払ってレイプすることである、と喝破した金塚はさらに、「買春とは、自分の手を、娼婦の身体にもちかえた自慰でしかない」とも言う。だから、男の自慰のためのセックスの相手をさせられている妻は、自分が「売春婦のように」扱われていると観念すべきだろう。

金塚氏は、男のセクシュアリティを男のことばで女にわかるように語ってくれる──この裏切者め、と男たちは言うだろう──数少ない論者の一人だが、彼の著作が『オナニスムの秩序』と題されているのは象徴的だ。そう、男はすべからく、自慰にはじまり、自慰に終わりたいのだろう。自分の快楽が、女という自分のコントロールの及ばない他者に依存している事実を、できるかぎり否認したいのである。そしてこのもくろみは「彼が、彼の性のパートナーをどれほど支配し、コントロールしうるかに、あるいは彼が、そのパートナーをどれほどモノとなしうるかにかかっている」[Marcus 1966＝1990]。

そう考えれば、ベッドの中の男の「挙動不審」の謎がいっきょに解ける。やたらとサイズや持続時間や回数を気にすること。女の快楽を自分がコントロールして、観察者の側にまわろうとすること。果ては「うまくいく」プレッシャーに圧しつぶされて、不安のあまり早漏や不能に陥ってしまうこと等々――いやはや、である。自分で招いたツケというほかはない。こういうのを文字どおり「ひとりよがり(自慰)」という。男たちはきっと、相手からそれと指摘されずに「ひとりよがり」にふけりたいのだろう。

ベッドから撤退する男たち

ひとりよがり(マスターベーション)は、第三者の眼からはワイセツである。だからほんとうを言えば、ひとりよがりは他人の目からはかくさなければならない。ある知的な女性とねんごろになった既婚男性が述懐していたが、「相手の女も考えると思ったら、ショックを受けた」と言う。彼は、「女は考えない」と思うことで、女房相手には「ひとりよがり」をつづけてくることができた。

このショック――相手から見返されているという認識、したがって相手が自分とはちがう、自分と同格の他者だという認識――から立ち直れないと、男は「勃《た》たなく」

なる。彼は女を道具にする自慰から自分ひとりの自慰へと、撤退する。「赤線があった頃」の男たち――女をモノ化するのに慣れ、モノ化するチャンスにもたっぷり恵まれていた世代の男たち――がいまだに回数、人数、テクニックなど、数量化された「性豪」ぶりを誇っているダサさは、さすがにポスト赤線世代の男たちには耐えられないようだ。彼らはモノ化された女相手に勃つほど鈍感ではなくなったけれども、その代わり、モノ化されない女相手にも、勃たなくなった。その上女たちときたら、ますます「モノになる」ことを拒否してきている。女たちは、経済的自立や社会的解放を求めるより前に、「ベッドの中の平等」を求めて、「もっと右よ、もすこし左。そこじゃないの。こんなふうにしてよ」とくちぐちに要求しはじめたからだ。

「性豪」たちの、女相手のオナニズムに代わって、今度は「ひとりぼっちのオナニズム」に向かって、男たちはベッドから撤退する。増加しつつあるセックスレスやロリコンは、その証に見える。性風俗産業の提供する「商品」の内容さえ、どんどん変わってしまった。能動的なセックスに代わって、ソープランドやのぞき部屋のような受動的なセックス、かぎりなくオナニズムに近いセックスが商品化される。そこで働く女たちは、「一本抜く」と表現する。そう、これは他人の手を借りたオナニーなのだ。つぎつぎに開発される「性商品」の技術革新は、あからさまなオナニズムの方向へ向かっているように見える。自分の性器をさわっているのが他人の手であるというギリギリのラインを越してしまえば、これはもうひとりでやる方がよほどスッキリする。

男というオナニストの「宿命」

ところで「千人斬り」を誇るような「性豪」はいかにも男権的に見えるが、新妻を前に新婚インポに陥る「新人類」の不安で気の弱い夫は、その対極に思える。だがどちらにころんでも同じことだ。結局、ひとりでよがりたい「男のセクシュアリティ」が強いる運命の、二股分かれ道にすぎないのだ。「新人類」の男の子たちは、「性豪」ぶりを誇るオヤジの気持ちが理解できないにちがいない。女との間で、自分の男性性を証明しなければならないという強迫的な思いこみにとらわれた、ほとんどビョーキの人たち、としか見えないだろう。「どうしてセックス、セックスって言うの。ボクたち、セックスって、どうしてもしなけりゃいけないものだって、思ってない」。

「このインポ野郎め」と「旧人類」の男たちが怒るのは勝手だ。彼は「旧人類」の反応にキョトンとして、意に介さずにコンピュータに向かうだけだろう。「こっちの方がよっぽどおもしろいのに」と呟きながら。

二次コン、というコトバがある。二次元コンプレックスの略称である。ファミコンやパソコン相手に育ってきた男の子が、二次元画面にあらわれた映像の女の子にしか反応しないことを言う。ファミコンのデートゲームみたいに、この女の子は抵抗したり予想外の反応をしたりして、「思いをとげる」までには相当てこずらせるが、結局すべてはプログラムされている。彼女はプログラム化された客体で、客体以外の何ものでもない。ベッドから撤退した男の子たちは、コンピュータに向かうが、だからと言って、彼らが男権的でないことにはならないのだ。

男のセクシュアリティがどこまでも「オレひとりがよがりたい」男性中心性にあるならば、男権的なレイピストや買春男性がいなくなったあと、今度はファミコンインポやほんもののオナニストが、女の前にあらわれることになる。彼らは一見平和的に見えるが、その実同じくらい男権的だ。どちらも自分の「権威」が傷つけられることを恐れている点では変わりがない。ただそのあらわれ方がちがうにすぎない。

男のセクシュアリティが、ほんとうに女を支配下に置かなければ勃たない「宿命」のもとにあるならば——ある種の動物行動学者は、性的衝動と攻撃衝動は、オスの中では分かち難く結びついていると主張して、この男のセクシュアリティの動物学的な「宿命」に根拠を与えている。だがそれも根拠のない動物の擬人化 anthropomorphismによって、論者自身のマッチョ的な男性性欲観をはしなくも露呈しているにすぎない。——わたしたち女は、女の身体を使ってやるオナニストに代わって今度は自分だけでひっそりすますオナニストたちを迎えるにすぎないのだろうか。

「セックスというお仕事」の困惑

性の商業化およびメディアとテクノロジーの変化にともなって、ソープランドからブルセラ・ショップ、アダルトビデオまで、「セックスというお仕事」[『別冊宝島』124号]のすそ野はひろがってきた。しかもけっして貧困のためとは言えないような女たちが、自由意思で性産業に従事しているように見える現実は、これまでの性産業にかんする古典的な認識を混乱させる。『セックス・ワーク(性労働)』[Delacoste & Alexander eds. 1987＝1993]という概念がつくられ、性労働者たち(「売春婦」などという紛らわしい呼び名はやめよう)が性労働の自由化＝脱犯罪化をもとめて発言をはじめるという状況を目のあたりにして、困惑は深まる。

「セックスというお仕事」が、あまたある労働のひとつと見なされ、その労働に従事する労働者の人権が問題になってきたのは、性労働が強制ではなく、選択の結果と考えられるようになってからである。

もちろん、この世の中には、いまだに自由売春の名にあたいする労働は微々たるものにすぎず、大半は強制をともなう管理売春が占めている。ブローカーの入った人身売買まがいの管理売春は、強制労働というべきで、他のすべての強制労働とおなじく、強制性労働者の人権は、最初からふみにじられている。

まちがってそう受け取られているようだが、管理売春は、女が男に性を売る取引ではない。管理売春とは、その実、男が男に女という商品を売る取引であり、商品である女には客を選択する権利はない。おおかたの社会でこれは犯罪行為であるから、この商取引に関与した男は、犯罪に加担したことになる。したがって売春男と買春男はともに犯罪者であるが、商品である女が罪に問われる理由はない。セックスビジネスを「売春」と呼ぶのは、商取引の主体があたかも女であるかのような見かけを与えることで、ほんとうの主体が男であることを隠蔽する。

自由売春(そんなものが仮にあるとして)の場合はどうか? 性労働も労働の一種なら、労働者はじぶんという労働力をまるごと売っているわけではない。したがって、合意によらない契約外の労働を拒否する権利がある。アダルトビデオに出演した女優が、合意に反したセックスを強要され、つまり強姦されたうえに、そのビデオが商品として流通したことに対して「人権侵害」が問題になったのは記憶にあたらしい。彼女の人権は守られるべきだろうか。そのためには、まず、性労働を労働として認めなければならない。

だが、性労働者の人権侵害、という考え方にひとびとがとまどうのは、性労働じたいが人権侵害のうえに成り立っているのではないか、という疑いからである。この考え方は両極の立場にひとをみちびく。ひとつは金とひきかえにいったん自分の人権侵害をうけいれた女は、どんな目にあっても文句をいえる立場にない、という見方である。もうひとつは、人権侵害を商行為として成り立たせるような労働は、何とひきかえであれ、許すべきではない、とする見解である。

この両極端の意見は、じつは同じコインの裏表にすぎない。これは性が人格とむすびつき、したがって性の侵害は人格の侵害と同じであるという考えのポジとネガである。このピューリタニズムは、廃娼運動や売春防止法の制定にたずさわった有識女性たちを「売春婦」差別に導いた。女性史研究者の藤目ゆきは「赤線従業員組合と売春防止法」[藤目 1997]で、売防法の成立に尽力した当時の女性議員たちが、この女性差別を共有していたことをあばく。

金塚貞文は、『オナニスムの秩序』[金塚 1982]のなかで「買春とは、自分の手を、娼婦の身体にもちかえた自慰」であり、「金を払ってする強姦である」と喝破した。金を払ってする強姦も許せないが、金を払わない強姦はもっと許せない。結婚のなかでの強姦も許せない。いずれにせよ女性労働者たちは、セクハラという名の不払いの性的サービス労働を強要されている。売春の自由化を求める娼婦たちは、女たちが不払いでおこなっている性労働が、その実支払われるべき労働であることを証明することに自分たちが貢献していると主張する。したがって、彼女たちは「家事労働に賃金を」という運動と共闘して、「性労働に賃金を」と要求するのだ。

強姦者や買春者たち(もっとありていに言おう、相手の意思と無頓着に性行為をおこなうことのできる、大多数の、つまりふつうのセクハラ男たち)にとっては、性欲というものじたいが、その相手をおとしめる権力関係とむすびついている。

「セックスというお仕事」は、なぜありとあらゆる女性向けの仕事のなかで、もっとも賃金の高い、わりのいい労働なのか？　それは、性労働者がその労働によって受ける人格的・社会的スティグマ(烙印)の代価である。男は自分がおとしめることのできる相手を求め、そのことによって相手を侮蔑する。それは家父長制下で、男が自分の性的欲望を疎外の対象としてしか構成してこなかったことのツケである。

性が人格とむすびつき、性を侵すことが人格を侵すこととむすびつくという見方が続くかぎり、性労働は、他の労働にくらべて逆説的な特権性を持つ。高偏差値AVギヤルでさえ、セックスのバリアーが高いからこそ、それに「自己投企」するのだ。高い代価とひきかえでなければ、じぶんの性的身体を他人の意のままの使用に供する、ストレスとリスクの大きい「セックスというお仕事」に、すすんで就く男女はいるだろうか。

だが、性が人格から独立し、性的欲望が権力関係とむすびつくことをやめたとしたら？　ひとびとが凝った肩をもみほぐしてもらうように、性的緊張を解きに専門家のもとをおとずれ、性労働者から社会的なスティグマがぬぐい去られるようになったら。そうなれば、性労働者はマッサージ師とかわらない一専門職になるだろう。と同時に、その代価も、マッサージ料なみに低下するだろう。「性労働の自由化」が現実になるのは、それが可能になる遠い未来のことであろう。

「娼婦扱いしないで」と女が言い続けるあいだ、男は女自身のなかの女性差別につけこむだろう。性労働の自由化の要求とは、「娼婦」と「非娼婦」との分断を超えようとする提言なのである。

想像を絶する大人たちの抑圧

一〇代の性行動、驚くにあたらない

編集部によれば、「いま、中学生・高校生の少女たちのなかに、わたしたち大人が想像を絶するような身体と心の変化や行動が生まれています」という。ほんとうにそうだろうか。わたしは疑ぐりぶかいたちなので、この原稿依頼の文章のまえで、まず立ちどまってしまう。

「想像を絶するような身体と心の変化や行動」とは、いったいいなんだろう？　少女たちの性行動の低年齢化をいうのだろうか。少女たちの性行動は「問題行動」なのだろうか。「問題行動」だとしたら、それはいったいだれにとっての「問題」なのだろう。「想像を絶する」のは、「大人たち」にとってだけなのではないだろうか。もしかしたら、「大人たち」が理解を拒んでいる事態のほうが、はるかに「問題」なのではなかろうか。

性行動の低年齢化は、日本だけでなく、アメリカでもヨーロッパでもおきている。日本よりももっと急速に、もっと広汎《こうはん》に低年齢化はすすんでいる。

低年齢化といってもいくつぐらいからだろうか。ティーン・エージャーのなかでも、最近はロー・ティーンといわれる一三〜一四歳の年齢層にまで性行動は拡大してきている。だが、それはそんなに「想像を絶する」事態だろうか？

一三〜一四歳といえば、第二次性徴のはじまる年齢である。ほんの一〇〇年まえまでの日本では、一三〜一四歳(数えでいえば一五〜一六歳)で少年も少女も性経験をもった。初夜を迎える花嫁の荷のなかに、枕絵《まくらえ》をしのばせる武家の娘ならいざ知らず、百姓・町人の娘たちは、初潮からほどなくして性経験をもつのがあたりまえだった。

八百屋お七の処刑は一六歳。惚《ほ》れた寺侍・吉三に会いたい一心のつけ火の大罪だが、詮議はお七が処女《きむすめ》かどうかに頓着しない。詮議の対象になるのは、お七が一六歳に達しているか否かだ。というのも一六歳に達していなければ、罪一等を減じられて死罪を免れるからだ。年齢を偽るように誘導する詮議方の役人の努力もむなしく、「年齢は？」ときかれて、お七は「あい、一六になりまする」と答える。年齢を偽る知恵ももちあわせないほど、お七は「子ども」なのである。

「八百屋お七」の物語では、お七は吉三に会ったはじめに、あっけなく思いをとげる。物語は、お七が吉三と同衾《どうきん》したことにほとんど無頓着である。そのとき、お七が処女だったかどうかにも関心をはらわない。これから読みとれるのは、この時代には、町方の娘は、この年齢で性経験をもつのが特別なことではなかったという事実である。

処女神話はだれがつくった

百姓の娘たちは、初潮と同時に、息子たちは成人式を迎えたあと、それぞれ娘宿と若者宿へ行った。娘と若者のあいだには、公然と性的自由交渉があったから、童貞・処女の結婚など、はなから望むべくもなかった。その共同体の記憶は、夜這いの伝承のなかに語りつがれている。民族学や社会史は、近代直前の性習俗をようやく掘りおこしつつあるが、ほんの三代か四代まえの記憶を、現代の「大人たち」はもう忘れているというのだろうか？

だから、問題は立てかえられなければならない。性交渉が可能になった年齢以降も、性経験が引きのばされるようになったのは、いったい何が原因なのだろうか、と。一三〜一四歳の「子ども」が性交渉ですって、と柳眉《りゅうび》をさかだてるまえに、一三〜一四歳は性経験があって当然の年齢であり、その年齢の少年・少女たちを彼らの年齢不相応に「子ども」の状態にとどめておく、この「身体の成熟と心の発達のアンバランス」をひきおこしているのは、いったいなんだろうか、と。

じつのところ、近代にはいってからも、少年たちの性経験はそんなに引きのばされたわけではなかった。男性の結婚年齢は高かったが、それ以前に少年たちは一〇代のうちに、奉公先の仲間や学友たちに誘われて、娼婦を相手に「筆おろし」を経験した。一〇代の性経験はめずらしいことではなく、それどころか二〇代まで性経験のない男がいたら、笑い者になったことだろう。金持ちから貧乏人まで、それぞれふところぐあいにおうじて「くろうと女」はいたから、彼らは性交渉の相手にことかかなかった。

近代になって守られたのは、少女たちの貞操だけである。少女たちの貞操だけが「結婚までは処女で」と高い値札をつけて売られるようになった。「少女」期が、清浄な香気とともに語られるようになったのは、これからあとのことである。制服のなかのかたい蕾《つぼみ》。ほんとうは、彼女らの母や祖母の時代には、その年齢でとっくに嫁《とつ》いだり、子を産んだりしていたというのに——近代以降、この制服の少女たちの貞操が、なぜあれほどうまく守られるようになったか、わたしにはそちらのほうが「想像を絶する」謎に思える。

一九五七年、売春防止法施行。男たちは、少年たちも、性交渉のはけ口を失う。まことに当時の「識者」がいうとおり、売春はしろうと女性の貞操の「防波堤」だった。

赤線廃止ののちも、風俗営業の名のもとに公然たる売春がおこなわれているのはだれでも知っているが、少なくとも少年たちは、大人の男とちがって女を買う金を工面することができなかったり、また、「女を買う」というピアグループの圧力や伝承が学校教育のなかでとだえたりして、行き場を失った。

少年たちの関心は、当然、身のまわりにいる少女たちに向かう。隔離された家庭教育と管理された学校教育が、子どもたちを必要以上に「子ども」のままにとどめているとはいえ、商品化された性の情報や刺激が子どもたちの世界にはいってくるのはとどめようがない。

子どもたちの「身体の成熟と心の発達のアンバランス」をさまざまな人為や強制でつくりだしているのは「大人たち」のほうだというのに、あとになって「想像を絶する」と驚いてみせるのだ。

少女たちの大人社会への復讐

ところで、ティーン・エージャーの性行動は、ほんとうに「問題行動」なのだろうか。さまざまなケースがあるから、なかには「問題行動」の場合もある。

ある少女は、最初の経験がレイプだった。そのときのトラウマ(心にのこった傷)から立ちなおれなくて、行きずりの男たちに身をまかすようになった。これは「治療を要する」問題行動で、カウンセラーやセラピストのていねいな指導で彼女を立ちなおらせることもできるだろう。

べつな少女は、よそに女をつくっては母親といさかいの絶えない父親への反発から、少女売春へ走った。彼女のロジック(論理)のなかでは、父親の年齢の男の欲望に自分の身体を提供することが、父への復讐になっていた。彼女は自傷行為によって父親を罰していたわけだ。これもまた、ファミリー・カウンセリングによって、夫婦の関係を修復し、親子関係を立てなおさなければならない「問題行動」だろう。だが、それはもはや大人社会の縮図の反映だから、カウンセラーが「治療」できる範囲を超えているかもしれない。

また、ある少女は、自分に無理解な両親と、学校での孤立した人間関係から、バイト先で知りあった男の子にふと身をまかす。外泊をとがめられて関係が発覚した少女は、問いつめられて「さみしかったから」とポツリともらす。「彼の腕のなかにいると、そのときだけ安心していられたの」と語る少女は、ハントバーで一夜の孤独を癒やす「大人」の女たちと、どこがちがうだろうか。大人たちが性につかのまの安らぎを求めるのなら、子どもたちにそれを禁止する理由はないだろう。ましてや「この子にこんなさみしい思いをさせてたなんて」と抱きしめたとしても、子どもの孤独の場所をぜんぶ塞げるほど、親が子どもにとって全能だと思っていられるだろうか。

「問題行動」であるような少女たちの性行動もあるが、「問題行動」でないような性行動もある。少年と少女がいる。彼らは性的にじゅうぶん成熟している。二人とも性について予備知識をもっている。おたがいに相手を好ましく思っている——それだけで二人はセックスすると考えていいじゅうぶんな理由になる。とくべつの禁止がないかぎり。

少女を生かす社会、抑圧する社会

事実、日本の少年少女は、欧米の少年少女たちに比べて性経験の率がすこぶる低い。一〇代の妊娠がふえたといわれるけれども、アメリカなどと比べると、まだまだ問題にもならない。そのうえ、日本の一〇代の妊娠は、アメリカのように一〇代のシングル・マザーに結びつく割合がすこぶる低い。なぜか？　どういう「禁止」が働いて、彼らの性行動を、まだこのレベルにとどめているのだろうか？　わたしにはそのほうがよほど謎に思われる。

日本の一〇代の妊娠が出産に結びつくことが少ないのは、まわりじゅうが寄ってたかって中絶に終わらせてしまうからである。相手の男は逃げる。学校は彼女を退学させる。親は気も転倒して娘をなぐる、蹴る。彼女は追いつめられて孤立無援になる。娘に最後の決断を迫る切り札はこれだ──「いま、あかちゃんを産んだりしたら、あなたの将来はめちゃくちゃよ」──少女たちは、くちびるをかみしめてうなずく。

男との関係がダメになることへのおそれ。学歴がなくなるハンディ。「未婚の母」の汚名と世間の風あたり。生活や育児の不安。将来「よい結婚」をする可能性がつぶれる不利──結局は、少女自身が大人社会の圧力に屈服して、手術台に向かう。

アメリカの一〇代の「未婚の母」は、圧倒的にブラック(黒人)やヒスパニック(中南米系)などの「少数民族」に集中している。一〇代の未婚の母のクリニックを担当していたわたしの友人の話によると、彼女たちは妊娠してもくったくがないという。「妊娠って、思ってたよりずっといいものよ。家族が女王様みたいにだいじにしてくれる──あんたも妊娠したら」とクラスメートにすすめるので、教師が指導に手を焼くくらいだという。彼女たちは肉体的には成熟しているが、性知識についてはおそるべき無知だ。避妊のことを知らないし、たとえ知っていても、考えがおよばない。「こんな子どもなのに、妊娠するわけがないと信じてたわ」とケロリとしていう。

アメリカの指導のいいところは、親も教師も、妊娠がわかったからといって、相手の男とあわてて結婚させたりしようとはしないことだ。「あなたはもう、一度あやまちを犯したのだから、好きでもない相手と結婚するという二度のあやまちは犯さなくてもいいのよ」と、堂々とシングル・マザーになる道をすすめる。相手の男といっても、彼女とおなじ階層、おなじ年齢の少年である。父親の責任がとれる状態ではない。

ティーンズの妊婦のための学校もある。妊娠のわかった少女は、おなじ立場の少女たちといっしょに集められて、病院に通いながら勉強をつづける。妊娠や出産によって勉強が中断しないように、という配慮からである。妊娠した女子生徒を退学させるどこかの国とはおおちがいである。

なにより、少女たちの育ってきた環境そのものが、少女たちに一〇代の妊娠を受けいれやすくさせている。つまり、彼女たちの多くは、母親自身がすでにシングル・マザーなのである。母親の生活を見て育っている娘たちは、シングル・マザーになってもオーケーだと思っている。一〇代の「未婚の母」が、ブラックやヒスパニックなどの「下層階級」に集中している理由はここにある。

子どもたちを性の呪縛から解き放せ

白人中産階級の娘たちは、妊娠しないのだろうか？　——彼らもデートをする。デートをすればセックスをする。これは防ぎようがない。デートを奨励しておいて、セックスだけ禁止することは不可能である。セックスをすれば妊娠する――だが、彼女たちは産まない。中産階級の娘たちは、「未婚の母」になるには、あまりに多くの利害や打算がからんでくるのだ。彼女たちは妊娠を中絶する。

アメリカのティーンズむけの本に、こんなエピソードがのっていた。

「ジェーンは一六歳。ボーイ・フレンドのボブは一七歳。妊娠がわかったとき、ボブは喜んでいった――ボクがパパになる！　学校をやめて、ガソリン・スタンドでも、どこででも働くよ。そして、ベビーをいっしょに育てよう。でも、ジェーンは浮かぬ顔」

「あなたならどうする？」とわたしが聞いた日本の学生の一人はこう答えた。

「ボブは中退すべきじゃない。わたしがジェーンなら、中絶する」

妊娠を告げられたガール・フレンドから逃げようとせずに、パパになることをひき受けようとするボブに感心するかと思ったら、逆だった。「なぜ？」と聞きかえすわたしに、彼女はこう答えた。

「だって中退なんかしたら、あとあと生活がたいへんでしょ」

彼女たちは、母親がいいそうな中産階級の利害をすっかり内面化していて、わたしはショックを受ける。

いまの日本で、少年や少女を、リスクの多い性行動から遠ざける最大のおどし文句はこれだ。

「そんなことをしたら、将来がめちゃめちゃになりますよ」

そして、事実、このおどし文句はきく。彼ら、彼女らは、「子ども」どころではない。この「大人の論理」がじゅうぶんに内面化されるほどに分別のある「大人」である。この「禁止」のもとからはずれるのは、ただ「将来」のない子どもたち、過剰に無知のままにおかれた子どもたち、親の偽善に反抗する子どもたち……いずれも、「大人の論理」からはずれたり、その被害者になった子どもたちだけである。

「大人たち」は、少女たちの「想像を絶する」性行動に驚いているという。わたしは、少女たちの性行動が、まだこのレベルに抑えられている事実に、驚く。よく管理された学校、行き届いた中産階級の抑圧的規範、子どもたちの孤立と監視——などが、少女たちの性行動を「欧米なみ」の水準に達するのを防いでいる。

しかし、いつまでもこのふしぜんな「禁止」がつづくわけはないだろう。ふつうの少年と少女が、ふつうにセックスをする時代がすぐそこまできているのだ。彼らを「身体の成熟と心の発達のアンバランス」の状態においておくことで大人の被害者にするよりも、現実を認めて、彼らにまともなセックスや避妊の知識を教えてやること、そして、シングル・マザーにたいする社会的差別をなくすこと、セックスをふくめた子どもの人権を認めること、などが求められているのである。

Ⅲ　〈対〉という病

恋愛病の時代

結婚している女も、結婚していない女も、結婚を否定している女も、「恋愛」という言葉には弱い。むしろ恋愛が結婚に至るプロセスの一つでなくなってからというもの、恋愛は結婚前にも、結婚後にも、結婚の外にも至るところに求められる点で、「汎恋愛の時代」とでもいうべき時代が来ている。村上春樹の『ノルウェイの森』[村上1987]が「一〇〇パーセントの恋愛小説」というキャッチコピーで売れ、ユーミンが「純愛」というコンセプトを商品にする。二谷友里恵の『愛される理由』[二谷1990]がその臆面もないタイトルでベストセラーになり、角川書店が『贅沢な恋愛』[1990]というコンセプトまる出しの短編集を出す。どれもこれも売れるだろう。そして事実、売れた。セックスがこんなにお手軽に手に入るようになったいま、わたしたちが飢えているのはカネでも肉体でも贖《あがな》えない「恋愛」だけだからだ。

女も男も自立してしまえば結婚する必要なんてない、というステレオタイプな見方がある。「経済的に自立できない女」と「生活的に自立できない男」との相補的な組み合わせが「結婚」というものだとすれば。だが、自立した男女に「恋愛」はいらない、と言う人はいない。それどころか、自立していない男女にとって恋愛は危険物、自立した男女にとってこそ、恋愛は真の「ぜいたく品」になる。

「ぜいたく品」と言うには「恋愛したい」という渇きは深い。恋愛はむしろ、個人の自立の代償のようなもの。自立と孤独を自覚した時に、恋愛への渇きは深まる。その意味で、恋愛は個人主義の産物と言っていい。人間が赤はだかのヒリヒリする個人になった時、裸形の個人と個人を結びつける恋愛とセックスの価値は高まった。人間が一緒にいる理由は、恋愛やセックスばかりとは限らない(それどころかその方がもろくて例外だ。恋愛やセックスがつなぐ人間の絆のもろさを、誰でも知っている)。ミウチ意識や共同性や、ギリやしがらみが、人間の集団を安定的につなぐ。恋愛はむしろ、無意識の共同性を選択的な絆に置きかえることで、共同性を破壊する役割をしてきた。恋愛は共同体の敵、家族の敵。恋愛する時、人は共同性から離脱してひとりになる決意をしている。

だから恋愛病は、個人になった近代人の宿痾《しゅくあ》のようなものである。ひとりになった。だからひとりではいられない。ひとりになったことのない人が、恋愛を求める理由はない。セックスというもう一つの絆の方は、性革命の中でさまざまに実験がおこなわれてきた。フリーセックス。スワッピング。オープンマリッジ。「肉体のつながりが〈関係〉になるのか」[富岡 1980]という実験は、そうなることもあればそうならないこともある(つまり性は性、愛は愛だ)というあたりまえの結論を出して終わった。

二〇世紀末の個人は、だからつかみどころのない「恋愛」だけを求めている。「恋愛しない女」の脅迫は、「結婚しない女」でいることよりももっと深く個人を脅やかす。それは近代主義の脅迫にすぎない、とさっさと「悪魔祓い」して、ひとりでも完全、と『シングル・セル』[増田 1986]でいることがなぜできないのだろう。

〈対幻想《ついげんそう》〉は、「愛しあわなければおまえは不完全だ」という命題を個人におしつける。その中には「愛する」ことと「愛されること」とが含まれる。一昔前は、「恋愛」は「その人のために死ねるか」(曾野綾子)という能動性だったが、世紀末の恋愛は「愛される理由」(二谷友里恵)という受動性に変わってしまった。ほんとうは「愛したい」のではなく「愛されたい」だけなのだと、ベストセラーの一〇〇万部という部数は教えてくれる。「わたしを愛してくれるあなたが好き」と。異性愛とは、「自分と異なる性に属する他者を愛せ」という命題だが、〈対幻想〉から異性愛のコードをとり去ってみると、「愛されたい願望」はますますはっきりする。同性愛のコードの中で、男ははじめて「愛される自分」の受動性を肯定してその喜びに身も世もなくうちふるえているではないか。同性愛の中では、男性性を侵されずに、男は自分の「愛されたい欲望」を肯定することができる。「恋愛」の観念は、同性愛の中でもっとも純化する。性別《ジェンダー》は「おまえは不完全な存在である」と告げるが、それを超えて完全な「個人」に近づくだけ、恋愛病は深くなる。

恋愛病は近代人の病いだ。娘も妻も「恋愛したい」と渇くように思い始めた時、彼らはやっと「個人」になったのだ。男も「愛されたい」とグラグラした思いを持ち始めた時、やっと男という役割を脱ぎ捨ててタダの「個人」になったのだ。ここから「愛されても、愛されなくても、私は私」への距離は、どのくらい遠いだろうか。そして自立した「個人」を求めたフェミニズムは、女を「恋愛」の方へ解き放つのだろうか、それとも「恋愛」から解き放つのだろうか？

恋愛テクノロジー

恋愛という風俗

恋愛テクノロジーという言葉を耳にして、怒り出す人もいるかもしれない。よりによって、恋愛とテクノロジーというまったく縁どおいものを結びつけるなんて。だが「財テク」があれば、「恋テク」というものだって、あってよさそうなものではないか……。

柳田國男の『明治大正史　世相篇』[柳田 1930, 1976]に「恋愛技術の消長」という章をみつけたとき、わたしは驚いた。恋愛を技術ととらえる彼の明晰さに、である。「技術」を英語に訳せば、テクノロジーとなる。となれば、恋愛テクノロジーという用語でわたしが試みようとしているのも、柳田以後の恋愛風俗の移り変わりを、世相史として描き出そうとすることである。

「いかなる種類の学校が立っても、現に配偶選定の問題だけはまだ各自の自修に任せている。しかも人生の最も精確に学ぶべきもの、疑惑の特に多いのもまたこれであった。恋愛技術という語はやや弘きに失するが、そう名づけておかぬとかえって誤解を生ずる。実際今日はこれを一部の人の専門芸と見るまでに、普通の生活からは遠ざけられ、そうして特に奇縁に興味をもつ小説というもの以外に、この問題を説く参考書とてはないのである」[同上：下 pp. 45–46]

柳田が「今日」と言うのは、一九三〇年のことである。恋愛技術が今でも「各自の自修」に任されていて、その主な参考書がメディア――今では小説のほかに、ＴＶやコミックが加わった――であることを考えれば、一九三〇年の柳田の感慨は、今でも通用する。が、また、メディアが伝える恋愛のモードが、時にしたがって移ろうことを考えれば、「恋愛技術」の内容は、たしかに柳田のときとは変わった。

民俗学者としての柳田は、変わりにくい習俗ばかりでなく、移ろいやすい風俗にも、なみなみでない関心を持っていた。ところで、恋愛は、習俗に属するだろうか、それとも風俗に属するだろうか？

性と愛は、人間の本能にふかく埋めこまれていて、時代や人種を超えて普遍だとおもわれている。だが、事実はそうでない。時代や文化に応じた性愛の多種多様さを見ると、人間が自然ではなくて文化に属するもの、しかも状況が変わればあっけなく変化する生きものであることがよくわかる。

柳田にとって「恋愛技術」は風俗、したがって「消長」するものであった。それは彼が、明治以降の半世紀このかた――『明治大正史 世相篇』は、一九三〇年、彼が五六歳のときに書かれている――目前につぶさに変化のありさまを見てきたことによる。だとしたら、それからさらに半世紀の今日まで、柳田が目撃できなかった「恋愛技術の消長」は、今でもつづいている。それを追跡してみるのが、ここでのわたしの課題である。

恋愛教育

恋愛が技術なら、習得することも、習熟することもできる。柳田は、一九三〇年の「今日」、恋愛技術が「各自の自修」に任せられている現状を憂えている。恋愛技術は、いつの時代も「自修」されるものというわけではなかった。恋愛には「教育機関」というものがあった。

「いつの世の中でも青春の男女が迷わず、また過《あやま》たなかった時代というものはあるわけがない。……すこしでも自分の思慮と感情とを働かせようとすれば、ぜひともなんらかの練修方法と、指導の機関とが入要であった。幸いに村に若連中娘連中と称するやや干渉に過ぎたる批評者の群があったお蔭に、われわれの自由婚姻は幸いにして多くの似合いの女夫《めおと》を作りえたのである」[柳田 1930, 1976 : 下 pp. 44-45]

若者組、娘組という「男女それぞれの団体」がそれである。村の若者と娘は、それぞれ成人式、成女式の年齢(娘の場合は初潮)を迎えると、寝宿《ねやど》と称する所へ移って起居を共にした。夜這いというのは、ほんらい若者宿から娘宿へ、男が妻問いに行く習俗をさした。

若者組、娘組が、柳田の言うように「少なくとも一つは婚姻の目的」のためにあったことは、疑いを容れない。柳田が「自由婚姻」と呼ぶ、性交渉を含む自由な配偶者選択過程が、明治期までのムラの習俗にはあった。明治三〇年代に、夜這いが「醇風美俗」に反するという理由で禁止され、若者組と娘組が解散を命じられたとき、彼らはこの命令に抵抗したが、そのときの主な理由は「結婚相手が見つけにくくなる」というものだった、と野口武徳[野口 1973]は指摘する。

寝宿習俗を古代の群婚の名残りと解釈する人もいるが、この説は二つの意味で否定される。第一は、夜這いは最終的には一夫一婦婚に結びつくもので少しも集団婚ではないこと、第二は、古代群婚説は、モルガンの婚姻制の進化史観にもとづいているが、群婚の例は実証的に見当たらないばかりか、今日では、婚制進化論そのものが否定されていることによる。

若者組、娘組は、婚前自由恋愛、自由交渉を成り立たせる社会的な制度であった。ただの乱交でなかった証拠には、この「自由恋愛」にもまたルールがあった。

若者組、娘組の「自由恋愛」のルールとは、第一に、村内婚であること、第二に、「自由交渉」が同年齢集団の統制下に置かれていたことである。狭いムラの中では、誰と誰が寝たかは公認の事実である。誰と誰がつがい、誰と誰が似合いの女夫になるかには、朋輩集団の仮借のない批評があびせられる。「よい娘」「よい若者」の評語の内容には「姿恰好応対振り、気転程合い思いやり」が含まれる。「富が何でもする今日のような時代でない限り、この異性の好みに合うと合わぬとは大変なことであった」[柳田 1930, 1976 : 下 p. 46]。

この柳田の言葉には、彼の批評と時代認識とが含まれている。この頃には「富」が結婚相手の判断基準になってしまっていた。ひるがえって言えば、富が配偶者の選択基準にならなかった時代というのは、娘がどの若者を選んでも大差ない、ドングリの背くらべのような村落社会の平準性が保たれていた時代だったとも言える。

日本の前近代のムラに「自由婚姻」が実践されていたという事実は、ニッポンは封建的な見合い結婚のクニ、と信じこんでいる外国人を驚かす。それと同じくらい、日本の近代史の事情に疎いニッポンジンの常識をも、驚かす。だが、それは、歴史に無知な現代人のせいばかりとはかぎらない。わずか半世紀で、柳田の時代の記憶はすっかり日本人の脳裏から消え去り、自分たちがおこなっていることをあたかも大昔からやってきたかのように思いこむほど、人間が忘れっぽくも怠慢な生きものだというだけである。

だが、それぱかりではない。書かれた歴史は、かつての庶民の性習俗を、記憶から抹殺しようとする。寝宿習俗は、歴史の教科書のどこにも載っていない。第一に、六〇年代に社会史や民衆史が登場するまでは、人々の日常的な営為やその変化は、大文字の歴史にとってとるに足りないことと見なされていたこと。第二に、ことそれが下半身のことがらに関わるとなると、民俗学者の間でさえ、久しくタブーであったこと。第三に「醇風美俗」と「純潔教育」を重んじる国策にとって、ムラの性習俗は、隠しておきたい過去であったこと。わずか半世紀前の記憶が、こんなにかんたんに抹殺された歴史的事実を見ると、かえってこの事実は、わたしたちに、これからの変化について希望を与える——これから半世紀後には、現代のさまざまな性風俗が、考古学的な笑い話になるほどに、世の中が変わってはいないだろうか？

接近の技術

柳田民俗学がタブー視したことがらに、性と差別とがある。日本民俗学の「天皇」こと、不可侵の権威である柳田に、もっとも激しく挑戦したのは赤松啓介であった。戦前の共産党員であった赤松は、行商人の姿に身をやつして農村に入りこむ。解放の使命感を持って入った彼を、農村の女や男は受けとめ、そして笑いとばした。どんな共同体にも、アウトサイダーには窺いしれないことがらがある。性はその種の秘密に属する。官許の民俗学者には、彼らがのぞむような答を教えてやり、そしらぬ顔で口をぬぐう知恵や狡さを、彼らは身につけている。赤松はそのただ中へ入りこみ、ミウチ扱いされるまでに彼らの中へ食いこみ、夜這いの仲間にまで入れてもらった。赤松の見聞には、ヨソモノの聞き書きではとうてい得られないような臨場感があふれている［赤松 1993］。

たとえば、初めて若衆宿入りした若者の、筆下ろしの場面はこうだ。ムラの年長の女が、御堂に御籠りして、筆下ろしの相手をつとめてやる。

「裏の庭に柿の実なったかならぬか」
「柿の実ようなったぜえ」
「柿の実ちぎってよろしいか」

である。

「柿の実ちぎってよろしい」

柿の実を「もぐ」とか「落とす」とは言わない。「ちぎる」は「契る」の掛け言葉である。

御堂で年長の女は、若者を迎え入れ、一緒に御経をあげ、相対して作法どおりことをすすめる。「柿の実」のあいさつは、若者組の兄貴分たちが、当の若者に仕込んである。手順どおりやらぬと叱られる。

女はまず胸をはだけ、たわわに実った乳を若者にいらわせる。

「お乳吸いたいか。吸うてもいいぜえ」

乳繰りあい、乳を吸わせしているうちに女もすっかりできあがる。おもむろに若者の手をとって自分の性器に導く。若者がはやるとたしなめる。そこはすでにしとどに潤っている。

ことが終わると、また読経して去る。

女は一夜限りのイニシエーター（導き手）である。これは御奉仕と考えられていて、神聖なものである。御籠りのときに男を迎えるのはよくあることだが、そしてしばしばその機会を、好いた男を導き入れるために女は利用するが、見知らぬ男相手の方が功徳があると考えられている。

娘の新鉢割りや水揚げも、似たようなものと考えられている。イニシエーション（通過儀礼）は、神聖かつ危険なものだから、呪力や権威を持った存在でなければこの危険を冒すことができない。性的な熟練者にとって、これも一つの「御奉仕」であって、その後、破瓜した娘と継続的な関係を持つことが期待されているわけではない。どちらにしても、処女《キムスメ》の味など、たかが知れている。

処女性の価値などまったく持たない村人の間では、破瓜を境に、ムスメが女に変身する「落差」を味わう嗜虐的なたのしみや、はじめての男を女は忘れられないという「神話」は無縁である。

性交は、極限的な身体の接近である。相手に密着し、その内部まで冒すという点で、暴力に喩えられる。だが、暴力は一方的なものだが、性交はそうでない。個人主義的な恋愛観が人々を冒し、近代のある批評家のように「わたしがあなたを愛しているということは、あなたには何の関係もないことだ」と言い放つことで、人が恋愛のエコノミーを自己完結する時、はじめて性交は暴力に似たものになる。「わたしの欲望はわたしの欲望で、あなたとは関係ない」と言いながらその欲望を実現すれば、レイピストだ。

だから、恋愛を暴力の比喩で語る人は、すでに近代主義にふかく冒されている。個人主義とディスコミュニケーションとはふかく結びついている。欲望の相互性を信じられないところでは、うまくいった性交でさえ、せいぜい二人オナニーのようなものとなる。

民俗社会の性のディスコースの中には、個人主義的な性愛を思わせるようなものはない。それどころか、恋愛の個人主義――愛し愛されるのは特定の誰かだけ――さえ、否定されている。柳田はこれを揶揄して「恋がトリスタンとイソルデのように、必ず生まれぬ前から指定せられているものならば」[柳田 1930, 1976：下 p. 46] 教育機関はいらないとも書く。とつぜんカタカナの名前が出てくるのは、柳田本に似つかわしくないが、日本にその例を思いつかないほど、恋人たちの「運命の赤い糸」の伝説は、彼らにとって縁遠かったということだろう。トリスタンとイゾルデは「運命のいたずら」で愛し合うようになるが、彼らはなぜお互いが愛しあっているかを知らない。「一目見たときに、この人だとわかったのです」という運命の出会いが、彼らを待ち受けている。この「赤い糸」伝説は、今でも、少女マンガやレディスコミックの世界ではくり返し再生産されていて、「運命の恋人」は、「会ったとたんにそれとわかる」ような存在とされている。相手は、一〇〇パーセントの恋人か、それともそうでないかのどちらかで、中間段階というものはない。それが運命的な結びつきならば努力も経験も要らないわけで、ただ運・不運というものだけがある。恋愛小説に読み耽る少女が、何の努力も払わずに、ただ「運命の出会い」を夕ナからボタもちのように待ち受けて思いにふける姿は、きわめて「近代的」なものである。「運命の対《カップル》」は、個人主義的な恋愛観の裏返しである。極限的な孤立とディスコミがあるからこそ、もう一人の他者と繋がるには、奇蹟のジャンプを待ちのぞむ以外になくなったのである。

民俗社会では、恋は「各自の心をもって右し左すべきものなり」と考えられていた。だとすれば「かねて法則をもって学んでおくことは安全であった」[柳田 1930, 1976 : 下 p. 46]。

自分自身の身体に関係するためにさえ、経験と学習がいる。まして他人の身体と関係するとなればなおさらである。動物行動学は、個体が固有の身体距離を持っていることを教える。この身体距離は、侵されれば身に危険が及ぶ範囲だから、距離をつめられれば動物はまず第一に逃げるし、さらにこの距離を侵されれば、攻撃に転じる[Hall 1966 = 1970]。

配偶のためには、雌雄の個体は、この身体距離をつめるために、相手の防衛メカニズムの閂《かんぬき》を、一つひとつはずしてやらなければならない。そのために、動物は高度に発達した儀礼行動を持っている。つまり、相手に逃げられないように距離をつめるには、あいさつと同意とがいるのだ。これだけ見ても、性が暴力とはちがうことが明白である。

「柿の実」は、そういうあいさつの一種と見なすことができる。と考えれば、「近代恋愛」とは、あいさつ抜きの他者への欲望をさす。なるほど、それなら暴力のメタファーで語ることも可能かもしれない。しかもこのあいさつを学習し教育する機関が、制度の中に失われてしまったとしたら？——求愛は、いつでも接近のための「技術」であった。わたしたちは、恋愛について、作法も洗練も欠いた、野蛮きわまる時代にいる。

媒介(なかだち)

見合いについて柳田はこう書いている。

「世間の全く知らぬ者どうしが、初めてたった一つの目的のために逢うのだから、その妻問いのあわただしくかつ露骨で、しばしば恋愛技術の見苦しい失敗に帰するのは自然である」[柳田 1930, 1976：下 p. 42]

柳田は「高砂業《たかさご》の沿革」という節の中に、この文章を置く。高砂業、すなわち仲人業である。現代風に言えば、アルトマンのようなコンピュータ・ブライダル産業がそれにあたる。「日本には以前この類のものはなかった」にもかかわらず「近代になってから非常に重要な地位に押し上げられ」[柳田 1930, 1976：下 p. 42]た背景を「妻問いの方法がはなはだしく不自由になった」[同上：下 p. 39]ことに求めている。その主たる理由は、「遠方縁組みの新主義」であった。

「人が一生の安危の固めの盃を唇にあてる時まで、なおはっきりとは顔さえも互いに見ぬという婚姻が、通例として行われなければならなかった」[同上：下 p. 39]

「口へ出して言うか否かは別として、これを不審に思わぬ者は恐らくは少なかったろう」[同上：下 p. 36]と言い、また「これには不安を抱いておとなしく盲従しえない者が、実際はよほど多くなっている」[同上：下 p. 39]と柳田は指摘するが「これは昔から日本ではこうするものなのだということと、なぜかは知らぬがどこの家でもこうするからということとが最も有効なる説明になっていた」が、「実はこの二つとも本来はそうでなかったのである」[同上：下 p. 36]。

歴史的に言えば「部落内婚姻の旧制と、遠方縁組みの新主義とが、抵触」[同上：下 p. 43]したのは、幕末から明治にかけての、貨幣経済の導入による村落共同体の急速な分解に対応している。村落内の同年齢集団の統制力の低下は、村落平準化原理であった年齢階梯制が、タテ型の原理である家族制度に優位を奪われていくプロセスを反映している。つまり、ムラは、誰とつながってもドングリの背くらべのような同等の人たちの集まりではなくなり、縁組に際して家格の釣り合いを考えなければならないような階層分解が起き始めたのである。

娘の性は、若者組の統制下にではなく、家の統制下に置かれるようになる。「村の主要なる若干家庭」には「同齢男女の団体に加入せず、またその全く周知せざる婚姻生活に、進んで行こうとする者が多くなった」[同上：下 p. 48]。

若者たちはこれに対して「少なくとも抗議と妨碍《ぼうがい》の形式だけは取り、また自分たちの承認を得る形を要求した」[同上：下 p. 48]。

遠方婚と上昇婚とは結びついている。そこでは娘が家と家のより有利な縁組のための資源としてとり扱われる。この結婚は、かつて上流におこなわれていた政略結婚と似たものになる。「常識」に反して、インドの幼児婚や中国の購買婚にあたるような純然たる取り決め結婚は、日本の前近代、少なくとも、人口の八割を占める農民の中にはなかった。親が媒人《なこうど》の助けを得て取りきめるような縁組は、厳然たる階級の存在と、階級間の上昇婚の慣行のあるところで、初めて成立する。江戸時代の日本は、たしかに身分制社会ではあったが、村落社会は、自治のもとに委ねられていた。明治維新による四民平等という身分制の解体こそが、あらゆる身分の個人を偏差値序列のような競争の中に巻き込み、階層上昇の期待を抱かせるに至ったきっかけである。

見合いが遠方婚と、恋愛が近接婚と結びついているのは、データからもはっきり見てとれる[上野 1995]。婚姻の種別と通婚圏の大きさを相関してみると、恋愛結婚は、明らかに、地域、階層、学歴等の点で「同類婚の法則」に従う傾向が強い。恋愛に比べれば、見合いの方が、はるかに通婚圏が広い。たしかに、年齢差の逆転した夫婦や、身分違い、学歴格差の大きいカップルなど、いわゆる「不釣り合い」な組み合わせは、恋愛結婚組にしか見られないが、十分に大きな母集団をとると、これもごく少数の「例外」となって平均値に埋没し、その結果、恋愛結婚の通婚圏のばらつきは、見合いに比べて相対的に狭い。恋愛のためには、相手を自分と同類とまず思ってかからなければ、恋愛感情それ自体が発動しないかのようである。恋愛感情の背後には、接触の頻度と近縁性とがある。「愛が社会的障壁を越える」ことはめったにない、とデータは冷静に教える。だからこそ、身分違いの恋が、ドラマや事件になりうるのである。

見合いがより広い通婚圏を持ちうるのは、もちろん本人が知らない情報を媒介《なかだち》する第三者がいるからである。その点では、今日のコンピュータ結婚相談業と、明治の高砂業とは、少しも変わらない。コンピュータを導入しても、インプットされているソフトは、結局、人々の経験的な知にもとづいている。科学的と言われるアルトマン・

システム――創設者アルトマン博士の名前からとった――にしても、コンピュータが探し出すマッチング・メイトは、結局、性格の相補性や年齢差についての経験的な知識や世俗的な常識にもとづいている点で、明治の媒人《なこうど》と変わるところがない。ちがうのは、コンピュータは記憶の容量が大きく、多くの情報を処理できるということだけである。

こういう結婚が、一種のバクチのようなものになるのは避けられない。バクチであれば、当たることもはずれることもある。

「いまさらのように縁という語に神秘を託して、ただ行き当たりばったりの幸運を捉えようと心がけている。失望者のしだいに多くなるのはぜひもない結果である」[柳田 1930, 1976：下 p. 42]

したがって「婚姻にいわゆる幻滅は附きもののようになることを免れない」[同上：下 p. 41]。

このことは、わたし自身がかつて教えた女子短大のクラスで実施した「おばあちゃんのライフヒストリー」の聞き書きからも明らかだった。明治末から大正生まれの祖母たちのケースは、全部で四八例。うち二例だけが恋愛結婚で、他の四六例はすべて見合い。「そんなものだと思っていた」「親に言われるままに嫁に行った」と述懐する彼女たちは、結婚相手を「当たり」「ハズレ」の言葉で表現する。「わたしの場合は、ほんとうに運がよかった。おじいちゃんが優しい人で」「貧乏クジを引いたよねえ、あんな極道モンで」と、こもごも語る彼女たちの「アタリ」と「ハズレ」は、ちょうど半々。確率は二分の一というところだ。

ところが、恋愛結婚組はちがっている。二例とも早くに夫を失っているが、口をそろえて「おじいちゃんが生きてる時がいちばんよかった」と思い出を語る。一例は早くに両親を失って、兄夫婦の家から追い出されるようにしてヨソ者と「野合」したケース。もう一例は、やはり親の家が貧しくて奉公に出され、奉公先で同じような境遇にある奉公人同士、周囲にすすめられて結びついたケース。いずれも家族の干渉はない。こうしてみると、恋愛は、ないないづくしの貧乏人の特権という気がしてくる。他人にあてがわれた縁組では、アタリとハズレが出るのは無理もない。

結婚が幻滅であるというディスコースは、ロマン主義の恋愛観には聞きなれたものだ。だが、ロマン主義的な恋愛とは、せきとめられて互いに異性に対する思いをふくらましあったあげくの自己幻滅にすぎない。ロマン主義的に恋愛しなければ、ロマン主義的な幻滅もない。ムラの若者や娘にとって、恋愛はロマンではなく現実の関係であった。彼らはロマン主義的な期待を抱いてそれに幻滅することもなく、現実の婚姻生活に入っていく。それは彼らがよく見知っている、労働と生殖との共同生活である。

外見の価値

「われわれの妻問いの技術は珍しい方面へ進化した」と柳田は書く。「絵姿から若い男女の性情気質を読む修錬」のことである。それは「おそらくどこの国にも見られぬ程度にまで発達している」[柳田 1930, 1976：下 p. 41]。

見合いで容姿が問題になるのは、比較的新しいことである。見合い結婚で判断の対象になるのは、相手の家柄、身分などの「釣り合い」であって、妻の容貌が醜かったり容姿に欠点があるのは瑕疵《かし》にすぎなかった。庶民にとっては「働き者でよく子を産む妻」であることが第一条件で、その上に気転がきいたり才覚があればなおよいが、容貌や容姿の価値は二の次であった。細面に柳腰という美的価値は、芸者の評判記に載るような都会的で消費的な価値であり、労働には耐えないものだった。

容貌の価値が上がったのは、第一に男女の間の距離が遠くなって、外見的な第一印象に頼るほかなくなったからである。とはいえ、釣り書に写真がともなうのはよほどあとのことで、「見合い結婚」とはいっても、実際には結婚前に一度も見合うことさえない状況が長くつづいた。婚礼の宴の間中、綿帽子の奥ふかく花嫁の顔は隠されて、初めて夫と対面した時には新郎があばたづらの老爺だったのに驚いて逃げ帰った新婦の話など、ざらにころがっている。事情は男の方も同じで、綿帽子をあげて初めてのぞいた新婦が二た目と見られぬ容貌だったとしても、文句は言えない義理だった。容貌と結婚するわけではなかったから、それでもよかったのである。

美人研究の第一人者、井上章一[井上1991]によると、妻の容貌の価値が上がったのは、明治以降、欧化の影響で、妻を公共の場にともなう機会がふえたせいであるという。一種の「見せびらかし効果」である。

しかし鹿鳴館のようなエセ欧化主義の風潮のもとでも、美貌で卑しい出身の夫人は蔑まれ、社交の才にうとくても血筋と家柄のよい夫人は尊ばれた。男にとっては権勢のある家の娘と縁組することの方が、社交的で美人だが氏素姓のわからぬ女を連れ歩くよりも、自分の社会的な威信を誇示できたはずである。身分制度のもとでは、男も女も、容貌とではなく、相手の身分と結婚する。容貌の価値が上昇するには、身分制度が崩れなければならなかった。

井上は、明治以降、社会史的に見て美貌がもてはやされる時期と、立身出世がとりざたされる時期とが一致することを指摘している。男には立身出世、女には美貌。これが、四民平等の社会をはい上がっていくための、庶民の武器だった。丸太小屋物語のような男のサクセス・ストーリーの女性版が、シンデレラ・ストーリーである。シンデレラ・ストーリーは、したがって、すこぶる近代的な物語なのである。

シンデレラのとりえは「足が小さい」ということである。彼女の義理の姉妹たちがガラスの靴に足を合わせるために、足を截《き》り踵《かかと》を削るという苦行に耐えるのは、ほとんど纏足《てんそく》を思わせる。「小さい足」は、もちろん労働に向かない。中国では纏足が身分制と結びついていたように、「大足」であることは、その女が労働者階級に属していることを示していた。

「労働に向かない」容姿を持っていることが女の価値になるのは、二つの要素に結びついている。第一は、彼女が「働かずにすむ」階級に属していること。第二は、彼女が労働の場から疎外されていること。

渡辺恒夫は『脱男性の時代』[渡辺 1986]で、女性に美の価値が規範として押しつけられたのは、産業化にともなって女が労働から疎外されたせいだと指摘している。女は働き手として「役立たず」になったから、今度は「美しくなければならない」。だから、ブスであることは、女の価値を損ねることになる。したがって、ブスは女でない。ブスには、「女として」の特権を利用して生きる道は閉ざされている。かくて「おまえは器量が悪いから、学問を身につけなくちゃね」とシモーヌ・ド・ボーヴォ

してである。ワールは親に言われるハメになった。美醜が女にとって脅迫になるのは、このように

もちろん、渡辺は、美の価値が女に押しつけられる反面で、男からは奪われる楯の裏面を指摘するのを忘れてはいない。男は「美しくあってはいけない」。それは労働の価値を損なうからだ。かくして男は美から、疎外され、女は美へ、と疎外される。別な言い方をすれば、男は生産へ、と疎外され、女は生産から、疎外されたのである。

だから女は、結婚相手を容姿ではなく将来性や、学歴や収入で値踏みする。それにしても「将来性」とは妙な言葉だ。身分制の堅固な社会には「将来性」もへったくれもない。足軽の子は足軽に、百姓の子は百姓に、将来なるにすぎない。「大きくなったら何になる?」という問いに、子どもたちが悩まされるようになるのは、身分秩序がこわれた近代以降のことである。「平等な競争社会」という神話の中でだけ、人は、あたかも白紙のスタートラインに立っているかのような幻想を抱く。「将来性」という言葉は、そういう「下剋上」——パレート風に言うなら「階級の周流」——のある社会でしか意味をなさない。

女の美貌の価値は、社交を(そしてそれをともなった社会を)前提している。さしむかいの対《つい》の間では、容貌の価値は逓減《ていげん》する。誰か第三者が「いよオ、お宅の奥さん、

べっぴんですなあ」と賞めたたえた時にだけ、その価値は上昇する。ヴェブレンの言う「衒示的効果《げんじ》」を発揮するには、それを第三者に見せびらかす必要がある。産業社会の中では、こうして女の美貌は、男にとって、限りなく消費財に近いものになった。彼はロレックスの時計や高価なスポーツカーを見せびらかすように、カネのかかる美貌の妻を見せびらかす。「アメリカン・ドリーム」の成功の報酬には、カネと美貌の妻(トロフィー・ワイフという)が対のように貼りついている。

これは、ルネ・ジラールの言う「欲望の三角形」に似ている。市民社会では「第三者の欲望」が対象のねうちを認めてくれるのでなければ、対象に価値が発生しないのだ。「どこがいいの?」「みんながいいと言うから」というメカニズムである。こうして、美貌の価値は、ますます一般性の高いもの――つまり集団が一致して認めるものになる。だから、定義上、美には個性なんて存在しないのである。

見合いに写真がつきはじめたのは、いつごろからだろうか。相手を判断するための条件が乏しければ、写真の「絵姿」が大きな判断材料になるのはやむをえない。写真一枚の交換で太平洋を渡っていった「写真花嫁」は、その極端な例である。彼女たちは「絵姿」のねうちをよく知っていたから、写真を修正するばかりか、時には別人の写真を送ったりさえした。その上、写真が、写真術(真実を写しとる術)であったとしてさえ、写真と実物のあいだには、いつも大きな開きがあった。

「どうだ、いい女だろ」と、妻や愛人の写真を見せる。「ひえー、美人ですね」と第三者がただちに同意してくれるくらい、わかりやすい美貌を選ばなければならない。口をきいたこともない相手を、写真を見たくらいで判断できるわけがない。こうして「美貌の選択」には、明らかな朋輩グループのプレッシャーがかかってくる。「おまえ、あんなブスに手を出すなよ」という同輩の言葉は、パートナーの選択に対して、明らかにサンクション(統制)として働くのである。

女だって、男の「外見の価値」に関心がなかったわけではない。これまでは、それを言いたてる余裕がなかっただけだ。だが、女の生産からの疎外と男の生産への疎外による近代の性的アパルトヘイトが崩れてくると、女の方も、男に同様の「外見の価値」を求めるようになる。だがそれも「カッコいい人ね」という朋輩グループによる同意を受けてのことだ。「私」が選ぶのではない。「彼ら」が、選ぶのだ。

だから「美貌の価値」も「美形の価値」もますます画一的なものになる。それは、美貌というものが、一種の「衒示的消費財」になっていく消費社会の宿命である。

アルス・エロティカ(性技)

恋愛の技術については語られてこなかったのに、性の技術について語られてきた歴史は長い。アルス・エロティカ、性愛の技《アート》がそれである。この言葉を発明したギリシャ人にとっても、性は学習し、習熟し、訓練して身につけるものと観念されていた。性愛が技術なら、熟練者と、非熟練者がいるのは当然である。網野善彦は、遊女は性の技能者集団、一種の職能集団なのだと言う。

枕絵や春本が、性愛技術のマニュアルもしくは教則本として使われた形跡があるのは疑えない。現代の若者たちがアダルト・ビデオから快楽のノウハウを学ぶように、彼らは春画から性愛技巧の数々を学んだにちがいない。松葉崩しや茶臼のような雅語で表現された四十八手の性技の数々は、春本という一種の印刷されたマス媒体を通して流通した情報だった。

何より、黄表紙・黒本と言われる洒落本や春本そのものが「色の道」を説いたものだった。好色《スキ》の道である。そこには哲学もあり、審美的な基準もあり、作法も手順もあった。教則本であるからには、初心者も上級者もいた。「色の道」の初心者は「野暮」、上級者は「通」である。

『色道大鏡』[藤本 1678, 1976]のような書物には「道」にまで高められた性愛観が描かれている。性が愛と分離されない江戸期には「恋」とはすなわち好色のことである。

「道」であるからには「恋」にはルールもマナーもある。「偽の恋」から「真の恋」に至るまでの序列もある。だが、この恋の相手は「その道」の熟達者、専門家集団である「遊女さま」に限られる。

遊里の作法は厳しい。床入りの前の三三九度の契りの盃、初夜からウラを返し、三夜で「なじみ」になる「妻問い」の技術は、平安朝の「好色道《スキ》」を、そのままパロディにしたものである。太夫にもとめられるあしらいの技術——茶の作法や和歌のやりとり——なども、平安朝の宮廷恋愛術を、そのまま踏襲している。太夫であるためには、必ずしも美貌や名器の持ち主である必要はなく、客あしらいや教養がものを言った。それはあたかも専門職の女性が、その職能に秀でるのと変わりなかった。

遊里には、禿《かむろ》から水揚げに至って一人前の遊女になり、さらに太夫への階段を上がっていく、作法を身体的に仕込むための伝承装置が備わっていた。客の方も客の方で、洒落本を読みながら、浅黄裏から通まで、敵娼《あいかた》の格にふさわしい客になっていくための習練を学んだ。「恋の道」はマニエリスムの世界だったのである。

それに比べれば、「遊女さま」と対比される「地女《じおんな》」(しろうと女はそう呼ばれた)は、あまりに見すぼらしい。地女は、結婚の相手であっても、恋の相手とは見なされなかった。

だが、ここでも、身分制のもとの性と階級の関係について考えなければならない。都市と貨幣経済のもとでだけ、「遊女」と「地女」の区別は成り立つ。そこでは「性の自由市場」が、カネで囲いこまれた領域に、人為的に成り立つ。「誰にでもアクセスできる女」は、「カネによって」という擬制的な約束ごとのもとでだけ存在する。それ以外の女たちは、夫以外の男のアクセスからは守っておかなければならないという、家父長制の要請のもとに置かれる。

貨幣経済が力を持たない村落社会では、恋愛技術はまったくちがったものであったことはすでに見てきた。女がカネで買える女とカネで買えない女とに分類されなければ、すべての女は、性的にアクセス可能なカテゴリーに入る。だが、この「性の自由市場」の領域に境界を設定することで、地域的な拡がりを規制していたのが、村落内婚規制だった。

九〇年代の日本は、地域性のタガがはずれた「性の自由市場」に似ている。そこでは、誰もが性的にアクセス可能な対象になる。性の商品化はいちじるしくすすんだが、ポスト風営法時代の日本では、むしろ「カネで買える女」と「カネで買えない女」の境界はあいまいである。「ふつうのお嬢さん」がいつでもAV女優に転身するかもしれないところでは、しろうと女とくろうと女の区別をつけるのはむずかしい。しかも、ひと昔前は「結婚」によってこの「性の自由市場」から退場したはずの女たちが――男は結婚後も退場しなかった――結婚後もそこにとどまりつづけるようになった。

遊戯的恋愛

この「恋愛の自由市場」には、今やどんなルールもマナーもないように見える。恋愛技術を教えるどんな教育機関もない。あるとしたら、男性支配のマス・メディアが捏造する男本位のセックス神話か、大衆文化シーンがたれ流す時代遅れのロマンティック・ラブの妄想のように、すこぶる偏ったものである。

この「自由市場」は、レッセ・フェールのように見えて、そうではない。いや、レッセ・フェールの市場が、もっとも効率的な財の分配を果たすと考えられているように、この「恋愛の自由市場」も、限りなく商品市場に似ている。そこで働くのは「功利性」である。

女の子たちが求める「三高」――高学歴、高収入、高身長――は、一見「自由選択」と見えるものが、きわめて制度的な功利性に支えられていることを物語る。学歴・収入・身長は、威信・実力・外見の三条件である。男の容姿に対する要求がここでは身長にだけ還元されているのは、男の「外見」が、男の持つ社会的な威信と結びついていなければならないから——つまり「大きい」ことが必要だからである。小さいけれども姿のよい男、は、ねうちにならない。ほんとうは「身長」に「姿のよさ」がともなっていれば、言うことはないが、女たちはそこまでぜいたくを言わないだけである。「身長」は、外見のよさの、婉曲な言いまわしにすぎない。男の外見の価値が高まったのは、女にとっても配偶者のショウ・アップ効果が高まったことと、互いに距離のある「恋愛の自由市場」では、威信や実力のような目に見えない属性が、一見してわかる外見にあらわれていなければならないからである。

身長や容貌は、生来のものであるから、努力で変えることはできない。「外見」の価値の中で代わって高まってきた要素に「おしゃれ」というものがある。「おしゃれ」は教養であり、学習して身につけることができるだけでなく、それを維持するには投下資本がいる。「おしゃれ」であることは、彼ないし彼女の社会＝経済的なバックグラウンドを、より可視的なものにする。「あの人、おしゃれね」という表現は、容姿のハンディをカバーするばかりではない。「外見」の価値には、装い方の技術もまた含まれている。

男が妻に求める条件も変わらない。「性格」「健康」「容姿」のベスト・スリーはあいかわらずだが、「学歴」や「妻の実家の資産」のような項目が上位に上がってきている。男に求める「三高」に比べると、女に求める「性格・健康・容姿」のベスト・スリーは、男に対する条件が社会・経済的なものに偏っているのに対して、心理・身体的な条件に傾いているように見える。だが、それも「社会・経済条件が同じなら」という前提のもとでの選好である。「学歴」「家柄」の上昇は、日本の社会での学歴間上昇婚の慣習の中でも、たとえば中卒の女性と大卒の男性との組み合わせのような、とび級的な上昇婚がめったにありえないことを意味する。しかも現代日本の家庭が父系的というよりますます双系的な傾向を強めている――都市部ではむしろ母系的な傾向が強い――事実を考えると、若夫婦の暮らし向きに、妻の実家からの援助は無視できない影響力を持っている。若い男性たちは、それに現実的な認識を持っている。

もう一つ、重要な条件として挙がっているのが「趣味の一致」である。カップルが行動をともにする機会がふえるにつれ、これは重要な要素になってきた。「夏はテニス、冬はスキー」というサークル活動で知りあう同年代カップルにとっては、テニスやゴルフを、「ともにプレイできる」ということが、重要なファクターになってくる。

だが「趣味」とは一体何だろうか？　ブルデュー[Bourdieu 1979＝1989, 1990]によれば、趣味とは一種の文化資本である。文化資本も資本であるからには、投資というものが必要である。しかも、その蓄積は、一代や二代のものではない。

「趣味の一致」という条件は、通婚圏をますますセグメントしていく。「自由恋愛」の名のもとで、微細な差異によるサークルの細分化が進む。結果は「同類婚の法則」がますますあてはまるようになる。

「同類婚の法則」は、今や、年齢にまで波及するようになった。統計によると初婚夫婦の年齢差はますます縮小している。その原因は同い年結婚の増加である。「趣味の一致」という条件が、世代別の文化に及ぶとすれば、二〜三歳の年齢差ですら許容できない範囲に、この「一致」の条件は、狭まったのである。

何が夫婦の「釣り合い」かについての「社会通念」は変わったが、「恋愛の自由市場」で、誰もが「自由な選択」の名のもとに、合理的で妥当な選択をしているように見える。おのおのの行為者がバラバラにもっとも自己中心的に動いた時、全体として合理的で調和のとれたシステムができ上がる、という仮説こそ、自由市場を支える前提ではなかったか？

第三者による媒介婚によらなくても、それと同じ結果が「自由恋愛」の名のもとに実現される。世間的な体面や釣り合いが外部から押しつけられる時には、主体性を主張するためにそれに反発したかもしれない娘たちが、その基準を内面化してしまえば、もはや誰に反抗することも要らなくなる。こうして、日本の「恋愛結婚」は、制度的な結婚に限りなく近くなる。「恋愛結婚」の観念を愚直に信じ、それを字義どおり実践した「性革命のピューリタン」アメリカ人と日本人の、大きなちがいはそこにある。

恋愛結婚の離婚率が見合い結婚の離婚率より高いのは統計学的事実だが——明治の人は、だからくっつき夫婦《めおと》はすぐ離れる、と野合(恋愛結婚)をイヤがった——そしてそれは、見合い結婚の方が恋愛結婚よりうまくいくということではなく、たんに見合い結婚の方が相手に対する期待水準が低いということを意味するにすぎない。アメリカの離婚率に比べると、日本の離婚率は異常に低い。理由の第一は「自由選択」になっても、結婚に対する期待の内容は以前とあまり変わっておらず、したがって配偶者選択の条件も制度的な結婚とあまり違わないことである。第二は、愛も性も、結婚の外で調達することが、女にも男にも可能になったことである。

これが日本の「恋愛結婚」の実態だとしたら、それは西欧の発明品である「ロマンティック・ラブ」にもとづく結婚とはほど遠い(1)。結婚から愛と性が分離している度合いは、おそらく日本は欧米よりすすんでいるかもしれない。

「自由選択」による制度的結婚のウラでは、結婚と結びつかない「自由恋愛」がしきりである。この「恋愛の自由市場」への参入資格は、未婚・既婚を問わなくなった。目的を持たず、またある一定の限定された領域でだけ成り立つような行為をカイヨワにならって「遊戯」と呼ぶなら、柳田が言うように「恋愛が愚かなる遊戯に退歩」[柳田 1930, 1976：下 p. 56]したのである。デートコース案内などの恋愛マニュアルブックは、ゲームとしての恋愛の現在の姿を物語っている。

一方、この「恋愛の自由市場」で、選択されない人々もいる。柳田は当時すでに、一人者の増加を指摘しているが、「これも自由に基づいたものは実際は非常に少ない」[同上：下 p. 59]と指摘するのを忘れない。

「求めて得られぬ者と求めかねて悪い婚姻に忍んでいる者」[同上：下 p. 59]とが、いずれも新時代にふさわしい恋愛技術の不在の被害者であるという点で、柳田が予兆した時潮の変化のツケを、わたしたちは今でも支払わされているように思える。

（1）西欧は「ロマンティック・ラブ」観念は発明したが、「恋愛結婚」の実態は、実のところ西欧でも「同類婚の法則」に従っている。ブルデュー[Bourdieu 1979 = 1989, 1990]は現代フランスの事例調査をもとに、結婚が家族にとっての「資源最大化ゲーム」であることを明らかにしている。

「恋愛」の誕生と挫折——北村透谷をめぐって

夭折した人間は、ただそれだけでも、そのひとの年齢をこえて生きてしまった者たちに、自責の念を抱かせる。ましてやそれが、意志的な死、自死であればなおさらである。

わたしは北村透谷に何の知識もなかった。わたしの敬愛するひとが透谷にふかく傾倒していたために、わたしは彼を理解しようと、透谷を読んだ。読んでいるあいだは、退屈さに耐え、それればかりでなく、美文調の自己陶酔的な文体に、辟易した。明治の漢文体が不可避的に持つ大げさないいまわしや、詠嘆的な口調をわりびいても、透谷という若者の、過剰に傷つきやすいナルシシズムや独善的なおもいあがりを好きになることはできなかった。

透谷は二六歳で死んだ。死者はそれ以上、成熟しない。明治の二六歳は、戦後生まれの二六歳とくらべれば、おそるべき成熟に達しているかもしれない。わたしの現在と、透谷の二六歳をくらべるのは公平ではないが、わたしは二六歳の透谷よりは、すこしは他人の見える場所にいる。わたしは二六歳の男の未成熟さをゆるすほど寛大にはなれないし、自分の過去とかさねてそれに涙をそそぐほど、感傷的にもなれない。

ましてや透谷の死んだ年齢をこえてその倍以上生きながら、なお、彼ののこした限られた作品を、断簡零墨にいたるまでひろいあげ、くりかえし論じつづけるひとの気持ちが知れない。近代文学史上、透谷には、その作品の質・量に比して、ふつりあいな数の研究者がいる。作品の数が限定されているので仕事がやりやすいからか、それとも中江兆民のような同時代の「巨人」に比して、研究者の分相応にとりつきやすいからか、それとも、たんに「夭折」と「自死」のもたらす感傷の特権だろうか、とかんぐったりする。

「恋愛は人生の秘鑰《ひやく》なり」ということばくらいは、透谷に無知なわたしでも知っていた。同時代の読者がそれに熱狂し、江戸期からは断絶した近代的な恋愛観の嚆矢《こうし》となったことは承知していた。わたしは近代ロマンティック・ラブ・イデオロギーの成立と日本へのその移植(そしてその成功と失敗)に興味を持っていたから、透谷のテクストがどうやって生まれ、どう受けいれられたかには、興味があった。そしてもちろん、透谷じしんの恋愛(そしてその成功と失敗)にも、興味があった。

『厭世詩家と女性』は、有名な「恋愛は人生の秘鑰なり、恋愛ありて後人世あり、恋愛を抽《ぬ》き去りたらむには人生何の色味かあらむ」で始まるが、その冒頭の部分だけしかしばしば言及されることがない。後半にいたって、透谷は、「恋愛」と「結婚」のあいだの断絶、「結婚」に対する「幻滅」を、あたかも「詩人」の特権のように、えがく。

恋愛の厭世家を眩《げん》せしむるの容易なるが如くに、婚姻は厭世家を失望せしむる事甚《はなは》だ容易なり。……彼等は人世を厭離《えんり》するの思想こそあれ、人世に覊束《きそく》せられんことは思ひも寄らぬところなり。婚姻が彼等をして一層社界を嫌厭《けんえん》せしめ、一層義務に背《そむ》かしめ、一層不満を多からしむる者、是を以てなり。かるが故に始《はじめ》に過重なる希望を以て入りたる婚姻は、後に比較的の失望を招かしめ、惨《さん》として夫婦相対するが如き事起るなり。

[北村 1892, 1970：p. 29]

ここには中山和子の言う「すでに廃墟と化した恋愛の記憶」[中山 1972：p. 126]がこめられている。(1) が、透谷は「結婚」の「幻滅」の責任を、もっぱら女の側においた。「嗚呼《ああ》不幸なるは女性かな、厭世詩家の前に優美高妙を代表すると同時に、醜穢《しゅうわい》なる俗界の通弁となりて其嘲罵《そのちょうば》する所となり、其《その》冷遇する所となり、終生涙を飲んで、寝《い》ねての夢、覚《さ》めての夢に、郎を思ひ郎を恨んで、遂《つい》に其愁殺《そのしゅうさつ》するところとなるぞうたてけれ、うたてけれ……」で終わる文章には、「透谷の鬱屈した女性嫌悪」もまたこめられていたと、中山は指摘する。この文が最初、『女学雑誌』［明治二五年二月六日、二〇号］に発表されたことを考えれば、さいごまで読みとおした女性の読者が、なぜ彼の文に支持を与えたのか、理解に苦しむ。そこには恋愛が結婚によって幻滅に終わることが、このうえもなく明瞭に描かれているだけではない。中山の言う「女ぎらい」といっていいほどの女性への責任転嫁とあまえが顔を覗かせている。

透谷は『厭世詩家と女性』のなかで、「肉欲」を否定し、「霊性」をともなった精神的な「恋愛」の観念を確立した。佐伯順子も指摘するように、「愛」の観念は「キリスト教的な神の概念の輸入と深く関わっている」。「日本人の男女関係は肉体関係を含むゆえに、現実世界の次元にとどまるのに対し、精神的恋愛は人間を無限の霊の世界へと導くものである、という肉＝有限、霊＝無限という発想がここにある」［佐伯 1994：pp. 32–33］。

「恋愛」を非日常的な「霊」の世界へと聖域化してしまえば、現実的な「結婚」生活のなかでの「幻滅」は避けられない。そのことからわかるのは、「恋愛」の精神的な特権化こそが、近代の宿痾だったのだということ、その観念をつくりだしたのは男であり、それにかかってに挫折したのも男である、という事実である。

「霊か肉か」という近代固有のディレンマもまた、ここから生じてくる。すくなくとも江戸期までの成熟した市民は、そんな形而上的な二項対立に自分の下半身を従属させて煩悶することはなかった。透谷は、「好色」を「人類最下等の獣性を縦《ほしいまま》にしたるもの」と断じ、江戸期までの「色好み」の伝統を切って捨てる。だが、その形而上的な二元論は、「霊用の女」と「肉用の女」を分断するというぬけ道を男の側では用意していた。だからこそ自由民権家の植木枝盛のような人物は、昼の演説会で男女同権をぶちながら、連夜登楼し、「菊栄奴を召す」と平然と日記に書きつけることができたのである[外崎編 1971, 植木 1955]。事実透谷も、ミナと結婚する前後をのぞいて、その前にもその後にも、遊郭に通っている。女の側では、どちらに分類されても抑圧と疎外が待っていた。

「恋愛」を「精神的」なものとして「観念」化することによって、透谷はたしかに「恋」と「情欲」がわかちがたい江戸期までの恋愛観を超克し、近代的な恋愛観をうちたてたと見なされている。だが「観念」としての「恋愛」は、その成立のはじめから、男の側のひとりよがりだったのである。この男仕立ての「恋愛」観が、近代の疫病のごとくはびこった結果、この観念を「共演」してしまった不幸な女たちもまた存在した。たとえば高村光太郎の妻、智恵子は、光太郎に「美神」として奉られ、その役割を引き受けることで「無垢」の闇の中に追いやられた。黒澤亜里子は『女の首』［黒澤 1985］のなかで、男の観念の餌食となった女性の不幸を鋭く衝いている。(2)

透谷とミナの現実の恋愛は、どうか。すでに婚約者のいたミナに書きおくった透谷の恋文は、婚約者の平野友輔にくらべて夫として社会的に(人格的にも)遜色のある自分に対する自己卑下と、それにまさる矜持、ミナの愛に対する意地と不安に満ちている。透谷より年上であっても、男との関係に熟達していないであろうミナが、魅了され、翻弄されただろうことは想像にかたくない。透谷とミナはともに「情熱恋愛」のとりこになった。そのことによってミナが「庇護者」としての「父」と「婚約者」を失ったというのも、近代恋愛の定石どおりである。ロマンティック・ラブ・イデオロギーの内面化は、女を「父の支配」から「夫の支配」のもとへ、みずからすすんで赴かせる。

結婚後、失意のなかで透谷が妻に書きおくった手紙は、「詩人の妻」たるミナが自分を理解しない、という呪詛に満ちている。この手前勝手な非難と脅迫にミナがとりあわず、それに屈したふうがないことも、彼の手紙からは読みとれる。透谷はいったんはミナに情死をもちかけ、断られている。ミナが透谷との情死を引き受けていれば、「近代恋愛」は完成し、ミナは「恋愛という観念」に殉じたことになっただろう。だが、この強靭な女性は、夫のひとりよがりな観念の「共演者」になるどころか、透谷に、妻に対する「敬意が足りない」とまで難詰している。このふたつの溶けあわない自我が「惨として相対し」たところから、おそらく近代の「自我」と「他者」のドラマは始まる。だが透谷は、自分の「想世界」にたてこもることで、ドラマの「始まり」を「終わり」ととりちがえた。

自分の夫に自殺される、というのは、配偶者にとって最大の侮辱ではないだろうか。透谷は自殺未遂のあと、ミナのもとで療養を受けている。その後、傷口も癒えぬうちに、もういちど、自殺をこころみ、成功した。うちのめされ、自分じしんの闇にだけ降りていこうとするこのエゴイスティックな若い夫のかたわらで、自己について語ることの少ないこの寡黙な女性は、何を想っていたのだろうか。

北村ミナは、透谷の死後、七歳になる娘を親にあずけて渡米し、教育をうける。その後、帰国して女学校の英語の教師として教鞭をとり、再婚しないまま生涯を終える。このことからもミナが、自立した明治の女性であることはあきらかである。「恋愛」の挫折は、男には自滅をもたらし、女には自立をもたらす、というのも、なにやらできすぎた符合のように思われる。

日本近代の「恋愛」は、成立と同時に、自壊の道をたどった。それは「他者」のいない「観念としての恋愛」がたどる、必然の道であった。そして透谷のテクストは、「恋愛」の成立と同時にその挫折を内包していたことで、近代百年の「恋愛」の歴史を予感していた。

（1）　中山は透谷に『厭世詩家と女性』を書かせたものは、「既に廃墟と化した恋愛の記憶」だけでなく、教え子、富井松子との「恋愛の新しい発見」であった［中山 1972 : p. 130］、と書いているが、作品の分析を書き手の生活史に還元する「作家研究」的手法に、当面、わたしの興味はない。

（2）　黒澤は「恋愛」という観念を共演した智恵子に対して、「二階に上がったあとで梯子をはずされた」と卓抜な表現をしている。

ベッドの中の戦場

河野貴代美による『性幻想』［河野 1990］は静かな挑戦の書である。

本書の原著が刊行されたのは一九九〇年。今から一〇年前である。「性幻想」というタイトルは今でも衝撃的だ。今日では性が「幻想」の産物だというのは「常識」になってきたが、つい最近まで、性が「本能」や「自然」だと考える人たちはいたし、そして今でもいる。アメリカ性情報教育協議会のカルデローンとカーケンダールが「セクシュアリティ」を「セックス」から区別して定義するように、「セックス」は「両脚のあいだに」、そして「セクシュアリティ」は「両耳のあいだに」ある。両耳のあいだにあるのは、大脳である。わたし自身がかねてから主張してきたように、性について語るのは「下ネタ」どころか「上ネタ」、人間の歴史と文化に関わることなのだ。幻想なくして人は発情することさえできない、社会的な生き物である。

副題の「ベッドの中の戦場へ」という表現は、それ以上のきしみを生むことだろう。

思えば、ベッドの中で裸形で向きあった一組の男と女を、文字どおりの「裸のつきあい」と、権力も規範も及ばない社会からの「避難所」、秩序からの「解放区」と、どれだけ多くの人々が半ばは期待をこめて語ってきたことだろう。それが希望的観測でなければたんなるかんちがいにすぎないことを、「戦場」ということばは苛烈にあばく。裸の男女は、男と女をつくりあげた歴史と文化の総体を背負って向かいあう。日常生活の中で男に従ってきた女が、ベッドの中だけで対等になれる道理もない。「個人的なことは政治的である」というフェミニズムの標語を、これほど簡潔にいいあらわしたことばはあるだろうか。

男が女と寝ているのではない、「男制」が「女制」と寝ているのだ、と喝破したのは伏見憲明さんである。男や女をつくりあげるさまざまな文化的な記号に、わたしたちは反応し、発情する。そこに「自然」なものは何もない。襟足や足首にとくべつに固着するフェティシズムがあるとしたら、乳房や性器もまた、フェティッシュな記号として働いている。異性の性器を見さえすれば自動人形のようにひきおこされる欲情は、さまざまに異なる性器がすべて単一の記号へと収斂されるような範型化の産物だ。そこでは人は、性欲の奴隷ではなく、記号の奴隷なのである。

男はそのようにして女を、女体を、セックスを語ってきた。が、いずれも幻想の女、幻想の女体、幻想のセックスにほかならない。わたしたちが聞かされてきたのは、男の性幻想だった。そして男仕立ての性幻想のシナリオに合わせて、「女」という記号を共演することを要求されてきたのだ。シナリオどおりにふるまえば「理想の女」とあがめられ、シナリオからはみだせば「女じゃない」と排除されて。男のシナリオの裏側にある、女のシナリオについては、長いあいだ沈黙が支配してきた。あまつさえ、「女に性欲はない」と否認されて。同じベッドを共有しながら、男と女のあいだには長きにわたる「同床異夢」が続いてきたのだ。

だが、女もまた歴史と文化の産物である。男仕立てのシナリオの背後で、男に合わせた夢を見てきたわけではない。女が欲望の主体であること、そして女が女自身の性幻想を紡いできたことを、この本は静かに、しかしきっぱりと明らかにする。七〇年代からのフェミニズムは、女が自分自身のセクシュアリティについて自分のことばで口々に語ることを可能にした。シェアー・ハイトの『ハイト・レポート』と、それに倣った日本版『モア・レポート』は、そのタブーへの挑戦で大きな衝撃を与えたが、調査のなかでは性は「いつ・どこで・だれと・どんなセックスをしたか」という性行動に還元されている。発情するためにも幻想のたすけを借りなければならない歴史的・文化的な存在としての人間の女の、その幻想の襞に分け入って、語られない闇から紡ぎだされることばに耳を傾けるには、臨床の繊細な手つきが必要だった。

もうひとつ、言っておかなければならないことがある。著者の河野貴代美さんは、日本で最初のフェミニスト・カウンセラーである。この人がアメリカからこのことばを持ち込むまでは、わたしたちはフェミニスト・カウンセリングというものの存在さえ知らなかった。心理療法としてのカウンセリングや精神分析は、「患者(の逸脱)を社会へと再適応させるプロセス」(レヴィ・ストロース)と見なされてきた。

「女」であることが構造的に男を「範型」とした「人間」モデルからの「逸脱」でしかないようなしくみのなかで、「(女性の)クライアントを社会へと再適応させる」とは、自分の劣位を甘受し、役割に異議を唱えないことを目標としていた。その「治療」の過程で、どのくらい多くの女性がメランコリーや抑うつ状態、自己評価の低下を受け入れなければならなかっただろうか。

フェミニスト・カウンセリング。「女(当事者)の立場で」考える。そんなかんたんであたりまえのことがおこなわれてこなかった。フェミニスト・カウンセリングでは、クライアントを制度やしくみに対して「再適応」させることを目標としない。だが、それは単純な社会変革の叫びをもあげない。人間が歴史と文化の産物なら、その重荷を背負ったまま、自分をありのままに受け入れて生きる生の技法がカウンセリングだ。

そういう臨床の現場ではじめて、女たちはよそでは口にしなかった私秘的な性幻想について語りだした。彼女たちを審判せず、拒絶しない「聴く耳」がここにあったからこそ、ことばはあふれだした。この本にあるのは、河野さんが聞き取った女たちの秘密だ。河野さんは、専門家として知りえたプライヴァシーを洩らすという職業倫理に反した行いをしているのだろうか？　そしてわたしたちは、それをドアの外で洩れ聴くうしろめたさを味わうのだろうか？　だが、じゅうぶんに匿名性の守られたこの本の記録の中に、面接室の閉ざされた空間では聞こえなかった他の女たちの声に混じって、これはわたしのことにちがいない、と自分自身を見つけるかもしれないあなたでさえ、河野さんが本書を、あなたを含めたもっと多くの女たちへと送り届けようとしたメッセージを確実に読みとるだろう。そうか、わたしだけではなかったんだ……と。

そう思えば、本書の構成と内容は配慮に満ちている。改めて目次を見れば、女性のマスターベーションから同性愛、両性愛、性(同一性)障害から女性とポルノとの関係まで、今日セクシュアリティを論じるのに避けて通れないテーマがすべて扱われている。「対関係」の項目のもとにさりげなく異性愛と同性愛(レズビアン)とが同じ資格で並び、さらに女性における性の拒否、そしてマゾヒズムや不感症が「弱者の戦場」の名で論じられる。そして果ては、性からの解放とセリバシー(性の不在)まで。わたしは原著の最初の読者だったが、こうやって見てみると、九〇年代の性現象のほとんどを網羅する著者の射程の広さと周到さに改めて驚く。

それと同時に、性が幻想なら、そして幻想が歴史の産物なら、その変化の早さにも驚かされる。女性同性愛のなかでブッチ(男役)とフェム(女役)のあきらかな分化は急速に過去のものになったし、異性装と性自認、そして性的指向のあいだには必然的な対応関係がないこともあきらかになった。両性愛者は、本書のなかでは精神的な愛情と身体的な快楽との「性別使い分け」を語るが、のちに本書の著者が訳した『バイセクシュアルという生き方』[Klein 1993＝1997]のなかで、フリッツ・クラインは両性愛もまた異性愛、同性愛にならんで性愛のひとつのカテゴリーであると主張する。いや、この言い方は倒錯的である。異性愛のカテゴリーを範型として逸脱化される「同性愛」「両性愛」の概念を、概念の倒錯から解放するように要求する。そのどれもが、「当事者」たちがくちぐちに「わたしの場合は……」と語り始めたことによって可能になったのだ。

女たちの多くが刷り込まれた性に対する拒否感は、今やそれとはうらはらな「快楽への権利」にとってかわった。性への拒否は、性的な存在としての女性の身体への自己否定感につながる。だが今では、女が欲望の主体であることをもはや誰も疑わないし、女性向けの快楽商品もまた性の市場に出まわっている。姦通はフリンにとってかわり、今では命がけで婚外の恋愛をする人などいない。かつては女性性の核心にあると思われたマゾヒズムも、今では擬似的な権力ゲームとして、緊縛プレーのようなメニューのひとつになった。性行為が遂行的な演技によって成り立っていることを、これほど暴露する装置はない。性(同一性)障害でさえ、身体に対する外科的な変形で「治療」することが合法的に可能になった。セクシュアリティへの解放は、まがりなりにも達成されたように見える。

本書の著者はその先へまで踏み込む。性の解放とは、セクシュアリティへの解放なのか、それともセクシュアリティからの解放なのか？　セリバシーが強制されたものでなく、選択されたものであればそれもまたセクシュアリティのひとつの選択肢である。『セックス・イン・アメリカ』[Michael, Gagnon, Lauman and Kolata 1994＝1996]の著者たちは、性生活が活発かそうでないかと人生に対する満足度とのあいだには、何の相関関係もないことをあきらかにする。

性の世界の単独者であることは、しかし無性的な存在であることを意味しない。性行為はなくとも性幻想は残る。性――それは自己愛のべつのかたちなのか、それとも自分以外のだれかとつながりたい欲望なのか？　さまざまな問いが解かれたあとでもなお残るのは、自己という問いと他者という謎である。

ベッドの中は権力の真空地帯でもなければ、社会のエアポケットでもない。それはそのときどきの歴史の中のジェンダーとセクシュアリティをそのまま反映する。本書の中のいくつかの証言を、あなたは笑うべきものと受けとめるかもしれない。そのときあなたがべつの性幻想にとらわれていない保証はない。著者は謎を解こうとしているのではない。スフィンクスのようにわたしたちの行く手に坐って、謎を謎のまま差しだそうとしている。

〈対〉幻想を超えて

恋愛は論じるものではなく、するものだ、と語ったある男性思想家にならって、わたしもまた、性愛は論じるものではなく、するものだ、と言おうか。否、性愛はこれほど世の中にあふれているのに、性愛を語ることばがこんなにも貧しいことを、わたしたちは嘆くべきではないのか。性愛はあきるほど語られ、嬲《なぶ》られ、歪められてきた。誰が、どんなことばで、性愛を語ってきたか？　わたしたちは、それを問わなければならない。

*

性交のもう一方の当事者である女は、長いあいだ沈黙を強いられてきた。語ろうとすればそれははしたないことと見なされ、禁止と抑圧が働いた。語り始めれば、性を語るコトバはすでに男じたての論理に汚染されていた。たまさかに女だてらに沈黙の性を語ろうとする女がいれば、男の口調をそのまま写しとって男に迎合した。女は、男の憤激を買うことを、それほど怖れたのだ。

女のコトバは、どこにも、ない。

自分の口まねをするオウムのような女のことばを聞いて、男は、リアリティが一つだと安堵する。

――もっと欲しい、と言え。

――もっと、欲しい。

――わたしは売女《ばいた》だ、って言え。

――わたしは、売女。

そして、どうしてその逆の立場がないのか、その問いにさえ、考えおよばない。

性愛を語ろうとするとき、身体の闇の中からコトバまでの、どれほどの距離を女はわたらなければならなかったろう。たくさんしてきたのに、すこしも語られてこなかったものが、そこにある。

*

性欲と性愛とはちがう。

性欲は性交とも、ちがう。

性欲は、ひとりでなだめることができる。性欲を性交の口実に使うのは、もうやめるがいい。性欲は、個体のエコノミー。絶えまなく湧きあがってくる鬱勃《うつぼつ》たる欲望は、女を得られなかった思春期のころのように、あるいは女を断った僧侶のように、ひとりで慰めるがいい。空腹と同じように欲望の昂まりそれ自体をおさえることはできない。わたしたちの宗教は自慰までを（それを「自瀆」と呼んで抑圧したキリスト教とちがって）禁止してはいない［木本 1976］。どちらにしても、食欲とはちがって、この欲望はたとえ満たされなくても死にはしない。

性欲があるから性交するわけではない。

人は、さまざまな理由から性交する。他人を支配したり、凌辱したり、愛撫したり、所有したり……するために性交する。強姦者が性欲から強姦するわけではないことは、よく知られている［Beneke 1982＝1988］。〈女〉に向けられた名状しがたい敵意、傷つけられたプライドへのルサンチマン、鬱屈した攻撃性が男を強姦に向かわせる。性交が、愛のコミュニケーションだとは、どこの誰が言った戯言《たわごと》だろう。男は、憎しみからでさえ勃起できる生きものだ。

＊

性交は性愛ともちがう。

性を愛から切り離すための実験を、二〇世紀文学はおこなってきた。文学の実験に、あとから人々が追いついた。七〇年代の「性革命」は、この国ではなしくずしの性解放と性の風俗化をもたらした[上野 1986]。

性は手に入れてしまえば、あっけなかった。あれほどあこがれた「禁断の果実」は、索莫《さくばく》とした味わいがした。肉体はつながっても「関係」にはならないことは、経験してみればすぐにわかる。女は愛がなければセックスできない、同時に二人の男は愛せない、女は初めての男を忘れられない、女に性欲はない等々の、女の性について男がまきちらしたらちもない「神話」は、あっという間に事実によって否認された。その反対に、男の性をめぐる「神話」もまた、フェミニズムによってつぎつぎに解体された[小倉 1988]――いわく、男はたまると出す(なにも女の性器に出すことはない、他人に迷惑のかからないマスターベーションという方法だってあるのだ。それに、使わなければポテンツが低下する、習慣性の「非作業性萎縮」というやつだってある)、男は一人の女で満足できない(「一穴主義者」だっている)、男の性欲は女の性欲より大きい(いったいどうやって計量するのか)、男の性は局所的、女の性は全身的(インサートにしか集中しないヘテロ男のセクシュアリティの貧しさを、ゲイの男性は嘆いている。そのようにセクシュアリティが文化的に成型されたツケを、自分がカラダで支払っているにすぎないというのに、それを普遍ととり違える必要はない)。

性をめぐる言説の「耐用年数」の短さを目のあたりにすると、性のあり方が「本能」や「自然」ではないことがすぐ見てとれる。ここでは、ディスクールの方が身体を規定する。身体に「普遍」なぞない、のだ。

*

性愛という「問題領域」が最後に残ったとき、「関係」という「他者とつながりたい欲望」だけが、姿をあらわす。

「対《つい》幻想」というボキャブラリーを、冒頭の男性思想家、吉本隆明[吉本 1968]が発見したとき、彼はそれが「考えるにあたいすること」であるという保証を、わたしたちに与えたのではなかったか? 性愛の闇の中で、沈黙を強いられていたもう一方の当事者であるわたしたちは、その一語が開いた視野の明るみを、どんなに感動をもって迎えたことだろう。わたしがかんがえていたのは、このことだった、と。

対幻想は人をつがわせる。そして、つがいは、他のどんな社会集団——共同幻想——ともちがう、と宣言する。互いの中に食いこみあって、相手なしではいられない二者。究極のユニオン。自己幻想からジャンプし、共同幻想からかぎりなく逃れ去る二人だけの「愛の王国」。

対幻想という概念は、女を魅了した（今となっては、この同じ概念に同時代の男が魅惑されたかどうかは定かでない）。共同幻想の中に座席を持たず、対幻想の場だけを指定されていた女が、男と互角にとっくみ合うには、対幻想の中に男をひきずりこむほか、なかった。だが、「つがえ。つがわなければおまえは無だ」という近代のロマンティック・ラブ・イデオロギーを内面化していたのも、もっぱら女ばかりだった。この勝負は、最初から女のひとり相撲だったのである。

＊

二人だけの「愛の王国」は、「さしむかいの孤独」にも、「出口のない地獄」にも、かんたんに転化する。いや〈対〉そのものがそのままでのぞましいものだということはない。カップルは、この上もなく愛しあうと同時に、仮借なく憎みあう。アメリカでは、夫婦とは、自分を殺す確率がもっとも高い身近な他人である。わたしをもっとも愛する人は、わたしをもっとも傷つける他者である。〈対〉は、天国から地獄までのスペクトラムの幅を持っている。

〈対〉がそのままで「よきもの」とは限らないというのに、人に「つがえ」と命ずるものは何か。

対幻想は「一人では不完全。他者のいないおまえは無だ」と、女を(そしてときには男をも)脅迫する。女が「愛」の名のもとに主体的に自己放棄するからくりを、近代の恋愛小説(ロマン)を対象に、フェミニズム批評はあばいた[Eagleton 1982＝1987]。対幻想は、女が「父の支配」から「夫の支配」へ自らすすんで移行するときのスプリング・ボード、やみくもなテイクオフ(離陸)のためのエネルギーを供給したのだ、と。

——おとうさん、サユリは何もかも捨ててあのひとに随いていきます。名誉も財産もいりません。好きな音楽もあきらめます。あのひとの夢を一緒に追うのが今ではわたしの夢になりました。

どうしてこんなあからさまな「家父長制の陰謀」に、ほんのひとときでも、娘たちは胸をときめかすことができたのだろう?

＊

対幻想に男を互角にひきこむ闘いを、女は試みたが、それははなから勝ちめのない闘いだった。感情のエコノミーにはじめからこれほど落差のついている当事者同士のあいだで――わたしはこんなに自分を捨てているのに、あなたはどうして自分を捨てずにいられるの？――女が傾けたエネルギーの分だけ、代価が返ってくることはのぞみえなかった。これは構造的にしくまれた非対称のゲームだ。

「英国慣習法によれば、夫婦は一心同体である。ただしこれは、妻が夫に一体化することを意味する」と、ハイディ・ハートマンはいらだたしげに書く[Hartman 1981＝1991]。

対幻想の罠に、女が気づくのに時間はかからない。あるいは、この男性思想家が普遍概念と主張する「対幻想」を、歴史概念と疑ってみることはできる。ロマンティック・ラブ・イデオロギーが猖獗《しょうけつ》をきわめた、たかだかここ三〇〇年間の「近代概念」にすぎない、と。少なくともモノガミー(一夫一婦制)が確立する近代までのあいだ、男は一対一の排他的な性関係にどんなプライオリティも置いてこなかったのだ。

対幻想は、女を男につなぐ。だが、必ずしも男を女につなぎがない。

男もまた対幻想を口にする。ときにはそれを希求するとさえ、言うかもしれない。だが、対幻想が女を「特定の他者」につなぐのにくらべると、それは男を「一般的な他者」としての女に、「カテゴリーとしての異性」につなぐ。男が対幻想の罠にはまって女なみの苦しみを味わうのは、同性愛の場合だけだろう。そこではじめて、男にとって他者が「個別性」を帯びるからだ。そのときでもなお、男は自分自身に向かって「愛されないわたしは不完全。他者のいないわたしは無だ」と言うだろうか？

＊

対幻想というわるい夢から覚めて、なお他者とつながろうとすれば、肉体のつながりが残る。「よく知らぬ他人の肉体の一部が具体的にわたしのなかに入ることだけで、はたして肉体の関係になるのかという興味があった」[富岡 1980]。

富岡多恵子は『芻狗《すうく》』[同上]の中で、「性交によってもたらされた肉体関係」を「動物になって生きる希望」と呼ぶ。どんな情緒によっても汚染されない純粋欲望。〝I love you(好きよ)〟と言う代わりに〝I want you(やりたい)〟と言うとき、動物としての火照《ほで》りが女を内側からかがやかせる。

――あんたを愛してなんか、いないわ。あんたと、やりたいだけよ。

おねがいだから、惚れてるとかなんだとか、うっとうしいこと、言わないでよね。欲望の純潔を汚すから。

それでもなおかつ、「他者」は必要なのか？　イエス、と富岡なら言うだろう。わたしには不可解な「異物」として。彼女は無知・無理解・愚昧・鈍感な男を、これでもかと描く。『遠い空』[富岡 1982]の中では、ついに読み書きもできず、口もきかぬ男を登場させる。性交だけを求めてわたしの戸口の前に立つ純粋欲望としての男。意識などというノイズはかぎりなく消去した方がいい。わたしの中に侵入する、皮膚一枚隔てたこの不可解な闇。そしてそのように、「わたし」もまた、男の前に純粋欲望として立ちたいのだ。

＊

「異物」として他者に対峙するときだけ、他者は圧倒的な存在としてわたしの前に立ちはだかる。「二人で一人」という対幻想の甘い夢を破って、その未知と不可解さをわたしの内部におしつける。そしてそのときだけ、否認しようのない「他者」の手ごたえを、感じていることができる。それは、もしかしたら「愛」に似ていただろうか？

＊

対幻想という観念をわたしたちに吹きこみ、それを目の前で生きてみせた(と思えた)森崎和江[森崎 1965]は、その二五年後、わたしとの対談の中で、こう語る。

上野　私にも救いになると思って見た夢がありました。それは「個人」が見た夢でした。だけどそれ(対幻想)は見果てぬ夢、不可能な夢だったかもしれません。

……

森崎　……本当にそうかもしれませんね。……自由になりたくて、対はその方便だったかもしれません。[上野 1991]

彼女の背後にも、わたしの背後にも、二〇年間という生理的時間ばかりでなく、日本の七〇年代と八〇年代という歴史的時間が経過している。なしくずしの性解放の中で、性の瓦礫を超えて、対幻想から遠くまで来てしまったと思わないわけにはいかない。自然がこわれたところで、人間の自然だけがこわれずに残るわけがない。男たちがどんなにノスタルジーを感じて嘆いても、性の自然、女の自然(と見えたもの)は、手つかずに無垢のまま残っていたりしない。性愛の文明史的時間を、わたしたちもまた不可逆のプロセスとして生きてしまった。

＊

対談の中で、男が異物になっていく感覚とか、対幻想を〝個人〟が見た見果てぬ夢だったのかと話されているのを読んで、何と言ったらいいのでしょう、感動に近いようなとても不思議な気持ちを覚えました。私だけじゃなかったんだ、幻想への断念と徒労に満ちた感覚、男の思いもよらぬほどの女の孤独感がちゃんとつかまえられている……という思い。

私は対幻想を信じていたことを悔やむ気持ちはまったくありません。振り返ればなつかしく、むしろ感動さえ覚えます。にもかかわらず、断念せざるをえなかったということ、諦観とともに呑みこまねばならぬ思いがあったことを、痛みとともに受けいれています。そして、そういうたどたどしい人生の経験が、私的なものにとどまらず、ひとつの時代の精神にたぐり寄せられ縒《よ》り合わせられていくことを、ある種の感慨とともに思わずにはいられません。

森崎との対談を読んだ友人から来た、長いながい手紙の一節。わたしはこれ以上的確な読者を知らない。

＊

対幻想という性愛の近代的なかたちがほろび去っても、性愛は残る。「他者とつながりたい欲望」が。それはもう、排他的な閉じた対をつくらないかもしれない。あるいは、「じぶんと異なる性に属する他者を愛せ」という異性愛のコードは、解体するかもしれない。もしかしたら身体もまた、脱性化するかもしれない。それはしらじらと潔癖なオナニストの未来かもしれない。

だが、人が性的な身体の持ち主でありつづけるかぎり、性愛の問題は残る。性的な身体は、生殖する身体とはかぎらない。生殖のまえにも、あとにも、あるいは生殖のそとにも、この他者によってしか満たされることのない欲望が残る。

〈女〉についてありとあらゆる問いが立てられ、解けるはずの問題がすべて解かれたあと、解くに解けない問題だけが残った。それが、性愛と孤独の問題である。二つは同じことの両面と言っていいかもしれない。振り出しに戻った思いである。

Ⅳ　〈対〉という実験

ジェンダーレス・ワールドの〈愛〉の実験
——少年愛マンガをめぐって——

PRE-HISTORY

一九七〇年代から一九八〇年代にかけての日本で、「花の二四年組」と呼ばれる一九四九年生まれの少女マンガ家——萩尾望都、竹宮惠子、山岸凉子、大島弓子ら——が、期せずして共通に描き出した少年愛の世界は、世界的に見ても稀有な文化的達成を示している。「少女向け」の「マンガ」という、二重の意味で「辺境」に位置する大衆芸術の領域の産物であることは、この際、作品の価値を少しも損なわない。今では単行本や作品集のかたちに収められているこれらの作品は、ヴィジュアルで大衆的な媒体を表現手段として選んだ彼女たちの、最良の自己表現となっている。

少年愛の代弁者であり、『美少年学入門』[中島 1984]の著者でもある中島梓は、一九八一年の『JUNE』の復刊に際して再開した連載の中で「美少年の時代は終わった！」と宣言する。それからさらに一〇年以上経ったいま、遅ればせながら少年愛について論じようとしているわたしは、あたかも外国人のように、そして歴史家のように、彼女らの作品を扱おうとしている。第一に、わたしと世代の近い彼女たちが作品を連載していた頃、リアルタイムでその作品の生成に立ち会ったのは、一世代若い読者層であった。その年齢までにはわたしはすでにコミックの世界を「卒業」してしまっており、少女マンガをゴハンのようにして育ってきた次の世代は、わたしにとってすでに「異文化」になっていた。いや、事情はもっと複雑だった。『少年ジャンプ』や『少年マガジン』の黄金期に青春をすごしてしまったわたしたちの世代は、少女でありながら少年文化の中に同化させられてしまっていた。少女マンガが少女が淫するに足る自律的な世界として一つの完成を見せるには、「花の二四年組」の登場を待たなければならなかった。

MEDIA

少女マンガの文化的な達成が、商業的なマンガ雑誌を媒体に花開いたのは、偶然ではない。

第一に、彼女たちが言語的でなく非言語的な自己表現を選んだのには理由がある。

言語的な自己表現のためにはボキャブラリーの蓄積が必要である。彼女たちは言語的な自己表現をするほどの教養を身につける機会を奪われていたか、さもなくばそれが可能な教養の蓄積に達する前に、すでに自己表現を始めていた。また、彼女たちはそれ以前の言語的な表現のどれもが、彼女たちの自己表現の助けにはならないことを見抜いてもいた。

第二に、大衆的な商業誌上の連載は、年齢層の近い読者とリアルタイムのフィードバックを可能にする。読者の反応は「売れる／売れない」でただちにはねかえってくる。その点で商業的なコミック誌の編集者は、道徳律や審美主義よりも、資本主義的な経済原則の忠実な信奉者である。これは「支持者がいればどんなものでもよい」という世界である。この世界で生き残った彼女らの作品は、ただたんに少数の傑出したクリエーターの孤独な密室の作業というより、リアルタイムで作品の生成に立ち会った読者との一種の共同製作と言っていいものになる。その意味で、時代のエートスを反映するテクストと見なすことができる。

第三に、少女マンガは少年マンガにおくれて成立した成長期のジャンルであった。一般に成長期の表現ジャンルには、受け手と送り手の距離が近く、いつでも役割が交替可能だという特徴がある。それがジャンルの活力の源泉となる。一九七〇年代の少女マンガは、成長期の活力にあふれたジャンルの一つであり、あっという間に黄金期にのぼりつめた。

第四に、商業的な媒体での成功は、おそらくは家から出て一人暮らしをしていた彼女たちに、プロの表現者として自活する道を与えたことも見逃せない。それは彼女たちに、ヴァージニア・ウルフの言う「私一人の部屋」と「年に五〇〇ポンドのお金」を与えた。それで彼女たちは、他のことにわずらわされずに、マンガに専念する自由を購《あがな》うことができた。彼女たちは商業的な媒体で「大衆芸能」者であることで、その時期の少女たちに分け持たれた時代精神のすぐれたたにない手となりえたのである。

DICHOTOMY

少女マンガ家が描く「少年愛」の世界に、フロイト主義者ならただちに少女の少年に対するペニス羨望を読みとるだろう。少女には禁じられた自由や野心や欲望が少年の世界にはあり、しかもそれは女無用の純潔な世界であることで聖化される。少女マンガ家の多くは、純潔／汚れ、非日常性／日常性、特権／悲惨、非凡／凡庸、冒険／退屈、崇高／卑俗、彼岸的／此岸的 etc. という男／女の記号性を、受け容れているように見える。女であることは「あーやだやだ」というため息が聞こえてきそうな彼女たちの女性性への嫌悪は、しばしば短絡的に男性羨望だと解釈されやすい。

性が二つしかないと仮定すれば、一方の性を否定することは、自動的に他方の性を肯定することにつながる。だがほんとうにそうだろうか？

少女マンガ家による少年主人公の造型は、フロイト用語からは次の二つの心理的機制で説明される。一つは同一化欲求、もうひとつはリビドー・カセクシスである。前者は差異を否定する欲求であり、後者は差異を肯定して性的他者と補完的関係をとり結びたいという欲求(恋愛欲求と名づけておこう)である。前者の要求が強くなれば変性願望になる。

トランスセクシュアル心理学の専門家で、少女マンガの愛好者でもある渡辺恒夫は、フロイトの図式を適用してこう書く。

> 萩尾望都の『ポーの一族』以後、一群の才能ある少女マンガ家たちの間で主役となったのは、男装の麗人でもなければいわんや旧型の美少女でもなく、美少年であり、しばしば少年愛の対象とされるほどにも両性具有的な美少年だった。男性に対し、被保護者＝被害者の眼でなく対等の、しかも審美的な眼を向けはじめた少女たちが、かっこうの、恋愛欲求と同一化欲求の同時的対象として、少女マン

ガというナルシスティックな空間に見出したのが、美少年なのであった。
［渡辺 1989：p. 126］

たしかに美少年マンガの前史に池田理代子の『ベルサイユのばら』［池田 1972–74］があるという経緯からすれば、オスカルという「男装の麗人」から『風と木の詩』［竹宮 1977–84］の「美少年」ジルベールへのテイク・オフ(離陸)は、異性装者 trans-vestite から変性者 trans-sexual への、言いかえれば同一化欲求の不完全で不徹底な形態からより完全で徹底的な形態への「進化」のように見える。結局のところ両性具有的ヒロイン、オスカルも、最後は「女」としてアンドレを愛するのだ。『ベルばら』の中途半端さにフラストレーションを感じた読者の眼からすると、美少年マンガは、究極の「変成男子」説の実現に見える……。

だが、女性異性装者(TV)と変性願望とを、渡辺のように「ナルシシズム」と解釈してしまう前に、異性装者や変性者のジェンダー間非対称性について述べておかなければならない。異性装がよりゆるやかなかたちの変性願望で̀は̀な̀い̀ことは、渡辺自身が論じている［渡辺 1986］。男性TVは一般的に、女装のたのしみを味わっても、永続的に女装して暮らしたいと思っているわけではない。彼らは女装することで、男性の

「権力」を失わないまま、ついでに女性の「美」も同時に手に入れようとする貪欲な人々である。彼らの戦略の中には、「男性性をオリる」という志向はない。彼らはただ二項しかないジェンダーの図式にからめとられているために、その両極のふれ幅を移動するほか、両性にわりあてられた特権をともに手にすることができないと思っている点で、すこぶる男性的なナルシシストである。

男性変性者もまた、自分の男性性を自己嫌悪するから性転換を望むというわけではない。彼は、男という性を他者としてより完全に「愛する者」になるために、異性愛文化の狡猾な装置にはまって他の極へ寝がえるという選択をしたのかもしれない。もしそうだとしたら彼は基本的に男性愛者、迂回路をたどったナルシシストだということになる。

美少年マンガについての渡辺の解釈の限界は、男性TVと男性変性者の心理的機制を、そのまま対称的に女性に適用できると考えたところにある。少女マンガの美少年は、ほんとうに少女の異性装や変性願望のような「同一化欲求」の対象なのだろうか。かつまた、美少年は少女の「恋愛欲求」の対象になりうるのだろうか。

この解釈は、美少年マンガが本来的に男性同性愛マンガであることを忘れている。美少年マンガは、少女が少年を愛する物語ではなく、少年が少年を愛する物語である。

そこでは異性は最初から排除されている。この女無用の世界で少女の「恋愛願望」は挫折する。しかもストーリーの中で、作者はくり返し、少女の「恋愛願望」にあからさまな侮蔑を投げつける。女が「愛する者」として一度も登場しない物語の中で、女性読者はいったい誰に恋愛願望を仮託すればいいのだろうか。

しかしここに一つのトリックがある。少年は性を持った身体である。同じように成熟前の身体を持った存在でも、少女が性を封じられた身体であるのに対し、少年は性にオープンな「誘惑者の身体」を持っている。男同士の身体的な性愛を描くことで、少女マンガは奪われたセクシュアリティをとり返すかのように、にわかに性的に攻撃的になる。「見る／見られる」のジェンダー・ポリティックスを逆転し、男を身体性に還元して完全に対象化するという策略である。しかも男同士の同性愛を描くことで自分自身はジェンダーの障壁《バリヤー》の手前で、絶対安全圏に身を置いていられる。それは、ピープ・ショウでレズビアン・セックスを見る男の立場――男の「能動」なセクシュアリティが行き着いた「のぞき」という理想郷の、女の側における実現のように見える。

これは報復なのだろうか？

この解釈もまたジェンダーの二項性の両極を、否定の否定は肯定という愚直な排中律に忠実に、たんに往復運動しているように見える。

もし、性が二つしかないという前提を廃棄したら？　そして眉唾《まゆつば》ものの「息子(エディプス)の物語」であるフロイト理論を、対称的に「娘(エレクトラ)の物語」に当てはめるというバカバカしい試みを放棄したら？

美少年マンガの主人公たちは、少女マンガ家にとって、少しも異性ではない。彼らは第一にすこぶる女性的な見かけを持っている。しなやかな肢体、愛らしい顔だち、波うつ豊かな髪――少女マンガ家は、「少年マンガ」を描くにあたって、主人公が少年であることにすこしも頓着していないように思える。彼らは、それ以前の少女マンガのヒロインを、そのまま男装させたように見える。男装？　それさえ正確ではない。主人公の少年たちは、きわめてデコラティヴな女性的なコスチュームを身につけている。美少年マンガが、舞台をしばしば近代以前の時代、渡辺が言うように「男がまだ美を手放さなかった時代」に置くのは不思議ではない。

見かけだけではない。ふるまい方も、感情の動き方も、きわめて女性的である。中島梓の表現を借りれば、「我儘で本能的で甘ったれで、動物的で無垢で、コケティッシュでおよそ道徳観念が欠如していて小ずるくもあるし天性の可愛らしさもある、まことにしようもない少年」[中島 1984：p. 281]である。だが、これはそのまま、「少女」

の属性ではないだろうか。

答はただ一つである。彼女ら少女マンガ家は、「少年マンガ」を描いたのではない。少年の姿を借りて「少女マンガ」を描いたのだ。その時「美少年」とは何か？　美少年は、少女にとって「理想化された自己像」であり、したがって男でも女でもない「第三の性」である。ジェンダーの二項性に呪縛された意識だけが、「少女」でないものを「少年」と見誤る。彼女らは、美少年マンガによって、「少女」でも「少年」でもない「もう一つの性」を創造したのだ。

だがなぜ、少女マンガ家は、「理想化された自己」を表現するために「少年」という装置の助けを借りなければならなかったのだろうか。それは受け容れがたい現実から自己を切断するための仕掛けであり、かつ性という危険物を自分の身体から切り離して操作するための安全装置、少女にとって飛ぶための翼であった。

LOCUS

そう考えれば、なぜ「美少年マンガ」の舞台設定が「一九世紀のギムナジウム」のような隔離された不自然な場に設定されているかがよくわかる。

少年愛マンガの金字塔であり、あまりの衝撃力に著者自身が発表まで七年待ったと伝えられる竹宮惠子の『風と木の詩』[竹宮 1977-84]は、一九世紀フランスのラコンブラード学院という男子寄宿学校に場を設定している。もちろん「ユニセックスの世界」をつくり出すには社会からの不自然な隔離が必要である。その種の学校は人里離れた地にあって、少年たちは牢獄のようにそこに幽閉される。そこは外へ出るには「脱走」するしかないような閉鎖された空間である。この設定は、すでに萩尾望都の『トーマの心臓』[萩尾 1975]や『11月のギムナジウム』[萩尾 1971]に登場していた。前世紀のヨーロッパ、そしてギムナジウムやボーディングスクールという舞台設定は、いかにも秘教的なファンタジイをそそる。その設定を日本に移したものが木原敏江の『摩利と新吾』[木原 1979-84]である。舞台は第一次大戦前、私立の名門、旧制持堂院高等学校の桜豪寮に設定される。そこではバンカラの明治の旧制高校生さえ、すでに十分に美化された「異文化」である。

男子校という隔離された空間の設定は、「異性」のいる現実的な世界から主人公たちを切り離す人為的な仕掛けである。歴史的な見かけをとっていても、この時間と空間の設定のしかたは、限りなくSFに近い。事実、美少年マンガの中には、山岸凉子の『日出処《ひいづるところ》の天子《てんし》』[山岸 1980-84]のように古代と超心理学SFとを自由に往還するものもある。萩尾望都や山岸凉子は中世ものや古代ものと同じ感覚でSFものを自由に描いている。彼女たちにとって、場の設定は、たんに「いま・ここ」のリアル・ワールドを離脱するものであれば何でもいい。そこではどんなに荒唐無稽で非現実的なことでも起こりうる。

彼女たちが離脱したがったリアル・ワールドとは、「男と女がいる世界」、つまり性別に汚染された世界 gendered world である。「美少年」は、「男」からも「女」からも離陸 take-off して、「第三の性」にふさわしい「第三の世界」に飛翔しなければならない。その「第三の世界」とは、「性別のある世界 gendered world」に対して「性別のない世界 genderless world」でなければならない。そこでも「人間」は生きており、「関係」がある。そして「性」は、人間と人間を結びつけるキイとして、性別に汚染されない純化された姿をあらわす。彼女たちが描こうとしたのは、ジェンダーレス・ワールドにおける性と愛の実験だった。

HOMOSEXUAL

美少年マンガの主人公が、男でも女でもない「第三の性」であることは、彼女らの作品の中に、制度的な仕掛けとしてインプットされている。たとえば萩尾望都の『マージナル』[萩尾 1986–87]は、ただ一人の「マザ」に生殖を委ねた男だけのユニセックスの世界で、作者自身によって「マージナル・ワールド」――「限界」「不毛」「ギリギリの」世界――と呼ばれている(図1)。そこでは性は生殖から分離され、男たちは、「色子」と「念者」の間のホモセクシュアルな関係に入る。これは年齢差のある同性愛で、語の古典的な意味における「少年愛」――ギリシャ人の言う――に近い。この男性同性愛関係は庇護する者／庇護される者、能動／受動、アンドレア・ドウォーキンの『インターコース』[Dworkin 1987＝1989]の用語を借りれば「貫く者／貫かれる者の関係が非対称的な関係」である。

萩尾望都が「色子」という用語を、日本の歴史的な伝統から借りてきたことは疑いない。江戸期には「色子」といわれる男娼窟が、吉原や島原などの遊郭と並んで、悪所とよばれる場所にはびこっていた。彼ら男娼を買うのは主として男性客である。西鶴の『好色一代男』の世之介がそうであるように、江戸期の性的な放蕩者は女色も男色も、性的な耽溺であれば何でもこなすバイセクシュアルであった。

しかしここでもまた、ヘテロセクシュアルな二元論的思考が、考察を妨げる。日本の衆道は、ほんとうに同性愛だろうか？　異性愛でないものをすべてその逆の同性愛に分類する二元論の愚鈍さが、ここでもわたしたちの理解を妨げる。衆道は、成熟した男性同士の同性愛ではない。色子になるのは成熟前の少年である。中世の衆道もまた、稚児と僧や武士との間の非対称的な関係であった。萩尾望都の設定でも、「マージナル・ワールド」の住人は、一定の年齢になると「色ぬけ」し変声期を迎える仕掛けになっている。色子になるのはその年齢に達する前の少年たちだけである。ユニセックス・ワールドを完全に女だけに置きかえたSF、倉橋由美子の『アマノン国往還

図1　萩尾望都『マージナル』

記』[倉橋 1986]でも、成熟に達する前の少女と成熟した女性との間の関係が、その社会の性愛のコードとして設定されている。

これは同性愛だろうか？　むしろここでは〈少年〉は男でも女でもない「もう一つの性」と見なされている。成長の段階に応じて性転換をする生物のように、ここでは個体は、「もう一つの性」から「男性」へと、生涯のある時期に「変性」していると考えた方がよい。

フーコーによれば、ギリシャの「少年愛」は、もともとそういうものであった[Foucault 1976 = 1986-87]。とすれば、同性愛は、異性愛同様、ほんらい非対称的なものなのであろうか——男が少年を「貫通する penetrate」することはあっても、その逆はありえない。少年が次に「貫通する側」にまわるのは、成熟して「男」という性になってから、次の「少年」を自分のために見つけた時だけである。あるいはもしかしたら、性愛というものは、それが同性愛であれ異性愛であれ、本質的に非対称性を孕むほかないのだろうか？　——彼女ら少女マンガ家たちは、本質的と考えられている性愛のあり方を、人為的な設定のもとで相対化しようとする。彼女たちが少年愛マンガを描いた時「少年愛」という用語は、その古典的・歴史的な意味——もっとはっきり言おう、男が与えた意味——から、カタリと音をたてて、変質をとげた。

DOUBLE
少女マンガ家の描く少年愛は、男が少年を愛する物語ではなく、少年が少年を愛する物語である。
「少年愛」マンガの古典の中には、運命的な理想対《つい》が出てくる。竹宮惠子の『風と木の詩』では、ジルベールとセルジュ、木原敏江の『摩利と新吾』では鷹塔摩利と印南新吾の「おみきどっくり」とからかわれる「いつでも二人一緒」の対である(図2)。この同性同士の対は、他人の干渉や社会的な圧迫、異性愛コードによる妨害にも屈さない、生涯を貫く運命的な対、互いが互いにとって「分身double」であるような理想化された対である。事実彼らは、美貌、天分、境遇、特権性において互いに似通った、お互いに相手のために選ばれたと感じる天上的な対である。
彼らはギムナジウムや寄宿学校のような空間的に隔離された場所にいるだけではなく、貴族や富豪の子弟という設定で、生活のために思いわずらう現実的な必要からも切り離されている。それは、純粋に心理と肉体の劇だけを描くために必要な、物質的な条件である。作家たちは彼らの心理劇を、「社会問題」にはしたくなかったのである。

「分身」の思想は、少女マンガ家の間で重要な役割を演じている。それはしばしば、同じ卵から生まれた二人——双生児 twins のすがたをとって表現される。瓜二つなら一卵性、互いに似ていなければ二卵性である。

双生児に近親姦のモチーフを加えたものが、吉野朔美の『ジュリエットの卵』[吉野 1988-89]である。ここでは水《ミナト》と蛍《ホタル》という性の違う双生児が、運命的に愛しあうという近親姦的な設定になっている。タイトルや主人公のネーミングには象徴的な種が仕込んである。『ジュリエットの卵』というタイトルは、ただちに運命的な恋人同士、ロミオとジュリエットを想起させるし、「卵」はそれから二人が生まれた始原、そしてついに孵《かえ》ることのない不毛を象徴する(図3)。

——どうして兄弟や親子で子供つくっちゃまずいんだろう

——人間だからさ

——人でいる限り、俺たちは淘汰される種なのか

——ここまで万難をかいくぐって生き残って来た遺伝子が、俺と蛍で終りになる。たったひとつの恋のために、すべてがパアだ。三〇億年の歴史がパア。

「実らない果実」「育たない種」「不毛の大地」と作者はたたみかける。二人は蛍が水を恋うように、水が蛍なしでは輝かないように、慕いあう。

——オレはダメだ
蛍がいないと生きていけない
——蛍はここにいるじゃない
——俺を見捨てないでくれ

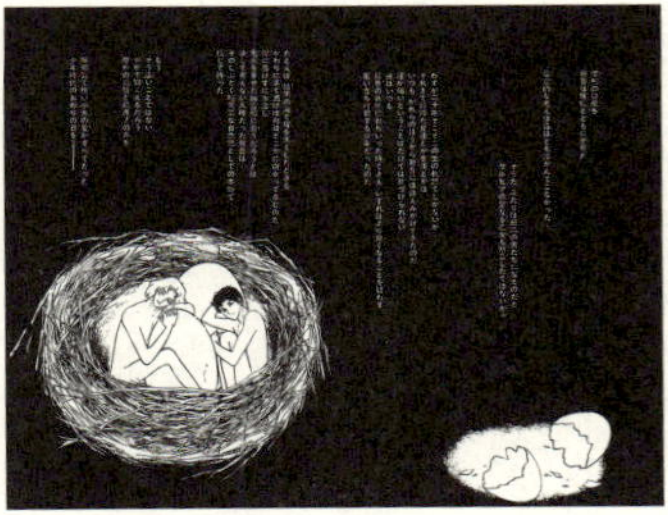

図2　木原敏江『摩利と新吾』

図3　吉野朔美『ジュリエットの卵』

ロミオとジュリエットの運命的な対が、「敵同士」という障害に阻まれていたように、ミナトとホタルにも、近親姦のタブー以外に、二人を妨害する者がいる。他ならぬ二人の母親である。この双生児の母親は、夫を亡くしたシングルマザーで、エディプスの物語さながら、息子に近親姦的な愛着を示し、娘を遠ざけようとする。ここでは、母―息子の近親姦的な対が、兄弟―姉妹の近親姦的な対と競合し、その障害物となる。この二種類の対の間の関係は、平和なものではない。一方は他方への裏切りである。『ジュリエットの卵』では、このタテの対とヨコの対との対立構造は、異性愛heterosexualityの装置によって自動的に――自明のものとして――ビルトインされている。

ヘテロセクシュアリティの装置を、二種類のカードからなるゲームと考えてみよう。いますべてのカードをＡもしくは非Ａのどちらかに排他的に分類し、Ａは非Ａとだけマッチングする、というルールを決めておく。異性愛のゲームとは、そのくらい単純なゲームである。だから、母親はミナトが異性だから愛着し、ミナトとホタルは互いに異性だから愛着する。したがって母親とホタルは、ミナトをめぐって互いに排斥しあう関係にある――この三段論法は、あきれかえるほど図式どおりの、エディプスとエレクトラの物語だ。

近親姦的な兄弟姉妹は、神話的な対の原型である。この対は、異性愛という仕掛けが導入されていながら、近親姦のタブーによってあらかじめ不毛を約束されている。だが、そんなまわりくどい仕掛けによらなくても、同性愛は最初から不毛を約束された性である。生殖という、「第三項」を帰結するかもしれないノイズをミニマムにするためには、近親姦的な対のようにいったん異性愛のルールを導入してそれを人為的に否定するよりも、同性愛の方が簡単だ。しかも近親姦的な神話対は、それ以上遡及して問うことのできない答によって、あらかじめ防衛されている――この対はなぜ愛しあうのか？　なぜなら互いに異性だから。同時にこの対はなぜ禁止されるのか？　なぜなら彼らは親族だから。この公準命題を受けいれない人々には、神話も挫折する。

SEDUCTION

少年愛マンガでは、主人公の少年は性的な誘惑者として登場する。彼は精神的な存在である以前に、身体的な存在であり、少年愛は魂の触れあいであるより前に、肉体的な触れあいである。少年愛マンガは、それ以前の少女マンガではタブー視されていた大胆なベッドシーンを描いた点で画期的であった。彼らは言葉で愛を告げるより前に、からだで触れあう。身体的な性愛の優位は、精神世界の中に閉じこめられてきた少女たちにとっては、少年愛の世界ではじめて自由に表現できたものであった。

この性愛の世界では、強姦、SM、売春など、異性愛の世界で起きるすべての性行為が起きる。ジルベールは上級生に強姦され、校長と身体で取引し、サディストの街のボスにいたぶられ、客をとらされる。誘惑者の身体を持つ主人公は、ありとあらゆる「女性的な」経験をする。『風と木の詩』の作者は、自殺を企てたジルベールに、

——もう始末してしまいたいんだ。ぼくのからだ。どんなにいやでも抱かれてしまう、だれにでも。

と言わせている。ジルベールは〈女〉である。

だが読者の少女はジルベールが「異性」であることで、彼に同一化する苦痛を味わうことなしに、性的な身体の受苦を、外から観察することができる。これは特権的な視線である。

同性愛マンガでしばしばSMがテーマになるのはそのせいである。木原敏江の『銀晶水』[木原 1988]はその典型である。主人公はマゾヒストの美青年、自分をマゾヒス

トに仕立てあげたサディストの城主との運命的な対を感じて、自ら死地に赴く(図4)。マゾヒストの主人公に同一化する少女の心理的機制を、彼が同性愛者だという約束ごとが妨げる。そのコードのおかげで、少女は、いっきに「見られる者」から「見る者」へ位置を転換する。SMは、共犯的だが非対称的なゲームだ。もしSMが異性愛のゲームとして演じられたら、役割は一方的に固定しがちである。だが〈同性愛〉の仕

図4　木原敏江『銀晶水』

掛けを持ちこむことで、少女はこのゲームの外側に立って、SとMの両極を揺れ動くことができる。少女はこの経験をつうじて、自らの性の攻撃性にさえめざめるだろう。性的な身体という危険物を自分から隔離して操作するには、少女にとって男性同性愛ほどうってつけの装置はなかった。

SYMMETRY

だが少年愛マンガが最終的に理想化するのは、少年同士の愛、互いに似かよった分身同士の愛である。SM的な愛、権力的な愛、近親姦などの非対称的な対は、究極の対 twins に到達するための障害――ナラトロジー(物語学)で言えば、最終的な回復に至るための困難なプロセス――として位置づけられる。そこでは性愛の諸相が描かれるが、それもみな究極の対を理想化するための「地」としてにすぎない。

少年愛マンガには、ビルドゥングス・ロマンすなわち「成長の物語」が仕込まれている。『風と木の詩』のジルベールは最初、叔父にして実は父親のオーギュと運命的な対をつくっている。オーギュは近親姦を冒すことをためらわず、ジルベールに性愛と欲望を教えこんだ悪魔的な調教師であり、そのためにジルベールはいつも渇いた「愛の乞食」となった。中島梓が言うように「美少年と男の愛とは別の次元のもの」

なのであり、

美少年＝愛されるモノ。

美青年乃至美中年＝愛するモノ。

「という図式が、きわめて、はっきりと成立していた」[中島 1984：p. 106]ことになる。オーギュはジルベールを「愛される者」に仕立てあげ、愛にひもじくさせた上で欲しがる愛を与えないというサディスティックな「愛する者」の位置に立つ。

中島梓の言葉によれば、それは「上から下への愛、見おろす愛、包む愛、一方的な愛、いわば親子的愛」[同上：p. 107]である。彼女は「『自分自身の投影』として男に愛される美少年、を書いてた」と告白し、「庇護される側」「愛される側」に立ちたい自分の好みを率直に表明する。――「だから私は女性解放されたくないの。男と女が対等の平等で、何やっても同じレベルになったらずいぶんつまんないだろうと思う。私は包みこむように愛されたいのよね。だから美少年になりたいんだわ」[同上：p. 107]。

だが、美少年マンガは、中島の美少年小説を超えている。ジルベールが、オーギュの妨害に抗してセルジュを選んだ時、彼は「愛される者」から「愛する者」へとテイ

図5　山岸涼子『日出処の天子』

クオフをとげた。エディプスは成長の物語の過程で、母子姦への欲求から「正常」な異性愛へと「発達」をとげる。少年愛の世界では、少年は父子姦のような非対称的な愛から、少年同士の兄弟愛のような対称的な愛へと、成長に応じて移行する。

分身が分身を愛するというのは、ラカンの言う鏡像段階のナルシシズム、自己愛の原型である。少年愛のすがたを借りて、分身が分身を愛する究極の対を描くことで、少女マンガ家は、理想化された自己を、その実愛したいと企図している。それは山岸涼子の『日出処の天子』の中で「当事者のディスクール」として何より雄弁に語られている（図5）。

——わたしが女であったらそなたはわたしを選んでくれたのか
しかしわたしは男だ
そしてそれがあたりまえ、元が同じ一つであるならば、たとえその身は二つに分かれようとも同じ性のはず……
毛人《えみし》！　わたしとそなたは一つになるべく生まれてきたのだ
——王子のおっしゃっている愛とは、相手の総てをのみ込み、相手を自分と寸分違わぬ何かにすることを指しているのです
元は同じではないかと言い張るあなたさまは、わたしを愛していると言いながら、その実それは……あなた自身を愛しているのです

『風と木の詩』でも、作者はセルジュにジルベールについてこう言わせている。

——彼がほしがるのは「愛」
それも自分と全く同じかたちの……

少年愛マンガをつうじて、少女は熱烈に「愛する者」になる。だがこの分身愛の欲

求は、一方の拒絶や死によって、挫折する運命にある。

MISOGYNY

少女は少女のままでは自分を愛せない。少女の自己愛は、必ず挫折する運命にある。というのは、男性文化の中で少女は自分の性を自己嫌悪しているからである。

少年愛マンガにも異性は登場する。だが、作者がそこで示すあからさまな女性嫌悪misogynyは興味深い。

竹宮惠子の『風と木の詩』には、学校を脱走してパリで同棲生活を始めたジルベールとセルジュの前に、カミイユという魅力的なジプシーの娘があらわれる。カミイユは、失恋に沈むセルジュを誘惑し、ジルベールともベッドを共にする。ジルベールはやすやすとバイセクシュアルな行動を示しながら、

――女なんか触るのも嫌だ、さっさと出て行け!!

「女なんてみんな……自分のからっぽな部分を埋めてくれるものなら何だっていいんだから!」と彼女を侮辱する(図6)。

誇り高い同性同士の対にとっては、「もう女よ……あんたを愛してあげることだって」とすりよる異性愛の装置の安直さが許しがたい。異性愛のゲームは、単純すぎるゲームだ。同性同士の愛はどんなものでも禁止される代わりに、ただ異性だというだけで「愛する者」の資格が発生する。ジルベールが渾身の力をこめて拒否するのは、この異性愛の安直なルールだ。

山岸涼子の『日出処の天子』でも、両性具有の超能力者、厩戸王子《うまやどのおうじ》は、あからさまな女嫌いを示す。彼は蘇我毛人《そがのえみし》を恋しながら、同時に妻帯もするバイセクシュアルである。毛人の同母妹で毛人と近親姦を犯す刀自古郎女《とじこのいらつめ》と擬装結婚し、正妻の大姫《おおひめ》を処女妻のまま捨ておいて、言い放つ(図7)。

——わたしは女が大嫌いなのだ！
か弱さの仮面を被り、その下で男に媚《こび》を売る女というものがこの世で一番嫌いなのだ！

彼ら両性具有的なヒーロー、理想化された自己像が示す女性嫌悪を、女性のマンガ家はどんな気持ちで描き、同じく女性の読者は、どんな気持ちで読んでいるのだろうか。

女が示す女嫌いは、自分の属する性からの離脱のために、必要不可欠な遠心力である。この反発力によって、少女マンガ家は、少年愛の世界を、嫌悪するに足る女性性の汚染が及ばない高みへと離陸させる。したがって、少女にとって自己愛は、マゾヒズムに満ちたものである。

少年愛マンガに、少女は逸話的なノイズとして登場し、主人公に疎まれ、侮蔑され、

図6　竹宮惠子『風と木の詩』

図7　山岸凉子『日出処の天子』

放逐される。女性のキャラクターは、その冷酷で不当な扱いに、無力に歯がみするだけである。それは、理想化された世界に持ちこまれた少女たちの現実という裂けめを表わしている。

少女たちが不当な扱いに遭うのは、彼女たちが「女だから」である。それを彼女たちはよく知っている。少年愛を描く少女マンガ家の多くが拒食症の経験を持っていたり、拒食症をテーマにしたマンガを描くのは偶然ではない。大島弓子は文字どおり『ダイエット』[大島 1989]と題するマンガの中で、拒食症と過食症の間をゆれ動く思春期の少女を描く。少女のための少年愛マガジン『JUNE』にも、「よく拒食症の女性からの手紙がのっている」[中島 1984]。中島梓は、自ら拒食症の経験があることを告白している。しかも彼女によれば、「そのころ(拒食症にかかっていたころ)が少年愛への傾斜がいちばんつよまったときとぴったり一致している」[同上]。

拒食症は少女に第二次性徴が訪れる時期と、発症の時期が一致する。それは、少女が性的存在になる時期である。少女マンガ家は少年愛マンガの中で、女嫌いを思いきり表明したあと、今度は少年の主人公を、あからさまに性的な存在に仕立てあげる。主人公は、不当な性的扱いを受ける対象にもなるが、それはもはや「女だから」ではない。女嫌いの仕掛けで主人公を女性性からいったん切り離した後、作者は主人公をどのようにも性的な存在として扱うことができる。少年愛は〈性〉という危険なものを、少女の身体から切り離す安全装置である。

BILDUNGSROMAN

河合隼雄は『風と木の詩』小学館叢書版第一巻解説の中で、この作品を「少女の内界を見事に描いている」と賞賛してこう書く。

> 少女の内界は、この作品に示されているように、実に凄まじいものだ。……ジルベールの死は、むごく痛ましい。しかし、一人の少女が大人になるということは、これほどのむごさと痛ましさを背後に持っている。
> [河合 1988 : p. 368]

少女マンガを「成長の物語」として読むのはユング派の定石だが、河合は、「少女の内界」がなぜ少年愛のかたちをとらなければならなかったかについては、それが「もっとも妥当である」という以上に、多くを語らない。

もっとも通俗的な理解をすれば、「一人が死に、生き残った一人は死んだ方の少年を永久に忘れることなく生きるという筋道が適切に少女の成長の軌跡を物語っている」[河合 1988]という解釈は、自分の中の「少年」を殺した時、少女は大人の女になる、と読める。それを裏づけるように「死亡した少年を忘れてしまったとき、その人はまったく面白味のないオバサンになってしまう」と河合は付け加える。ユング派の解釈は、自由や奔放や快楽原則を殺して妻や母の鋳型に自分を押しこめることに成功した時、少女は大人になる、という通俗的な成長の物語にフィットする。

だが、「分身を失っても生きつづける対の片割れ」になることは、少女が自分自身を愛するのに、分身同士の愛というまわりくどい分裂した仕掛けをもはや必要としなくなることを意味する。

少女が分身愛の中にとどまっている間は、外界を遮断した自閉的な世界に彼女はたてこもっている。この世界は、少年愛の世界であることから、実らない世界、不毛の世界、大塚英志が指摘するように「生産者になることに待ったをかけられた少女たちの非生産的な文化」[大塚 1989 : p. 22]である。

成長は、この至福の調和をこわすノイズである。だがそれは、通常の「成長」の物語が示すような、非生産的な存在から生産的な存在への、使用を封じられた身体から使用可能な身体への、不毛な性から生殖への移行なのだろうか。

だが、その後に待っていたのは「成長」や「生産」ではなかった。「愛」を拒否された「一人」は、完全な孤独の中に放擲《ほうてき》される。分身を失った存在は、「性的な身体」として剝離されたまま、「単身者」のうちに封じこめられる。『日出処の天子』で厩戸王子は毛人《えみし》への愛を拒否されるが、そこに待っているのは深いニヒリズムである。そして「愛を失った者」は、最終的に「人間ではない」存在になってしまう。『日出処の天子』には、最初から厩戸王子に対して「人間ではない」という呪詛が基調低音のように鳴り響いているが、彼を「人間にする」のが毛人の愛だとしたら、愛を失った存在は、もはや完全な不毛、完全な孤立の中に陥るほかない。「成長の物語」の果てに待っているのは、調和ばかりではない。

二四年組の少女マンガ家は、SF的な未来図をしばしば描くが、そのどれもが黙示録的な破滅への予感に満ちている。

COUPLE

だがこの対等な分身どうしは、鏡像のように似かよっているわけではない。作者は究極の対の一方ずつに、対照的な性格をわけ与える。華麗／誠実、不道徳／道徳、肉体／精神、陰／陽――誤解を怖れずに言えば、ほとんど「女性的／男性的」な資質を。だが、ジェンダー・ポリティックスに汚染されない同性愛の世界では、この対照性は、異質だが対等の対をつくるための条件となる。しかもこの対照的な性格のどちらか一方に、作者や読者が同一化しているわけではない。この対照性は、彼女たちの「理想化された自己」の両義性を、その振幅のままに表現している。彼女たちは〈女〉になりたいわけでも〈男〉になりたいわけでもない。そのどちらにもなりたいのだ。その願望を対照的な分身どうしの対が体現している。

逆に言えば、「異質だが対等」の対をつくるには、同性愛という仕掛けが必要不可欠だったことを物語る。異性愛のコードがどのくらい「対(カップリング)の思想」を汚染するかについて、少女マンガ家はくり返し指摘する。

> 竹宮――恋愛ものもそうなのね、あれは対なものが一緒になってダンゴになっちゃうんだよね(笑)。異性間の恋愛ってそういう雰囲気が、普通のパターンなわけ。「個」っていう感じになっていっちゃう。「対」じゃなくなるのね、結局。
> 中島――そうやって混ざり合ってしまうのがいやだから男同志《ママ》というのが重大だったのかなあと今にして思う。　［中島 1984 : p. 212］
> 中島――対等のペアじゃないとカップリングが成立しないわけよね。……

竹宮——私は力が伯仲してるのを組み合わせたくなっちゃう。安定させることで話を決着させようという気はまるでないのね。

［中島 1984：pp. 215–16］

「異質だから対等」の関係は、調和ではなく葛藤の関係であることを、彼女らは見抜いている。むしろ、異性愛のコードが、その葛藤を阻害することも。

木原——私は葛藤を描くのが好きだから、女と男でも、男と男でもいいの。ちゃんと葛藤してくれるなら。

中島——女と男だと葛藤しないですぐ仲良くなるから男と男にするって面はあるわね。

木原——うん、あるある。男と女だとどちらかが必ずパッと折れるからね。それで……「同等」のドラマが生まれにくいというのがあるのよね。まあ、本当の同等ってありえないでしょう、必ず力関係で上下ができる。……

同等の力関係ってありえない、だからこそ、それを追いかけた少年たちの物語なの。

［同上：p. 227］

少年愛を描いた二人の少女マンガ家、竹宮惠子と木原敏江は、自分たちが少年愛という仕掛けを選んだ理由と、異性愛へのルサンチマンを、ほぼ同じ言葉で語っている。中島梓は、自分の美少年趣味がそれとはちがうことをくり返し表明し、木原に「それは好みの問題」とつっぱねられている。中島は「庇護する者と庇護される者」との間に成り立つ「親子的な愛」が自分にとってはかんじんだったと言う。

中島——私は片方が庇護されたくなくて一生懸命になってるという話はずいぶん書いたな。それで最後に片方が革命を起こして、同等になっちゃうんだよね。考えてみると、片方が自立して終わってしまう。 〔同上：p. 225〕

これもたしかに一種のビルドゥングス・ロマンだが、中島の物語が終わったところから、少年愛マンガの物語は始まる。それは「ポスト自立」のストーリー、自立した個同士がどのように「関係」を結べるのかについての実験的な物語である。その「実験室」は、変数をコントロールするために、ジェンダーという変数を注意深く消去することで成り立った。

異性愛の世界でなら、自立の物語は、一方が他方の庇護や権力や所有から離脱することによって終わる。だから、物語の終わりは、しばしば関係の破綻や別離のかたちをとる。自立した主人公のその後の物語は描かれることが少ない。異性愛の世界では「対等なカップリング」のモデルがあまりに知られていないからである。

中島は「男女関係よりもっと原初的なのは、親子関係の問題ではないかって気がする。男女関係の型をつくるのも結局親子関係によって成立する人間性がもとなわけだから」とフロイト主義まるだしの考えを表明する。「親子関係が原型」というのは、いったい誰が流布した「物語」なのだろう。竹宮は「日本の場合、男女関係もすぐ親子関係の類似になっちゃうのよね」と、それをやんわりと批判する。親子関係のように「安定」した時、「関係」は終わる。ほんとうは「実力が伯仲して」互いに葛藤が始まる時に、「関係」は始まる――竹宮が言いたかったのは、そういうことのように見える。

対等になった二者の間には、はじめて「関係」が、性と愛が始まる。少年愛マンガは、文字どおり、「愛」についての物語である。ジェンダーレス・ワールドにおける性愛の実験――七〇年代の少女マンガ家が試みたのは、そういう壮大な思想的な企図であった。そして「対等な対」をつくり出すには、「少年愛」というあちら側の世界を、きわめて人為的な設定でＳＦ的につくり上げるしかなかったというところに、彼女らの世代が生きたルサンチマンがあった。

SEGREGATION

フィリップ・アリエスの『〈子供〉の誕生』[Ariès 1973=1980]の〈子供〉には、性別がある。歴史的に最初に成立したのは、「少年期」であって「少女期」ではなかった。教育や訓練期間の延長のおかげで、男の子が少年期を享受している時も、同時期の女の子たちは、「小さな女」であった。社会史研究によれば、ヨーロッパ中世における女の子の養育期間は、男児に比べて著しく短い。七〜八歳にもなれば、奉公に出されたり売りとばされたりした。

少女期が成立するのはそれからずいぶんあと、大塚英志の『少女民俗学』[大塚 1989]が指摘するように、消費社会化が進行して、少女たちが身体的な成熟のあとも、性的に「使用禁止」の身体に封じこめられるようになってからである。生産と再生産とが先送りされることによって、少女たちはひたすら「消費する身体」となり、消費の表舞台の主人公の位置に躍り出る。

〈少年〉と〈少女〉は、このように成立の時期も事情もちがっている。〈少女〉はたんに、性のちがう〈少年〉ではない。〈少年〉と〈少女〉とは、全く異文化を生きている。

少年文化と少女文化が全く異文化であることは、性別に隔離されたメディアの中に明瞭に表われている。

渡辺恒夫は「少年と少女とがおのおの固有のジャンルを持って出発したというマンガ文化独特の制度」[渡辺 1989]と言う。それが「マンガ文化」に固有なのか、それとも日本独特の性別隔離 gender segregation 文化の所産なのかは問うまい。

渡辺は、少女マンガ家による少年愛マンガという「性別越境」の理由を「境界が、最初から可視化されていたからこそ、越境への魅惑と意味と意欲とが生じたのである」と言う。そして「性別分化ジャンルというストーリー・マンガの日本独特のあり方が、かえって多様なかたちでの性別越境の冒険を可能にし、マンガそのものの発展の原動力になってきた」と指摘した上で「男女が前思春期の一定期間、隔離されて精神形成の時期を過ごすことの意義は、振り返られてよいことではないか」と、性別隔離文化を持ち上げる[同上]。

〈隔離〉があったから〈越境〉があった、という認識は正しい。だが〈越境〉がもたらした文化的な達成の高さを評価するあまりに、〈隔離〉の制度そのものを肯定するのは本末転倒だ。それはまるで、抑圧されたアメリカ黒人のブルースに入れこむ余り、黒人差別を肯定するのに似ている。〈隔離〉の障壁が高ければ高いほど、〈越境〉のポテンシャルは高まる。少年愛マンガという「性別越境文化」は、作者と読者がともに置かれた歴史的な状況の産物である。渡辺の指摘するように、少女マンガがその「全盛期」を過ぎ、「しだいにマイナー化しつつある」のは事実である。冒頭に引いた中島梓の言葉どおり「美少年の時代は終わった」。それは、性別越境の「必要」じたいが減少したことを意味する。彼女たちは、もはや、美少年という「第三の性」に自己を投影するという遠隔操作をやらなくても、自分の性のままで自己愛を表現できるようになったのだ。

GENDERLESS WORLD

私の手もとにある『JUNE』一九八九年九月号の表紙には、こうある。

夏休みの心得

不純異性交遊はつつしみましょう

隔月刊のこの雑誌は、少年愛をテーマにしながら、書き手も女、読み手も女という奇妙な雑誌である。「少女」という「使用を禁じられた身体」(大塚英志)の持ち主にとって、「不純異性交遊の禁止」はブラックユーモアだ。なるほど、異性愛なら「不純」だが、同性愛ならＯＫ、というわけだ。しかもそれを男の世界に移すことで、少女は安全圏の観客席にいながらたのしむことができる。

この雑誌には、袋閉じのグラビアページがあって、「煩悩画廊別名EXCITING GALLERY」とものものしい名がついている。この秘密めかした袋閉じのページを開けてみると、出てくるのは、ＳＭの味つけをしたたわいもない同性愛のシーンである。タイトルや仕掛けのおどろおどろしさほどには、罪のない絵柄で、肩すかしを食わされる。だが、描くのも見るのも女というこの媒体の中で、少女たちは、レズビアン・ショウを見物する男性客の位置を、裏返して獲得したのだろうか？

アンドレア・ドウォーキンは『インターコース』[Dworkin 1987＝1989]の中で、異性愛が権力や所有からついに自由でないことを、執拗にあばく。異性愛のシナリオの通俗性は、今や黒木香のＳＭビデオがただのフリーク・ショウとして流通してしまうまでに、少女たちの間でギャグ化されている。彼女たちは、もはやこれまでの異性愛のシナリオを「共演」するつもりはない。そうしようとすれば、「つい笑ってしまう」しかないくらい、彼女たちはさめている。

だが、異性愛のシナリオに代わる〈愛〉の物語を、まだわたしたちの文化はつくり上げていない。少年愛マンガは、ジェンダーにふかく汚染されたこの世への、少女マンガ家のルサンチマンが産んだジェンダーレス・ワールドにおける〈愛〉の実験である。そしてそれは同時に、〈恋愛〉の最後の可能性の追求でもあった。

究極の〈対《つい》〉

遍在する男女合体仏(ヤブユム)

チベット仏教は、ヤブユムと呼ばれる男女の合一を無上の宗教的な解脱とするタントリズムを教義に持つ点で、世界の宗教の中で特異な位置を占める。おおかたの宗教は、性的欲望を救済の妨げと見なし、禁欲を含む欲望の統制を求めるのに対し、チベット仏教は、それと反対に、大胆に性的合一を悟達の行の中にとり入れるからだ。

フィリップ・ローソンは『聖なるチベット』[Rawson 1991＝1992]の中でこう書く。

「性的な結合は、最もレヴェルの高い成就を超越的な歓喜という形で体験できることをも意味している。これは、サンスクリットではサハジャ(倶生)と呼ばれ、性的な恍惚はその隠喩であると同時に実践方法でもある」[同上：p. 22]

だが、おおかたの宗教の常識に反する、性的結合の教義への大胆なとり入れは、多くのチベット仏教研究者たちを困惑させてきた。とくに禁欲を持戒としてきた日本仏教の影響下にある人々は、困惑し不快をかくさない。今世紀の初めに大蔵経のチベット語訳を求めてチベットに入った僧、河口慧海は、チベット仏教についてこう述べている。

「大欲は大菩薩性なりといって、人間の中でいちばん大なる欲は女色を求めることであり、女色を愛しているうちに無我の本体に到達して大菩薩性を得るのである。……私が持ち帰った経典の中にも、この宗派の秘密部の書物がたくさんあり、これは社会に公にするのはほとんど困難なぐらい猥褻なものである」[河口 1978：pp. 282–283]

河口の記述には、他にも「言うにはばかられる」「口にするも汚らわしい」などの表現がしばしば出てくる。自ら求めて仏法を学びに行った先で直面した自分の戒律に反する教義を、河口は僧侶の堕落や頽廃として解釈しようとする。

当代チベット学の最高峰、山口瑞鳳も、チベット仏教の中のタントリズムに対しては、河口と似たような拒絶反応を示す。「日本のチベット」と言われるような「チベット」の差別的な用法に怒り、チベット仏教の知的な達成に尊敬と讃嘆の念をかくさない彼が、タントリズムに言及する時には、いつもの筆の冷静さと客観性が感情的な反発にとってかわる。

一九世紀清末の思想家、魏源(一七九四―一八五六)による「喇嘛《ラマ》教」の紹介を引きながら、魏源が「いわゆる歓喜仏」(ヤブユム像)を「この画像は元朝に見た痴態であり、律にそむき、公開すべきでないとしている」[山口 1987：上 p. 63]、その上で山口は「当然の感想であろう」とコメントし、チベット仏教に対する弁明を次のようにつけくわえる。

「しかしチベット人はインドから伝えられたこの画の教えを『仏説』にもとづくものと信じて、この絵を猥褻な意味に感じないように訓練されてきたものらしい」

山口によれば「わが国や中国におけるチベット仏教の評価」とは「……在家タントラ仏教の痴態がチベット仏教の本質を露呈していて、この絵が左道密教の堕落ぶりを象徴している。チベットには戒律を守る僧がいないのだ、という結論にまで一気に飛躍する」ようなものだが、彼の解釈では、これは「しかし、すべて事実に即していない。邪推というほかはない」[同上：上 p. 64]。

この「邪推」が生じた責めは、山口によれば、活仏信仰や神降ろしと同じく、ニンマ派にあるとする。

「ニンマ派は九世紀から十一世紀にかけての混乱した時期に、民間信仰と無原則な混淆をしてしまった。彼らは在家密教のもっていた本質的な欠陥をその時期に露呈して、全チベットのひんしゅくを買ったのであったが……パドマサンバヴァを頂点とするニンマ派の教学は今日も、チベットの下層民を中心としたあらゆる階層に隠然たる勢力を保っている。……世間では、チベットの宗教をニンマ派のそれをもって代表させる人が多い。こうした人々はチベットの宗教を『ラマ教』と名づけ、チベット仏教一般とゲルク派のようなみごとな教義体系をもつインド系の正統仏教もふくめて蔑視したり、誤った評価を加えたりしている」[同上：上 pp. 146–147]

山口によればチベット仏教の中のタントリズムは、仏教本来の姿からの逸脱や頽落の姿であり、それをもってチベット仏教を判断するのは、チベット仏教に対する無知や誤解の結果だということになる。タントリズムを「猥褻」「痴態」と呼んではばからない山口は、その中に立ち入ってタントリズムを論じようとさえしない。

ヤブユムを肯定的にとらえるローソンもまた、例外ではない。

「チベット仏教の四大宗派のうち、最古派のニンマ派は実際にタントラ的な行法を実践するが、他の三派(ゲルク派、カギュ派、サキャ派)ではイニシエーションにおける視覚化の瞑想を通して象徴的に行われるにすぎない」[Rawson 1991 = 1992：p. 22]

「もっとも、本来の金剛乗では、女性の超能力者の力を借りてイニシエーションを授けたり、瞑想の実践の基盤として性的な結合が利用されたことは疑いえない」とローソンはつけ加えるのを忘れないが、それも「金剛乗の瞑想法も初期の段階では、実際のパートナーと性的な結合をしながら瞑想し、自分の体内にあるエネルギーを放出しないで、パラーヴリッティ、すなわち逆流と呼ばれる方法でこれを内側へ向けた。時代が下ると、男性も女性も実際のパートナーを必要としなくなる。各自が自分の投影能力を利用してまとめ、自分の内的なパートナーを育てるようになる。真の創造的な自我の半分とも言えるこの内的なパートナーとの結合は、歓喜の体験(サハジャ)を生み出す。これは、いかなる肉体的な快楽よりも快美なものである」[Rawson 1991＝1992：p. 23]。

ローソンも、実際の行よりも象徴的な行の方が価値が上だという考えをくり返している。ヤブユムでは男尊は方便を、女尊(明妃)は知慧を表わす。方便と知慧の合体による究極の悟りを、男女合体尊はただ象徴的にさし示しているだけであり、その実践を示唆しているのではない、と言う。かりにほんとうに実践された時期があったにしても、それは初期のプリミティヴな段階で、やがて象徴的な解釈がそれをのりこえていく……タントリズムを「猥褻」や「痴態」から救う道は――実際にはそれを「猥褻」と見る観察者の眼があるだけだが――それをシンボリズムに置き換えることだと、考えていたかのようである。

だが、教義の解釈はどうであれ、チベット仏教画のイコノロジー(図像学)は、至るところで、圧倒的な力をもって、ヤブユムの姿を示す。図像にあらわれたものをありのままに読めば、そこには、男女の性的合一が究極の悟りに至る道であることを示すメッセージが赤裸々にある。とりわけ文字を読めない在家の仏教徒たちにとって、マンダラと同じく、図像の示すメッセージは強烈で疑いようがない。

パンコル・チョルテンの饗宴

ラサから約三〇〇キロ、中央チベットの町、ギャンツェに、チベット仏教美術の宝庫、パンコル・チョエデ(白居寺)がある。一五世紀に建立されたこの大僧院には、高さ約三七メートル、底辺が一辺約五二メートルに達するチベット最大の仏塔、パンコル・チョルテンがある。パンコル・チョルテンについては、一九八六年東北大学西蔵学術登山隊人文班に参加した奥山直司の報告に詳しいが、彼によればパンコル・チョルテンは「アジア仏塔史が生んだ最高傑作の一つ」[奥山 1989：p. 132]であると言う。

パンコル・チョルテンは回廊状の遶道《にょうどう》をめぐりながら、基壇五層、内部八階建ての塔を最上階まで登りつめるらせん状の構造を持っている。遶道の周囲には合計七五に及ぶ龕室《がんしつ》があり、仏像と仏画で埋めつくされている。それらの諸尊は、「所作《しょさ》・行《ぎょう》・瑜伽《ゆが》・無上瑜伽というタントラの四階梯分類を軸として……分類・配列」[同上：

p. 150]されている。そして「無上瑜伽タントラは……女性のパートナーを使った性的な密儀を悟りへの糧《かて》として大胆に取り入れている。」[同上：pp. 150–151]

この無上瑜伽タントラは、最上階の本尊、持金剛の直下、六、七階に集まっている。奥山はそれを「ここに集う神々のうちでわれわれにもっとも強烈な印象を与えるのは、やはり六、七階に集結した無上瑜伽の神々であろう」[同上：p. 151]と表現する。

一九九二年夏、わたしは機会を得て、パンコル・チョルテンを最上階までめぐることができた。チベット仏教美術の多くは、一九六六年から七六年にかけての文化大革命の嵐の中で毀損された。現在眼にする仏像や軸装の仏画(タンカ)の大半は文革以後の僧院修復の過程で新しくつくられたもので、美術史的にも価値が低い。だが、ギャンツェのパンコル・チョルテンの仏画は、文革期に、信者が紅衛兵による破壊を怖れて六階以上を塗りこめたと言われるもので、例外的に破壊を免れ、一五世紀当時の姿を保っている。開口部の少ない、光も射さない漆喰《しっくい》の塔の中の壁画は、色調の保存状態もきわめてよい。

巡礼たちは基壇から七五室の龕室をらせん状にめぐる。それ自体が「世界樹」である仏塔の内部を、頂点までせり上がる。奥山の表現を借りれば「このパンコル・チョルテンは、そうしたマンダラ的理念を個々のマンダラ以上に完璧に具現した大宇宙の構造モデルであり、またそれは、持金剛を中尊として無数のマンダラを内に包みこんだ『マンダラのマンダラ』[同上：p. 144]とでも言うべきものである。この貴重な遺産のあとを、巡礼たちは狭い通路の暗がりの中、壁画に無遠慮に手をかけてすすむ。この「世界の中心」への象徴的な旅の中で、ヤブユムの置かれた位置は、それこそがもっとも究極の解脱への道であると、どんな教義にもまして雄弁に、その旅の経験者に教えないだろうか。そこにはおびただしい祖師や阿弥陀、ターラー(女神)像にまじって、単独では完結しない〈対《つい》〉のシンボリズムが、図像的なメッセージとして圧倒的に提示されている。

この疑いようのない図像学的なメッセージを前にすると、タントリズムの行を「象徴的なパートナーとの合一」とか「方便と知慧の合一のシンボル」と読みかえるさまざまな主知主義的な解釈は、そこにあるものを否認して、チベット仏教を「邪教」視から救いたい論者のバイアスにすぎない気がしてくる。もしくは救済というものを、個体のエコノミーに還元して、パートナーを手段視する見方の反映のように思える。わたしはほとんど、オナニストの見方の、と言いたいぐらいだ。幻想的な他者を動員してのもっともうまくいったオナニーは実際の性交にまさる、といわんばかりの、オナニストの見方の。あるいは、うまくいった性交とは、それぞれ他者身体を利用してのマスターベーションにすぎない、という見方の。

だがヤブユムが〈対〉の姿で示す解脱のイコノロジーは、菩提樹の下で瞑想するシャキャムニの単身が示す静謐と、決定的に違っている。それは解脱が単独では完結しないことを、何よりも雄弁に語る。菩提樹のもとの釈迦を誘惑しにあらわれる女たちが、悟りに邪魔なノイズにしかならないのとは逆に、ここでは、性的な他者が解脱への不可欠なパートナーであることが、これ以上もなく明らかに示される。

もちろんヤブユムのイコノロジーを虚心に見れば、男尊に対して女尊が傍役《わきやく》的に描かれていること、ローソンが「男性の修行者は女性のパートナーを、女性の修行者は男性のパートナーを」と互換的に言うようにはイコンは表現されておらず、男性視点中心に描かれていることは明白である。

パンコル・チョルテンには、低層階におびただしい単独の仏陀、祖師、ターラー(女神)像が、上階の無上瑜伽、父《ぶ》タントラ、母《も》タントラにはヤブユム(父母《ぶも》化《か》とも呼ばれる)像があるが、低層階のうち一階の龕室にだけ、おもしろい例外がある。それは自分より小さい男尊を横抱きにした女尊像である。この女尊と男尊は性的結合をしておらず、かと言って母子と見なすには、男尊は成熟した姿をしている(図1)。

あたりまえのことだが、図像を見るとき、男性の鑑賞者は男性の性別を持つ図像を、

図1　チベット・ギャンツェのパンコル・チョエデ(白居寺)にあるヴァスダーラー(持世菩薩)とその夫ジャンバラのヤブユム(合歓仏).女尊が男尊を横抱きにして膝の上にのせている珍しい構図.(写真：松本榮一)

女性の鑑賞者は女性の性別を持つ図像を自分と同一化して見る傾向がある。わたしは、イコノロジーにおけるジェンダー・アイデンティフィケーション(性別同一化)を問題にしている。アイデンティティの核にジェンダー(性別)がある以上は、どんな図像もジェンダー・アイデンティフィケーションから逃れられない。性別の特定しにくい図像にも注意ぶかく見ればジェンダーの記号は描きこまれているし、それが特定されなければ、鑑賞者との距離のとり方(参加のしかた)が決まらない。ジェンダーが違えば、図像の主はそれだけで「他者」になる。SMもののポルノに女性がしばしば不快感を覚えるのは、苦痛を受ける側に自己を同一化するからである。もちろん、女性鑑賞者が加害者の側に同一化して興奮を覚えることもありうるけれども、そのとき彼女の視線は「性転換」していると考えられる。

多くの仏師や絵師が男性だったと考えると、そのうえ寺院を守る僧の大半が男僧だったと考えると、図像が男性中心的な視点で描かれているのは不思議ではない。女尊に横抱きにされた男尊に、男性の鑑賞者はどんな感情を抱いただろうか。チベット仏教の中のターラー(女神)信仰は根づよく、救済への道のりに自分を抱きとってくれる自分より強大な女神の存在は、歓迎すべきものであったにちがいない。性的な他者への不可欠な依存は、チベット仏教のイコノロジーの中で、さまざまな形で描かれる。図像のシンボリズムの中での〈対〉の関係と、現実の生活の中での男女間の関係や女性の地位との落差はどうなっていたのだろう、と野暮な問いは控えておこう。ここでは、チベット仏教の中での圧倒的な性的な〈対〉の存在と、それが世界の宗教の中で、きわめて特異な位置を占めていることを確認すれば十分だ。

母子〈対〉のエロティシズム

宗教的な超越の契機として〈対〉が果たす役割は、チベット仏教にだけ、固有だろうか？　宗教画における〈対〉の遍在が、チベット仏教に特異だと、ほんとうに言えるのだろうか？

わたしはただちに、地中海圏におけるキリスト教美術の、圧倒的な〈対〉の遍在、それもヘテロセクシュアルな〈対〉の遍在を思いおこす。それは聖母子像である。十字架のイエスの、無力きわまる孤独な像の傍に、ときにはそれを押しのけて、地中海圏の聖堂には、この母子〈対〉が到るところに遍在している。プロテスタンティズムは神との直接な結びつきを強調するために聖母の媒介を否定したが、カソリックとギリシャ正教のイコンの中では、聖母像および聖母子像は、しばしばキリスト像以上に重要なシンボリズムの中心を占めている。

聖母子〈対〉は、聖母のセクシュアリティがキリスト教の教義の上で否定されているために、性的な〈対〉とは見なされにくい。聖母子像を性的な〈対〉と呼べば、その異端的な解釈に眉をひそめる人も多いだろう。だが、聖母子像のイコノロジーは、それが明らかに、ヘテロでセクシュアルな〈対〉であることを示す。「性的」ということの意味を「快楽の性」と「生殖の性」に分離する性的二重基準（セクシュアル・ダブルスタンダード）の持ち主だけが、そしてその中で性を「快楽の性」だけに還元する見方の持ち主だけが、聖母子像を「性的な〈対〉」とする見方に異を唱えるだろう。

女にとっては、一瞬で終わる交合だけではなく、それから始まる長い妊娠・出産のプロセスのすべてが「性」である。妊娠した時点で、事実上、男の役割は終わる。キリスト教の教義がマリアの処女懐胎を教え、キリストの誕生に関わる男の役割を否認していることを、長い間わたしはいぶかしく思ってきた。福音書の冒頭で、キリストの養「父」、ヨハネの長いながい父系的な系譜を述べたあとで、そのヨハネと何の関係もなく、どこの馬の骨かわからぬマリアが「処女懐胎」でキリストを産んだというこの肩すかしを、キリスト教という父権的な宗教にとっての不可解な謎と思ってきた。父の介在を拒絶する聖母子像の前に跪《ひざまず》きながら、男はそれをどう見てきたのだろうか、と。

だが。男が「父」の立場に同一化すると考えれば、「父の拒絶」は謎となる。ジェンダー・アイデンティフィケーションにはもう一つ、男が「父」でなく「息子」に同一化するという解がある。そう考えると謎はいっきに解ける。聖母の腕の中で安らぐ前エディプス期の息子。「父の介在」は、エディプス期の開始を意味するから、「父の拒絶」はエディプス期の拒否でもある。エディプス期が来ない限り、永遠に無時間的な母子一体化の中でまどろみつづける息子＝ボク。十字架のイエスと同じく無力と受動性のきわみにいながら、「父」から見捨てられたイエスと違って、この幼な子は全き充足の中にいる。しかも聖母子〈対〉のイコノロジーは、息子にとってこの充足が母という他者に全面的に依存していることを、否応なく示すのだ。もしそうだとしたら――わたしはカソリック圏に広がる聖母子像に、こうまで臆面もない男の欲望の露出を見て、思わず顔が赤らむほどである。チベット仏教のヤブユム(男女合体仏)が「猥褻」なら、この母子〈対〉は同じくらい「猥褻」ではないのか?

産み育てる母のシンボリズムは、「授乳する聖母」像に、より鮮明にあらわれる(図2)。わたしは東欧への旅で初めて「授乳する聖母」のイコンに接し、胸をはだけて乳を与える聖母の姿にショックを受けた。それ以来、「授乳する聖母」の分布に関心を持ってきた。

図2 カンピン「火よけ衝立の前の聖母子」14世紀. 胸をはだけて授乳する聖母. 乳首を自分の手で刺激する姿はエロティックでさえある. 時代とともに授乳する聖母の像は姿を消した.

石井美樹子の『聖母マリアの謎』[石井 1988]は、ズバリ「授乳の聖母」を扱った得がたい研究書である。彼女によれば、「授乳する聖母」は「初期キリスト教の時代に、すでに絵画のモチーフとしてとりあげられていい」[石井 1988：p. 22]る。

「子に乳を与えるマリアのイメージは、ゲラシウス一世(五世紀末：引用者注)によって聖書外典が禁止されていらい、西洋のキリスト教界からは、ほとんど姿を消してしまいました。

しかし、禁止令が発令されるころまでに、初期キリスト教のマリア崇敬はすでに地中海沿岸の諸地域に浸透しており、イエスに乳を与える聖母像が礼拝の対象になっておりました」[同上：pp. 24-25]

その後、「授乳する聖母」像は一二世紀から一四世紀にかけていったん復活するが、「ルネッサンス時代に入ると、授乳する聖母像は急速に姿を消してゆきます。ギリシアやローマの文芸が復興し、裸体画や裸体の彫像まであらわれますのに、乳房を出した聖母像は少なくなってゆきます。というのも、清潔と清純を尊ぶピューリタンが、胸をあらわにした聖母像をまっさきに攻撃したからです」[同上：p. 60]。

彼女の指摘にも明らかなように「授乳」や「乳房」から、キリスト教徒が、少なくともピューリタン的なキリスト教徒が、性的なメッセージを受けとったことはまちがいない。でなければそれを抑圧する必要もなかっただろうからである。「わたしは美術史家ではありませんので」と謙遜する石井さえ、「授乳する聖母」のさまざまなイコンを解説しながら、「うっすらと赤みをおびた乳首を二本の指ではさみ、乳房をかるく抑えて乳を出す聖母の様子は、どきっとするほどリアル」[同上：p. 40]、「うつむいたマリアの視線やしぐさなどに遠慮はありますが、なにかエロティシズムさえ感じられる」[同上：p. 59]と描写する。

この「エロティシズム」は誰にとってのものだろうか。「母」を性的な他者として欲望する成熟した男性＝父にとって？　だが「父」の役割は妊娠の時点で終わっており、授乳の母子一体感の中で「父」は疎外されている。だがこの乳房を独占する幼児＝息子にとっては、もしフロイトの言うとおり幼児が多型倒錯的なリビドーの持ち主であるなら、ここにこそ遍在するエロスの原型がある。エディプスの物語を発明したフロイトは、もっとも父権的な社会の住民であるが、ここにはエディプスの物語に汚染される以前のエロティシズムがある。

「授乳する聖母」像は、女性信者のジェンダー・アイデンティフィケーションにとってもつごうがよかったに違いない。産み育てることがエロスだと、授乳が性的な快だと、女は熟知しながらそれを暴かれることを怖れていたのではあるまいか。「授乳する聖母」に女性の鑑賞者が「どきっとする」のは、その女の側の欲望があらわにつ

図 3　喜多川歌麿「山姥と金太郎」18 世紀．あまりにも煽情的な日本の授乳図．金太郎は一方の手で空いた方の乳首をもてあそんでいる．(平木浮世絵財団蔵)

きつけられるからだ。

母子〈対〉が性的な〈対〉であることを、日本の絵師たちは、よく知っていた。江戸時代の浮世絵師、喜多川歌麿は、「授乳する女」の図をいくつも描いている。「山姥と金太郎」の図(図3)は、伝承の中で金太郎が山姥の「養《やしな》い子」だということを承知していなければ、母子姦的なニュアンスさえ感じられる絵である[上野 1987]。「鮑《あわび》とり」

も「乳呑せ」も「山姥と金太郎」の構図に酷似している。豊かな乳房にむしゃぶりつく男児。彼は空いている方の乳房の乳首を指でつまんで刺激している。実際の乳児はこんなことをするものだろうか。この図柄は「危《あぶ》な絵」すれすれと言っていい濃厚なエロティシズムに満たされており、男のみならず女も、目にしたときに「どきっとする」だろう。

究極の〈対〉？

「ヘテロ」で「セクシュアル」な〈対〉のとりうる可能性を、性的に成熟した男女の個体同士の組み合わせに限定する必要はない。「性」を「性交」に限定する見方だけが、それを「エロス」と、そして裏返しに「猥褻」と見る。

「ヘテロ」で「セクシュアル」な〈対〉には、論理的に四つの組み合わせがある。「夫婦対」「兄弟姉妹対」「母子対」「父娘対」の四つである。このうち前二者と後二者を分かつのは「世代」の変数である。最初の「夫婦対」と他の三つは、「非親族」と「親族」のカテゴリーで分類される。夫婦対とは、つまり他人同士のヘテロな〈対〉のことだ。ひるがえって「親族」カテゴリーは「性の禁止」によって定義されるだろうか？　それどころかオセアニア圏では、兄弟姉妹婚の近親婚は、王族にだけ許されたた超越的な聖婚であった。母子対、父娘対も世代という性の時間性を間に含むことで、――もし性を快楽に限定しないとすれば――おそろしくセクシュアルな対である。この四通りの対の組み合わせの中で「父娘対」が宗教のイコノロジーの中にほとんど発見されないとなれば、作者＝読者である男たちは、「父」であることをではなく「息子」であることの方を選んだのである。そして宗教がどこかで人間存在の「全き受動性」とつながっているとすれば、それは少しも不思議なことではない。

チベット仏教のヤブユムから出発して、「遠くまで」来すぎただろうか？　いや、チベット仏教の中の性的な〈対〉の氾濫にわたしたちが「驚く」とすれば、キリスト教世界にこうまで臆面もなく氾濫する聖母子〈対〉のエロティシズムにも、わたしたちは「赤面」せざるをえないのだ。〈対〉のイコンは、「ひとりでは完全でない」と見る者に伝える。そして自分の快楽が性的な他者に依存していることを、否認しようのない仕方で示す。その〈対〉のイコンを仰ぎ、守り、行をおこなってきた（主として男性の）聖職者たちにとって、性的な〈対〉と母子〈対〉の、どちらが究極の〈対〉だったのだろうか。

V　グッバイ・ダディ

フロイトの間違い

フロイトのパパとママとボク(フロイトにとっては、いやフロイトに限らずこの時代のすべての男性研究者にとっては、エゴとは男性のことだ)の三角形の物語は、今となっては、らちもない妄想の産物だと思える。それにしても、このはた迷惑な物語の、二〇世紀における影響力はなんと大きかったことか!

すべての息子はその母親と近親相姦の欲望を抱いているとか、父親はそれに対して去勢恐怖をもって母子関係にくさびを打ちこむとか、ママを断念した息子の頭のなかには、超自我という名前の「小さなパパ」が棲みつくとか、いったい誰が、そんな荒唐無稽なつくり話をつくり出し、そして信じたのだろう。そのうえ、フロイトはこの物語を個人の成長についてだけではなく、文明史の過程にまで適用した。彼は『モーゼと一神教』のなかで、原初の父殺しとそれから発生する兄弟同士の連帯を、社会の起源と見なした。そして父殺しと母との近親相姦の複合を、ギリシャ悲劇の主人公の名前を借りて、「エディプス・コンプレックス」と名づけた。

フロイトの仕掛けは用意周到だ。「無意識」という、誰にも見ることも触れることもできないものを発明したために、これが無意識なんだと言われれば、証明も反証もあらかじめ封じられている。あとは「信じる者は救われる」。その無意識の中身にはリビドーという性的欲望がいっぱい詰まっていて、何を見ても性的に反応することになっている。ペンを握れば男性器を、靴に足を入れれば女性器を。人間を色情狂の動物にしてしまったのもフロイトだ。何か崇高なことをすると、「性欲の昇華」という概念が待っている。この解釈装置からは、逃れることができない。

「無意識」の形成は、三歳までの言語形成期、つまり前エディプス期に完成する。だから三歳までの子育てに失敗すると取り返しのつかないことになる、と「三歳児神話」ができあがる。母親の影響が生涯を決すると言われて、女はすくみあがる。「多型倒錯」的な性愛の持ち主である前エディプス期の子どもにとって、授乳は口唇性愛、じっとこらえてぐっと出す排便は肛門性愛の快感、なんだそうだ。それで授乳と排便のしつけが、子どもの人格形成にとって決定的になる。それを愚直に信じこんだ「文化とパーソナリティ」学派という人類学者の一群がいた。彼らは、授乳法と排便のしつけがその民族の性格類型に影響するという仮説をたてて、世界各地に出かけたが、人間が大人になるプロセスにはそれ以外の多様な要因が働いているというあたりまえの事実を発見して終わった。

パパ―ママ―ボクの物語のなかには、娘の居場所がない。フロイトは息子の成長の物語をエディプス・コンプレックスという名で語ったが、娘の成長の物語を語らなかったと思う向きには、エレクトラ・コンプレックスという概念が用意してある。ペニスをママのおなかの中に忘れてきた娘は、母子相姦の欲望を持たない。何故なら、ペニスとは欲望の代名詞だから。そのうえ、母と娘の結びつきに父親は割って入る理由がないから。娘はペニスがないことで、生まれ落ちたときからすでに去勢されているから、去勢恐怖で脅しても意味がない。したがって娘の成長の過程には、超自我という名の「小さなパパ」、すなわち良心の声(両親の声、か?)が形成されない。だから女性は、男性に比べて、倫理的に劣った存在だ……。ちなみにこの説を、「母性社会」日本に応用すると、母と息子のあいだに割って入る父性の欠如した日本人は、国民全体が倫理的に二流の存在だということになる。

フロイトにとって「治療」とは、あるべき「男らしさ」や「女らしさ」に現実の男や女を「適応」させることであり、少しでもそれに不適応を起こす者は「神経症」と見なされる。したがって、ヒステリーの女性は、性的欲望を抑圧した結果であり、その「女らしくない」欲望自体は、「ペニス羨望」(男になりたい)という分不相応な望みから出てくると解される。女性にとって「治療」とは、男に対する劣等性を内面化する過程なのである。

ついでに言っておくと、フロイトによれば、「正しい」成長のプロセスとは、性的欲動の充当(リビドー・カセクシス)が、多様な対象に向かう「多型倒錯」的段階から、口唇期、肛門期をたどって、性器期に至って完成する。したがってアナル・セックスに固着する同性愛者は「ビョーキ」であり、「治療」の対象となる。口からくわえタバコを離さないオジサンも、口唇期に固着する未熟者(!)ということになる。フロイトが定義する「正しいセックス」とは、男性器を女性器に挿入することで互いに快感に達するものだけをいい、それ以外のすべてのセックス、前戯も後戯もオーラルもアナルも、ぜーんぶ「倒錯」もしくは「未成熟」のしるしである。フロイトおじさんは、そんなにつまらない性生活を送っていたのだろうか。

こうやって彼の説をたどりなおしているだけで、こんなバカげた話、誰が信じるものか、と思うが、精神分析はあたかも二〇世紀の疫病のごとく蔓延し、分析医のもとに通う人々は自分の生育歴を、フロイトの鋳型に合わせておびただしく再生産してきた。男はまだいい。いずれは抑圧者たる父、「小さな神」になれるから。女はどーすればいいんだ？　生まれる前にペニスを去勢され、少しでも規範にはずれたことをすれば「ペニス羨望」だ、「神経症」だと宣告される、女は？

フロイト理論が女にとってワリがあわないことに、女性はとっくに気がついていた。フェミニストがまっさきに攻撃したのはフロイトだった。リブの古典、ジュリエット・ミッチェルの『精神分析と女の解放』[Mitchel 1974＝1977]が刊行されたのは一九七四年。それは精神分析を女の立場から読みなおし、内面化された性差別の抑圧性を暴こうとしたものだった。それ以降、フロイト理論を換骨奪胎し、女性の抑圧を解きあかすために逆利用しようとする試みは、フェミニズム批評をはじめ、あいついでいる。たとえばエレクトラは、父アガメムノンを愛人と謀って殺害した母、クリュタイムネストラを、弟をそそのかして殺そうとした、ギリシャ悲劇に出てくるファザコン娘だ。母より父を選ぶことで母と対立するこの娘は、女同士の連帯を分断する家父長制の産物である。三枝和子は『男たちのギリシア悲劇』[三枝 1990]の詳細な分析をつうじて、子どもがそこから出てきたことが確かな母子関係を否認して、確かめようのない父娘関係に殉じるという離れ業が、文明史の過程でどうやって出てきたのかを、あとづけている。

フロイトにも、『女性の心理』[Deutsch 1944]を書いたヘレーネ・ドイチュやカレン・ホーナイ[Horney 1967]のような女弟子たちがいる。彼女たちの著作は、フロイトの説をどうやって娘の物語に読み替えるかという悪戦苦闘に満ちている。自分にとってあきらかに不利な説を、彼女たちがどうやって受け入れたのかは疑問だが、彼女たちの説は、女の劣等性を証明するフロイトの女代理人のおもむきを呈している。だがフェミニズム以後の著作、ジャネット・セイヤーズの『二〇世紀の女性精神分析家たち』[Sayers 1991＝1993]によると、彼女たちがどうやって精神分析の女性抑圧性から抜けだそうとしたかという痕跡が、再発掘されている。フェミニスト精神分析には、その前史がある。

それにしても近代家族のなかで「息子が父になる物語」「娘が母になる物語」としては、フロイトの説はよくできている。それは、フロイト理論そのものが、近代家族の産物であるからだ。結果を原因ととりちがえてはならない。フロイト自身が、厳格で抑圧的な、家父長制的な家族のなかで育ち、またみずからそういう家族の家父長をつとめたことはよく知られている。その専門的なジャーゴンの見かけにもかかわらず、フロイトの説は、彼が生きた時代の通俗的な性道徳に、驚くほど一致している。必要なのはフロイト理論を脱構築し、歴史化することである。

家父長制的な近代家族が産んだ理論が、家父長制的な近代家族をよく説明するのはあたりまえである。だがわたしたちはここでもう一歩、問いに踏みこまなくてはならない。家族の物語そのものが、近代の産物ではないのか？　記憶以前の生育歴を執拗に問い、現在の障害をすべて親子関係のトラウマに還元しようとするこの熱病のような「家族という病」は、家族が共同体から分離し孤立したあとの、近代に固有のビョーキではないのだろうか？

人間は家族によっても造られるが、家族以外の要因によっても造られる。三歳までの生育歴がその後の生涯を決するほど、人間は単純な生き物ではない。ひとは問題を抱えて精神分析家のもとを訪れるが、「あなたのお母さんとの関係は？」「無意識のうちに抑圧している生育歴上のトラウマはありませんか？」という「家族の物語」に、わたしたちはうんざりしているのだ。それどころではない。「家族の物語」が滅びかけている近代家族を再強化し、家族のなかの弱いメンバーを抑圧することで生き延びることに手を貸すとしたら、それは、はた迷惑なだけでなく、犯罪的でさえある。

DADDY'S GIRL

DADDY LOVES ME

あたしが小さかった頃、父はあたしに自分をダディと呼ばせようとした。あたしが意味もわからずにダディと呼ぶと、パパと呼ばれたときより彼は何倍も相好を崩した。砂糖壺の蟻みたい――と母は形容した。その反応があまりに顕著だったので、あたしは何か恥ずかしいことをしている気分におそわれた。

一三歳であたしは父をパパと呼ぶことをやめた。ずっとおそくまで母のことはママと呼んでたのだから、あたしはやはり恥ずかしかったのだ。あたしが一三歳のとき、とつぜん父をオヤジと呼び出したときの、父の困惑と失望、怒りを、あたしは忘れない。

＊

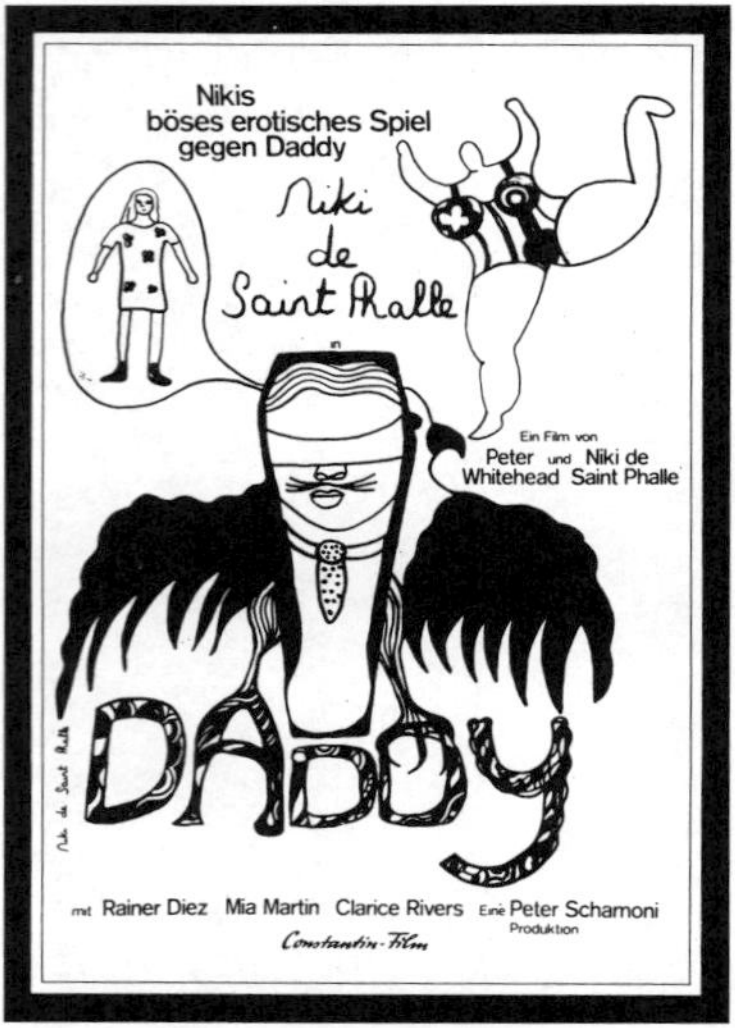

図1 映画『ダディ』のポスター．原作ニキ・ド・サンファル，演出ピーター・ホワイトヘッド，1973年カンヌ映画祭出品作．

ニキ・ド・サンファルの映画『ダディ』は、わたしに幼い頃の記憶をいっきょに思い起こさせる(図1)。ニキはわたしだ、とフロオベエルにならって言いたい誘惑に駆られさえする。演出のピーター・ホワイトヘッドが言うように「この映画には自分にかかわりのあるものは何もない、という人は自分がこの抑圧からのがれていないことを示すだけである」[スペース・ニキ編 1980 : p. 17]――少なくとも、父と母から生まれた者にとっては。みなし児である幸運を持った人たちは幸いだ。父と母と子の三角形の物語《ストーリー》から、誰ひとりとして自由でない。フロイトはこの〈家族〉の物語を、息子の側から描こうとした。ニキは同じ物語をまったく娘の側から書き換えようとする。

だが、エディプスの三角形の娘版は、ほんとうにエレクトラの三角形だろうか？　エレクトラは、父の仇を討つために、夫殺しの罪で母クリュタイムネストラを殺す。エレクトラの物語は、女エディプス、つまり去勢されたエディプスの物語だ。ジャーメン・グリアが指摘するように、フロイトの物語の中では、女はいつも「去勢された男」の代名詞にほかならず、なくしたペニスを羨望するあわれな存在だ。田嶋陽子は言う。

悲劇『エレクトラ』は、エレクトラが母の娘から父の娘になるための通過儀礼の経過報告である。〈娘の母殺し〉は、娘が父権制社会に受容されるために父の有利と優位を認めることが、あらゆる抑圧や社会的不利益(差別)を黙認する覚悟があるかどうかを試す踏絵であった。母の言葉を選べば死を意味し、父の言葉を取れば〈去勢〉が待っていた。二つに一つしかない選択で、エレクトラは後者を選ぶ。

［田嶋 1986：p. 6］

「〈去勢〉されるということは、母の言葉、すなわち母の正義と公平を求める抗議の言葉を抑圧することである。それは女の生命が男のそれより軽いことを認め、性的抑圧を甘受することである」と田嶋は書く。クリステヴァをはじめとするラカン派の女性精神分析家たちは、母の娘がどうやって父の娘に転化していくかという秘密を、女エディプスの物語を解き明かすのに力をそそいだ。そしてフロイトの即物的《ナイーヴ》な「ペニス羨望」に代わって「ファロゴセントリズム」という概念をうちたてた。こうして「父の名」の場所に「神」が入り、娘たちの内面支配は完成する。

I DOMINATE DADDY

家の中で「かんしゃく持ちの神」だった父が、あたしに対してだけはメロウだった。あたしは「かんしゃく持ちの神」を支配する小さな女王《クィーン》だった。父をダディと呼ぶのは恥ずかしかったが、逆にダディと呼ぶことで、あたしは父をコントロールすることを覚えた。

母はそんなあたしにはげしく嫉妬した。でも幼いあたしにどんな責任があっただろう。あたしが父を支配することのできる原因はすべて父の側にあって、あたしは自分でもよく理解できない自分の力に困惑していただけだ。

＊

田嶋は母の娘となって死を選ぶか、父の娘となって〈去勢〉を選ぶか「二つに一つしかない選択」と書くが、ほんとうにそれだけだろうか。娘には第三の道が待っている。それは父の〈誘惑者〉になるという道である。

だから父はただの神とはちがう。この神は、神は神でも娘によって誘惑される神、娘の目からは「失墜した神」なのだ。全能者でありながら娘の愛を求めてひざまずく父に対するアンビヴァレンスを、ニキはこう表現する。

ダディ、あなたは神様なのに、ひざまづいたりして、何をしているの？
〝ひざまづいて、ダディ。お願いだからと言いなさい、お願いだからと。東を向いて、西を向いて、ひざまづいて！〟
ああ、どんなに愛していたかあなたを、ダディ。ひざまづいて、目隠ししていたあなたを。汚らわしい、汚らわしい、汚らわしいダディを！

［スペース・ニキ編 1980：p. 30］

〈父の誘惑者〉になった娘は、ただの〈母の娘〉とも〈父の娘〉ともちがう。娘は自分の力の源泉が自分の側にではなく父の側にあることを知っているが、この力をつかって状況を自分に有利な方に導こうとする。この力が何かを知らなくて、はじめとまどっていた娘も、じきにこの力の行使になれるようになる。

〈パパが帰つたらいひつけるよ。あたしがどの位パパに気に入つてるか知つてるだらう?〉と、森茉莉は小説『甘い蜜の部屋』の女主人公、モイラに言わせている。

黒褐色の髪が眉毛の上まで額を蔽《おお》つてゐる、長めの厚いお河童《かっぱ》に囲まれた稚《おさな》い顔の中で、髪と同じ色の瞳を上瞼《うわまぶた》にひきつけたモイラの眼は、酷《ひど》く可哀らしいが、底に肉食獣を想はせるものが隠れてゐる。自分に注がれる愛情への貪婪《どんらん》である。愛情を喰ひたがつてゐる、肉食獣である。モイラは自分に注がれてゐる愛情の果実を、飽くまでむさぼり尽さうとする。……

モイラは自分ではわからずに、林作の側からだけ愛情を要求してゐる。モイラの要求は、モイラ自身にもよくはわからぬ、曖昧模糊としたもので、そのために一層強力であつた。モイラは林作が好きでならない。だがそれは、自分を愛する林作を、好いてゐるのだ。だがモイラ自身はそれを、知らずにゐる。……

きれいに蓋を開けた半熟卵を、匙で皿に抄《すく》ひ出し、それに食塩をふつてモイラの方へ押して遣り、林作は匙でそれを抄はうとしてゐる、小さな〈愛の盗人〉を、視た。愛情に耐へない眼差しである。

（かういふ愛の盗人には、相手の愛の涸渇は無いのだな。）

［森 1975：pp. 54–55］

鷗外こと森林太郎の長女、森茉莉の小説『甘い蜜の部屋』は、父娘相姦的な父と娘の愛情関係を描いた白眉である。作中の父は、林太郎と似た林作という名前を持っている。

娘はこうして〈パパの誘惑者〉、「友人のどの父親よりも立派な」パパ、その誰よりもえらい王様を支配する小さな女王《クィーン》になる。しかもこの関係は、特権的な関係である。ニキは書く。

「しかし彼はパパなのだ。誰でも彼女にさわることができるけど、パパだけはできないのだ」［スペース・ニキ編 1980：p. 10］

だから近親姦的な関係は、ほんものの父娘姦には至らない。『甘い蜜の部屋』の父と娘も、かぎりなく近親姦的ではあっても、実際に近親姦には至らない。

林作にとつてもモイラは小さな恋人のやうなものである。会ふ時間の誰より多い恋人のやうなものだ。さうして、十何年か先には他所《よそ》へ遣《や》つてしまはなくてはならない恋人である。事実林作はモイラを、恋人と全く変らぬ、大切なものだと、思つてゐた。さういふ父親の心の、もう一つ下で林作は、モイラが、自分との愛情の繋がりを生涯持ち続けてゐて、その深い、優しいものからモイラがいつになつても抜け出ることが出来ぬことに、甘い、蜜のやうな予感を抱いてゐる。

［森 1975：p. 20］

MUMMY HATES ME

父娘姦的な関係が、ほんとうの父娘姦に発展しないのは、それがママとの関係を——夫と妻、母と娘の関係を、破壊することがわかっているためだ。だから実際に父娘姦の関係を持ってしまった父親が、最初に娘に言うせりふは次のような禁止である。

「ママに言っちゃいけないよ。ママに言ったら、うちの中はメチャクチャになるからね」

父に言われるまでもなく、娘はそれが「母に言ってはいけないこと」、言えば母の憤激を買い、自分が被害者であるにもかかわらず、母から決して許してもらえないことであることを、ただちにさとる。こうして父と娘は、母の眼を盗んで一種の共犯関係に入る。ほとんどの場合、それは母を失う不安におびえた娘のセクシュアリティを父親が搾取する、という関係である。それは相姦どころか強姦関係である。娘を最初に欲望したのは父の方だからだ。

この父娘姦は、ときには甘美で自閉的なユートピアになる。

「パパの腕の中にいるときがいちばん満足」――パパよりすてきな人っていない、と『甘い蜜の部屋』の女主人公も、倉橋由美子の『聖少女』[倉橋 1965]の女主人公もくり返す。

だがニキの女主人公はもっと攻撃的だ。『ダディ』の精神分析をしたドクター、ジャンポール・サールはこう書く。

「魅惑的な彼女は父に強姦をそそのかす。

彼が欲しがると、彼女は父の権威を失墜させ、彼を恥辱にまみれさす」[スペース・ニキ編 1980 : p. 14]

ニキは父娘姦が〈父の支配〉の完成だということを知っている。父による娘の最終的な〈去勢〉。だが皮肉にも、それは同時に父が欲望のとりこになって、娘への従属を完成させることでもある。父は「恥辱にまみれ」る。ニキはダディに敵意を持っている。なぜなら、自分と父との共謀が、母への裏切りだということを知っているからだ。

MUMMY HATES DADDY

ダディに失望するためには、わざわざダディと結婚してみるまでもない。ママがすでにダディと結婚しているからだ。

「結婚なんか、しちゃ駄目よ！ これ以上最悪なことってないんだから」

とニキのママは娘にくり返し伝える。

父は母を愛していただろうか？ きっと愛していたにちがいない。父は母を愛していた。それと同時に父は母を支配《ドミネイト》していた。「愛する」ことと「支配する」ことは同じだろうか？ きっと同じだったのだ、父にとっては。愛する女を「所有《モノ》にする」こと――こんなすてきなことってない！ フロイトだって「愛する(リビドー・カセクシス)」ことは「所有する」ことと同じだって言ってる。フロイト、あの極めつきの父権主義者は、「モノにしたい」愛と「モノにされたい」愛のほかを知らない。

ところで母は父を愛していただろうか？ きっと愛していたにちがいない。父は母を支配しているが、母は父に支配されている。だとしたら「支配される」ことが、母が父を「愛する」ということなのだ。「モノになりたい」女の愛は、いまでも女をいそいそ嫁がせる。

あのひとだって、きっと最初の頃はパパを愛していたにちがいない。「愛してる」から「支配されたい」と思ったにちがいない。だが、「愛する」ことと「支配する」こととは、男の中で矛盾しない(でも一体どうして矛盾せずにいられるのだろう?)。女の中で「愛する」ことと「支配される」こととは矛盾する。少なくともあたしが生まれる頃までには、「愛する」ことと「支配される」ことが喜びで結びついているような時期は、ママの中で終わっていた。

I LOVE & HATE DADDY

「ママはいつも言っていたのだから、パパも他の男達と同じだ、いちばんひどい男だ」[スペース・ニキ編 1980 : p. 9]

とニキのママはくり返す。あたしにはなぜ母がそんな「ひどい男」と別れないのかわからない。母のグチは子どもたちの心にしっかり吹きこまれるので、子どもたちはパパって悪者だと、思ってしまう。

でもヘンだ。ダディはあたしには何にも悪いことはしていない。あたしがママの代わりにダディを憎まなくちゃいけない理由なんてない。

でもじきに気づくのだ。誰でもダディと結婚しさえすれば、ママみたいになることを。そして「男はみんな同じ」ようなものだから、仮にママがダディ以外の男と結婚していたとしても大してちがいはなかっただろう。そしてあたしは女だから、そのうちママみたいに誰かと結婚して、ダディにとってのママみたいになるのだ。もうダディの娘、ではなくなって！


ニキの『ダディ』がわたしの場合とちがうのは、ニキが母と娘の連帯を獲得していることだ。ニキはダディに復讐したがっている。ダディに誘惑された自分じしんのために。ダディとの共犯によって心ならずも裏切った母のために。「裏切られた母」は、やがて自分の将来の姿でもあるからだ。

まことに興味ぶかいことに、「裏切られた母」は、「裏切られた」事実を自分が知っていることによって娘を許す。ニキは自分じしんを精神分析するこの『ダディ』という映画をつくることによって、父の面目を失わせたと親戚一同の怒りを買ったが、逆にそのせいで母とは和解した。

「私が子供の頃、父が私を誘惑しようとしたことを母が知っているとは、全く知り

ませんでした」[スペース・ニキ編 1980：p. 26]

「その時以来、母と私は大変親しくなりました」とニキは書く。

〈疎遠〉というのは、主人公である娘と母とのあいだに、冷ややかな距離があることを言う。〈断絶〉とは、同じ距離があるにしても、母は死んで存在しないのである。……わたしは、この二つの現象、すなわち母と娘の〈疎遠〉な関係を〈娘の母殺し〉のせいであり、〈断絶〉を〈母の娘殺し〉のせいだと考える。……

こうして、精神的、社会的、法的に〈去勢された母〉と父の娘の〈疎遠〉な関係は、父権制が続くかぎり永遠に再生産されていく。

[田嶋 1986：pp. 2-3, 7]

「大きくなるにつれて彼女はパパと結婚したいと、あるいはまた、パパを殺したいと、思うようになった」[スペース・ニキ編 1980：p. 9]とニキは書く。なにも阿部定みたいに、惚れた男を一〇〇パーセント所有したいからじゃない。パパと「結婚したい」のはパパを「愛してる」から。パパを「殺したい」のはパパを「憎んでる」からだ。娘は自分が「女だから」自分を愛した父を愛し、自分が「女だから」自分を愛した父を憎んでいる。

映画『ダディ』のラストシーンで、ニキはDADDY, I HATE YOUと叫ぶ。それはまるでI LOVE YOUと聞こえる。

この愛憎アンビヴァレンスがエロティシズムの極み、だろうか。そう、これがエロティシズムなのだ。ダディこそが娘を、欲望され、誘惑するエロス的な身体へとつくり上げたのだから。父権制がつくり上げるエロス的な女の身体。父との関係をつうじて、娘はコケトリーのすべてを学ぶ。「どうすればパパの気を惹き、パパから欲しいものを手に入れることができるか」——娘は自分が父に対してどんな資源を持っているかを自覚しているが、その資源の価値はもっぱら父の欲望の中にだけあるのだ。娘が身につける誘惑の手管。擒《とりこ》にし、つき放す。誘惑した上で、拒む。思いっきり甘えて、ひとかけらの感謝もしない。

誘惑者であること。それは父権的な社会を生き抜いていく女の知恵だ。それを女は父権的な家族の中で学ぶ。

ニキが映画『ダディ』の中でおこなっているのは、父権的な家族の精神分析だ。『ダディ』の構造にはフロイトの精神分析の影響が色濃いけれども、ニキはそれを完全に「息子の物語」から「娘の物語」に読みかえて使った。彼女があばいているのは、父権制を支える手品の種明かしだ。父権制は、男の手によってだけ支えられているのではない。夫と妻、父と娘の共謀によってでも支えられている。だからこの共謀の秘密をあばくニキに対して、「ニキの暴露を前にして『裏切り』だという女がいても不思議はない」(ピーター・ホワイトヘッド)[スペース・ニキ編 1980 : p. 17]。

このエッセイを書くためにわたしは『甘い蜜の部屋』を読み直したが、同じ印象を持った。かつて読んだ時には、父に溺愛された娘のナルシシズムとしか見えなかったこの小説が、父によってつくられた娘の秘密をあばく、女に対する冷静な「裏切り」と読めた。こんなに女たちの秘密を暴露するなんて。

でもこれも悪魔祓い《エクソルシズム》のためなのだ。ママをダディから引きはなし、娘を父から自由にするために。母と娘が和解したあとの「父の座」はどこにあるのだろう。母と娘は、父の棺《ひつぎ》を前にして、二人で哄笑している。

＊

ダディ、お望みならあなたをダディと呼んであげる。あたしはこの文章を書いてみて、自分が〈近代家族〉の中で生まれ育ったことがほんとうによくわかった。ダディ、あなたがあたしを愛してくれたからあたしはあなたを憎んだ。あたしはママを裏切ったせいで、ママから憎まれるはめになった。あたしがママを求めていたとき、ママから受け容れてもらえなかった。あたしは危うく「父の娘」になるところだったけど、か、、、からくりがわかっちまったから逃げ出すことにした。でもおかげで、父権制ごと〈近代家族〉を葬ってしまって、あたしはどんな〈家族〉をつくればいいか、わからない。

でも結局、ニキが言うように「あなただって他のダディより、悪かったわけでも良かったわけでも」［スペース・ニキ編 1980：pp. 42–43］ないのよ。

DADDY, I LOVE YOU!

存在する権利

パンドラの函

一九九二年ドイツのボンで開催された、近代美術館のこけら落としのニキ・ド・サンファル回顧展のカタログの中で、ニキは長年にわたる理解者にして後援者、ポンテュス・フルテンに宛てた書簡のかたちを借りて、自分の生いたちを語っている。『親愛なるポンテュスへ』と題された、九一年一〇月付の書簡の中でニキはこう語り出す。

一九三〇年、あたしは恐慌のさなかで生まれた。ママが妊娠中に、パパは全財産を失った。そのうえ、ママはパパの裏切りを知った。妊娠のあいだ、ママは泣き暮らし、あたしは涙でいっぱいになった。

あとでママは言ったものよ。なにもかもおまえのせいだ、おまえが悪いんだって。

[Saint Phalle 1992 : p. 147]

裕福な、しかし失敗した銀行家の第二子、そして母親から拒絶された娘として、ニキは生まれる。両親はニューヨーク住まい、ニキは兄と一緒に、生後半年でフランスの祖母の許へ送られ、それから三歳までを過ごす。ニキには、『親愛なるママへ』と題した同じような書簡体の絵本があるが、その生後三年間の体験をニキはこう書く。

　ママ、ママ、あなたはどこにいるの？　どうしてあたしをおいて行ってしまったの？

[同上：p. 184]

「拒絶された娘」であるニキは、自分の手で「存在する権利」を作り出さなければならなかった。「あたしだって生きる権利がある。ママ、あなたは間違ってたのよ」と。

　それからというもの、あたしは自分を発見しなおし、創りなおすためにどんな思いをしなければならなかったか！

[同上：p. 150]

一九三〇年生まれのニキが、六一歳の時に描いたこの書簡体の作品は、自分の半生を簡潔に語って、ニキの創作の秘密を率直に明かしている。

子どもの頃、ニキは孤独な空想の中で「秘密の魔法の小箱」をベッドの下に隠し持ち、毎夜その小箱を開けた。その小箱は「きれいな色のエナメルが象嵌《ぞうがん》された木彫りの函《はこ》」で、それを開けると「見たこともない色とりどりのお魚や魔ものやいい匂いのする野の花などが飛び出してくる」のだった。

その函の描写を聞いて、わたしたちは、おや、見たことがあると思う。「あたし以外の誰も見たことのない小箱」とニキの言う函を、ニキは、あとになって目にも鮮やかな形で、わたしたちの前に見せてくれたではないか。タロット・ガーデンの中にある色鮮やかな象嵌の壁。ニキが作り出したたくさんのナナたち(図1)。

「あたしの魂のふるさと」とニキが呼ぶ小箱を、彼女は今でも「ベッドの下に隠し持っている」。小箱を開けるたびに、ニキは五歳の子どもに返る。その秘密の小箱との孤独な対話の中から、彼女の作品は生まれてくる。

ひとりぼっちだった子供時代から、孤独はあたしの創造にとって、肺に空気が必要なように、なくてはならないもの。

［同上：p. 151］

手紙の最後に、「この函があるおかげで」と、彼女は書く、「あたしは皮肉屋にもならず、幻滅もせずに生きてこれた」。

これはパンドラの函。ありとあらゆる災厄が産まれたあとで、最後に残ったのは、希望。

［同上：p. 151］

図1　ニキは女神をいくつも創造し，それを集合的にナナと名づけた．ナナの系列のひとつグウェンドリン．爆発する色彩，地母神を思わせる豊かな体軀が特徴的である．（ニキ美術館蔵《Gwendlyn》262×200×125 cm/© NCAF/ADAGP, Paris & JASPAR, Tokyo, 2015〔G0175〕）

最後の一行に、わたしは思わず涙ぐみそうになる。この手紙が極東の島国に住む、このわたしに宛てられたものとかんちがいして。そしてニキの作品のすべてが、同じような「小箱」を隠し持っているすべての子どもたちへの、そしてかつて子どもだったものたちへの、彼女からの贈り物だったと知るのだ。

エレクトラの物語

ニキの作品は、自己治癒の過程である。ニキは「パパ―ママ―ボク」のエディプスの三角形の物語を、娘の側からくり返し描く。一九七二年に、彼女はピーター・ホワイトヘッドの協力を得て、フィルム『ダディ』を制作するが、その中に描かれる「父に誘惑される娘」、そして「母に拒絶される娘」の物語は、近代家族の中で育った娘には、誰にでも親しい物語である。ニキを理解するには、「銀行家の娘」である必要も、「生後半年で母親の手許から引き離される」――心理学は「母親剝奪の理論」という脅迫的な議論を積みかさねてきた――というトラウマ的な経験を味わう必要もない。

妊娠中に夫の裏切りを知らなくても、近代家族の母親は、子どもが産まれてきただけで、自分の人生が妨げられたと感じる。子どもの誕生を無条件で喜べるような条件のもとに、女はいない。女は自分の人生を男に売り渡したのと引き替えに、長い、骨折りの多い子育てという労働に従事しなければならないからである。ニキのママでなくとも、「なにもかもあんたが悪いのよ。あんたがあたしの人生をめちゃくちゃにしたのよ」と、子どもに理不尽な怒りをぶつける母親は少なくない。子どもは、産まれ落ちたとたんに、母親からの拒絶と、母親に対する罪悪感を背負わされる。

子どもが息子なら、母親に対する贖罪は、生涯にわたるマザコンに終わるだろう。娘の場合には、状況はもっと複雑だ。母親は娘を拒み、娘は母親を憎むが、同時に母親は娘にとって大きくなったら自分がそうなっていく姿にほかならないために、娘はアンビヴァレンツに引き裂かれる。『親愛なるママへ』と題された手紙は、皮肉とあてこすりに満ちている。

ママ、あたしはあなたみたいになりたくなかったのよ。……ありがとう。ママ、あなたがいなかったら、あたしの人生はもっと退屈なものになっていたわ。

[同上：p. 186]

母親はそれ以外の生き方を知らないために、男に従属する生き方を娘に教えようとする。「脚を組まないで」「お行儀よくして」と口やかましく、娘をしつける。娘は大人の女の人生が、囚われた不幸なものであると見抜き、それに反抗しようとする。フルテンにあてた手紙の中で、ニキは告白する。「ええ、あたしはママのいうとおり、悪い子よ。あたしは許されないことをした。女が決してしちゃいけないことよ。あたしは仕事のために、子どもを捨てた」。一九歳でした最初の結婚で、ニキはふたりの子どもを産んでいる。一一年後、彼女は夫のもとに子どもを置いて、離婚する。

母親の生き方を通じて、彼女は「とっても小さいうちに、男が力を持っていることを、理解した」。

そうよ、男から火を盗むのよ。女だからって、ママがあたしに押しつけようとした制約を受け入れたりなんか、しない。

［同上：p. 148］

「世界を征服すること」――それが彼女の夢になった。ところが、男が持っているような力を欲しがる彼女にあてがわれたのは、「男を誘惑する力」だった。ニキのママは、鏡を家に張りめぐらし、香水やドレスで装って「誘惑の手管」を娘に教える。「ママ、あなたはきれいだった」と、ニキは讃嘆する。女にできることは「力のある男」を手に入れること。特に上流階級の女にとっては。ニキは、自分の両親と出身階級とを拒絶した。結婚している娘が、愛人のティンゲリーと夕食を共にする席に同席した母親は、こう言って娘を怒らせる。「娘の愛人と一緒に食事するなんてできないわ。どうしてあなたは結婚生活を続けたまま、べつにこっそり愛人を持つってことができないの？ よその方たちがやってらっしゃるようにね」。それは母親自身の生き方でもあった。

だが、ニキに、ほんとうに「誘惑の力」を教えたのは、父親である。正確にいえば、彼女に誘惑の責任はない。かってに娘に誘惑され、そのことによって、自分でもそれと知ることのなかった力を、彼女に自覚させたのは、父親である。「父の誘惑」をめぐって、「父－母－娘」の三角形ができ上がる。「誘惑の力」によってしか生き延びていくことができないと娘に教えながら、父親をめぐって母と娘はライバル関係に入る。だがこの「誘惑の力」は、もっぱら相手の手中にだけ原因があるために、誘惑者と見える娘の側には、困惑とルサンチマンが残る。『ダディ』のシナリオで、ニキはこう書く。

ダディ、あなたは神様なのに、ひざまづいたりして、何をしているの？

〝ひざまづいて、ダディ。お願いだからと言いなさい、お願いだからと。東を向いて、西を向いて、ひざまづいて！〟
ああ、どんなに愛していたかあなたを、ダディ。ひざまづいて、目隠ししていたあなたを。汚らわしい、汚らわしい、汚らわしいダディを！

〔スペース・ニキ編 1980：p. 30〕

『ダディ』の精神分析をしたドクター、ジャンポール・サールによれば、「魅惑的な彼女は父に強姦をそそのかす。彼が欲しがると、彼女は父の権威を失墜させ、彼を恥辱にまみれさす」。

事実、ニキの物語は、フロイト流の精神分析にのりやすい。それはフロイトの解釈枠組が、何よりも近代家族の物語だからだ。その点で、ニキの物語に特殊なところは何もない。ニキは『親愛なるママへ』の中で、「どんな女だって、ママ、あなたになれた」と書く。そして『ダディ』の中では、「あなただって他のダディより、悪かったわけでも良かったわけでもないのよ」と言う。

神経症からの自己治癒

ニキの初期の作品は、色彩の氾濫する後期の作風からは想像がつかないほど、神経症的である。離婚したニキは、射撃ペインティングという一種のパフォーマンス・アートを始めるが、それを思いついたのは、一九六一年、離婚直後に制作した「サン＝セバスチャン、あるいは私の愛人のポートレート」という作品からだった(図2)。ワイシャツだけの肖像画の首から上の部分は、ダーツの的になっている。観客は思いおもいにダーツを手にとって、作品に参加する。ネクタイはよじれ、ワイシャツには、あたかも血痕のように絵具が飛び散り、それが「受苦するサン＝セバスチャン」を思わせる。展覧会場で観客がニキの作品の頭部にダーツを投げているのを見て、ニキは言う。「ぞくぞくしたわ。わたしの作品の近くに真っ白なレリーフの作品が出品されていた。それを見ているうちに……閃いたのよ。その作品が血を流しているところを想像したの。ちょうど人間が傷つくように傷を負って」[Saint Phalle 1992 : p. 160]。

射撃ペインティングはこうして始まった。ボンの近代美術館の学芸員でフルテンに協力してニキ展の開催に尽力したウータ・グロスニクは、この射撃ペインティングに、ニキの「攻撃性」を見る。

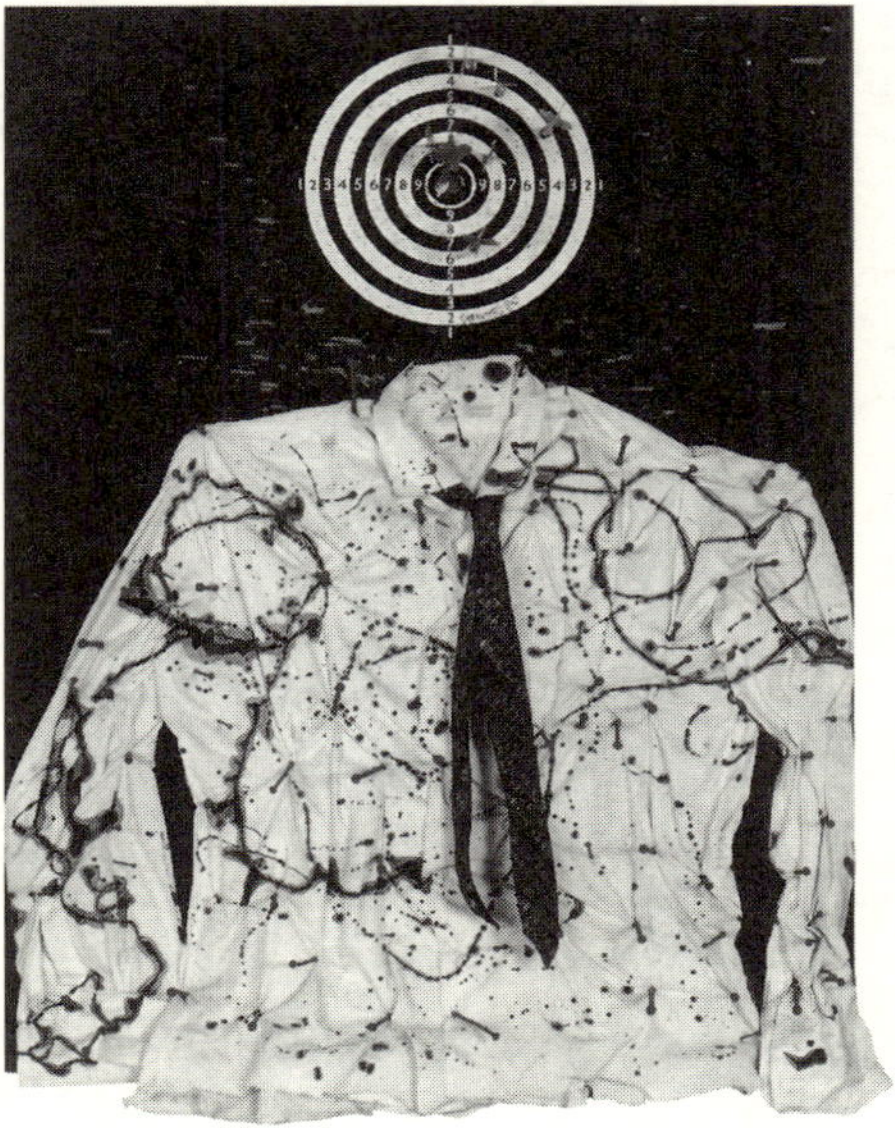

図 2 「サン＝セバスチャン，あるいは私の愛人のポートレート」1961 年．ワイシャツにネクタイ姿の射的のターゲットを聖セバスチャンの殉教に模した．この時期のニキの攻撃性やアイロニーがよく出ている．（《Saint-Sebastien or Portrait of My Lover》72×55×7 cm/© NCAF/ADAGP, Paris & JASPAR, Tokyo, 2015〔G0175〕）

初期の頃、攻撃性は受動的なかたちをとっていた。彼女はコラージュを作るために鉄砲やナイフや肉切り包丁を集めた。空想の中で、彼女はこれら殺人的な凶器を用いて、彼女を心理的、肉体的に圧倒する立場にいる男たちを脅かそうとした。次の段階ではこうした男たちの肖像画を投げ矢の的にしたり、ライフルで撃

ったりした。［同上：p. 144］

自作の射撃ペインティングの前に三〇代はじめの少女めいた顔つきのニキが立っている写真は、痛ましい(図3)。六二年の「死んだ猫の祭壇」と題する作品は、十字架のイエスと聖母マリアのいる祭壇に猫の死骸やこうもりが不気味にぶら下がり、作品は受苦するように血を流している。この「凶行」の中には、キリスト教への挑戦と、この世に対する呪詛と憎しみが溢れている。「存在する権利」を求めていらだつニキの「攻撃性」は、自虐や自罰とうらはらだった。

図 3　射撃ペインティングの前に立つ31 歳(1961 年)のニキ.

ニキはパフォーマンスの最後に催涙ガスを使ったことがある。それはまだ「パフォーマンス・アート」という言葉さえ存在しない時代のことだった。

催涙ガスの煙は戦争を思わせた。作品は犠牲者だった。それは誰だったのだろう？　ダディ？　男という男？　小柄な男？　背の高い男？　大きな男？　太った男？　男たち？　兄のジョン？　それともそれはあたしだったの？　あたしは自分自身を撃ったのかしら？　自分の手で自分を殺し、生まれ変わるための儀式として。あたしは不死だったのよ！

［同上：p. 161］

射撃ペインティングはマスメディアの話題を呼び、ニキは職業的アーティストとしての地位を確立したが、パフォーマンス・アートはくり返しがきかない。ニキはただちに方向転換し、「花嫁シリーズ」を作る。それは女を待ち受けている運命を、たどり直す作業だった。

ニキとフェミニズム

六六年にニキは巨大な女神、「ホーン」（図4）を作る。大きく股を広げた女の開口部から、観客は産まれたのと逆の方向をたどって胎内めぐりをする。日本の修験道では、女信者の死と再生の儀式として自然界で象徴的な胎内めぐりがおこなわれているが、女体と思われている山やほこらが、「女人禁制」になっているという逆説がある。女の

図4　ニキ・ド・サンファルが創造した女神，ホーン．ナナ・シリーズのひとつ．1966年．巨大な胎内には観客が立ったまま入れるようになっている．(《HON》/© NCAF/ADAGP, Paris & JASPAR, Tokyo, 2015〔G0175〕)

シンボリズムは、男の手によって男の象徴的優位性を証明する手段として占有されているのである。ニキはそれを逆手にとる。女の手で巨大な母性像を作り出し、「すべては女から産まれた」と高らかに宣言する。ふたりの子の母であることを捨てた代わりに、すべての生命の母になる。それは、エイドリアン・リッチの『女から産まれて Of Woman Born』[Rich 1976]を思い起こさせる。「女は世界をはらみ、世界を産む」と謳ったあのフェミニストの女性詩人である。

それからというもの、ニキは多様な女性像――花嫁、出産する女、母親、娼婦、そして魔女――を次々に産み出し、「ナナ」が誕生する。「ナナ」という名づけ方が示すのは、それが女性がとりうる多様性の表われだというメッセージである。

ニキの作品には完成というものがない。ガラクタの寄せ集めのようなコラージュはいつ果てるともしれないし、色彩の奔流のような作品にはまだまだ色を加えることができそうである。巨大な立体作品も手描きの線のようなあやうさを残しているし、幾何学的で修正の余地のない完璧な作品が観客の参加を受けつけない完成度を示しているのに比べれば、ニキの作品はどれも完成途上に見える。ニキの「ナナ」たちは思いもかけないところから、噴水を噴き出し、子どもたちはおなかによじ登り、舌の滑り台から滑り降りる。ニキの作品は、自己主張するのに、自然の中に溶け込んでいる。ニキは「完成しない作品」というアイディアを、スペインの建築家アントニオ・ガウディから得た。事実、ニキはガウディから影響を受けたことをくりかえし語っている。ニキはガウディのグエル公園に想を得て、タロット・ガーデンを作ったが、それは彼女の誕生日のタロットを成就する作業だった。そのタロットとは奇術師(創造力とエネルギーのカード)、刑死者(何事に対しても、誰に対しても浸透し、感じやすいこころ)そして月(想像力。不吉な想像力を含めて)であった。

ニキは作品を作りながら、自分と対話しているように見える。ニキの作品は、人生と同じように完成しない。グロスニクは、ニキの作品は「まったく個人的なもの」と言うが、わたしたちはその「個人的な」作品が、彼女自身を治癒するだけでなく、わたしたちの生命の根をも癒してくれることを喜べばよい。

殺戮と死のイメージに満ちた攻撃的なアートから、生命の肯定に転換する「回心」が、何故起きたのかを問わなくてもよい。わたしたちはニキの作品の展開の過程に、その道筋を見ることができる。そしてそこに強力な自己治癒の意思を見ることができる。

ニキは父親を憎んだが、マン・ヘイターにならず、母親を拒絶したが、女性嫌悪に陥らなかった。「女らしさ」に縛られることに全身で反抗し、「男に属する世界」を手に入れようとしたが、男のまがいもの male clone にはならなかった。ニキが「自己解放をめざしたのは女性運動などというものが存在するもっと前で、『解放』という言葉が人々の口にのぼる以前のことだった」(グロスニク)。ニキは自らフェミニストとは名のらないが、フルテンは「作品が歴史を予感した」と言う。ニキが「ナナ・パワー」展を開催して二年後に、フランスでは女性解放運動(ＭＬＦ)が始まった。「芸術家が事件を予告したのだ」(フルテン)。彼女がたどった道筋が、フェミニズムとあまりに似ているために、そして時代的にそれと軌を一にしているために、ニキをフェミニストと呼びたがる人は多い。あるいは政治的にも、ニキをフェミニズム・アーティストの陣営に取り込みたい人は少なくない。

グロスニクによれば、ニキの芸術上の立場は、少なくとも表向きは「フェミニストではない」。彼女は最近まで女性アーティストばかりの招待展に出品するのを断わってきている。その理由は、「ニキが関心を持ったのは、男と競争して、この空想上の戦いに勝つことだった。この目的のために、彼女が採用したのは、ソフトで有機的な彫像の形をつかうことだった。……彼女は自分の作品が男性アーティストの作品と比べられ、対照されることを望んでいた。それ以外のことは受け入れられなかった」[Saint Phalle 1992：p. 145]。

「ソフトで有機的な線の採用」が、戦略的に意図されたものかどうかはわからない。無自覚に選びとられたものであったにせよ、それは「女性の自然」などではなく、初期の鋭角的で神経症的な線のあとで、それからの離脱の過程で採用されている。ラディカル・フェミニズムの担い手で、『性の政治学』[Millett 1970＝1973]の著者、ケイト・ミレットはアーティストでもあって、ニキの「ホーン」とよく似た巨大な「産む女神」像を作っている。ミレットは、もちろん女性のプライドを回復する自覚的な戦略として、女神のイメージを採用した。ニキの立場は、わたしにジョージア・オキーフを思わせる。「花」のシリーズを描き続けたオキーフは、それは女性器の暗喩なのかという問いを生涯にわたって否認し続けた。あとになってフェミニズム・アートの旗手を自ら任じて意図的に女性器を作品に造り続けたジュディ・シカゴは、オキーフを自分の「姉」と呼ぶ。影響は、あとから来た者が勝手に受ける。ニキが自力で歩いた道を、あとから別の者が「フェミニズム」と呼ぶのだ。そして「フェミニズム」と名のろうが名のるまいが、ニキの価値は少しも変わらない。

『親愛なるポンテュスへ』のカヴァー絵には、「反抗」「存在する権利」という言葉とならんで、「フェミニズム」という言葉が、小さな字で書いてある。わたしは少しニッコリする。子ども時代に「母にも祖母にもおばにも母の友人たちの誰ひとりにも自分を同一化できなかった」不幸な娘だったニキが、ようやく肯定できる女性性に到達したことを、そしてその喜びを他の女性たちと分かち合いたいと彼女が思っていることを、その小さな文字は、控えめに示すからだ。

一九九二年九月、わたしは新設オープンしたばかりのボンの近代美術館のニキ展会場にいた。会場には、いかにもオールド美術ファンらしい初老の夫婦が、ドイツ人風の行儀のよい服装で、首をかしげながらニキの作品を前にしていたが、子どもたちは、作品の解釈などに頓着せず、屋上の色彩豊かな野外展示を駆けめぐっていた。

グロスニクにインタヴューを申し込んで、展覧会の評判を聞くと、「そうですね、専門家の評はいろいろですが、素人からは大好評です。特に子どもたちが無条件に楽しんでくれます」と答えた。何の説明も要らない、彼らは「そこにいてもいいんだ」と「存在する権利」を謳う「生命の賛歌」を、ニキから受け取ったのだ。

「あたしのどこがいちばん好き？」とニキは尋ねる。わたしもほかの女たちと一緒にこう答えよう――「ありのままのあなたのすべてがよ、ニキ！」

たったひとつの鏡に向かって、不安に怯えながら「この世で一番きれいなのはだーれ？」と尋ねたママに代わって、ニキは鏡を粉々にうち砕く。砕けた鏡をはめ込んだニキの作品は、陽光を乱反射して「この世にあるものは善も悪も、産まれた者も、産む者も、ぜんぶ存在する権利がある」と謳う。「パパ－ママ－娘」の近代のありふれた抑圧の物語から出発して、「女らしさの病」である神経症を自己治癒したあなたが、こんなに遠くまでいったことを、「希望」だと喜びながら、わたしたちはそれを受けとるのだ。

参考文献

赤松啓介 1993『村落共同体と性的規範――夜這い概論』言叢社
赤松啓介・上野千鶴子・大月隆寛 1995『猥談』現代書館
雨宮まみ 2011『女子をこじらせて』ポット出版、2015 幻冬舎文庫
池田理代子 1972-74『ベルサイユのばら』全一〇巻、集英社
石井美樹子 1988『聖母マリアの謎』白水社
石内都 1990『1・9・4・7』IPC
石内都 1995『さわる』新潮社
井上章一 1991『美人論』リブロポート、1996 朝日文芸文庫
植木枝盛 1955 外崎光広編『植木枝盛日記』高知新聞社
上野千鶴子 1982a『セクシィ・ギャルの大研究』光文社、2009 岩波現代文庫
上野千鶴子 1982b「対幻想論」『思想の科学』一九八二年一月号、1986『女という快楽』勁草書房に再録
上野千鶴子 1986『女という快楽』勁草書房
上野千鶴子 1987「江戸の母子姦ゲーム」『朝日ジャーナル』一九八七年一二月一八日号、1996 朝日ジャーナル編『大江戸曼陀羅』朝日新聞社に再録

上野千鶴子 1988『女遊び』学陽書房
上野千鶴子 1989『スカートの下の劇場』河出書房新社、1992 河出文庫
上野千鶴子 1991『性愛論――対話篇』河出書房新社、1994 河出文庫
上野千鶴子 1995「「恋愛結婚」の誕生」東京大学公開講座『結婚』東京大学出版会
上野千鶴子 1996 a「セクシュアリティの社会学・序」『岩波講座 現代社会学10／セクシュアリティの社会学』岩波書店、2002『差異の政治学』岩波書店所収、2015 岩波現代文庫
上野千鶴子 1996 b「ジェンダー」「セクシュアリティ」日本放送協会編『NHKラジオ高校講座・倫理』日本放送出版協会
上野千鶴子・夏石番矢・復本一郎 1996「発情のシナリオ――知的操作が生んだエロスの世界」『俳句世界』雄山閣
上野千鶴子 1998『発情装置――エロスのシナリオ』筑摩書房、2015 岩波現代文庫(新版)
上野千鶴子・信田さよ子 2004『結婚帝国』講談社、2011 河出文庫
上野千鶴子・信田さよ子・北原みのり 2013『毒婦たち――東電OLと木嶋佳苗のあいだ』河出書房新社
内田春菊 1994『私たちは繁殖している』ぶんか社
内田隆三 1987『消費社会と権力』岩波書店
浦河べてるの家 2005『べてるの家の「当事者研究」』医学書院
大島弓子 1989『ダイエット』角川書店
大塚英志 1989『少女民俗学』光文社

小木新造・熊倉功夫・上野千鶴子編 1990『日本近代思想大系23／風俗　性』岩波書店
荻野美穂 1993「身体史の射程」『日本史研究』三六六号
荻野美穂 1994『生殖の政治学』山川出版社
奥山直司 1989「イコンの国へ――パンコル・チョルテン研究序説」色川大吉編『チベット・曼荼羅の世界――その芸術・宗教・生活』小学館
小倉千加子 1988『セックス神話解体新書』学陽書房、1995 ちくま文庫
小倉千加子 2001『セクシュアリティの心理学』有斐閣
加藤秀一 1995「〈性の商品化〉をめぐるノート」江原由美子編『フェミニズムの主張2／性の商品化』勁草書房
加藤まどか 1995「『きれいな体』の快楽――女性誌が編み上げる女性身体」『岩波講座　現代社会学11／ジェンダーの社会学』岩波書店
金井美恵子 1984『おばさんのディスクール』筑摩書房
金塚貞文 1982『オナニスムの秩序』みすず書房
金塚貞文 1987『オナニズムの仕掛け』青弓社
河合隼雄 1988 竹宮恵子『風と木の詩』小学館叢書第一巻解説
河合隼雄 1997「『援助交際』というムーブメント(運動)」『世界』一九九七年三月号、岩波書店
河口慧海 1978『チベット旅行記』白水社
河野貴代美 1990『性幻想――ベッドの中の戦場へ』学陽書房、2000 中公文庫

岸田秀 1977『ものぐさ精神分析』青土社、1982 中公文庫
岸本裕紀子 2015『定年女子』集英社
北原みのり 2011『アンアンのセックスできれいになれた？』朝日新聞出版
北原みのり 2012『毒婦。──木嶋佳苗一〇〇日裁判傍聴記』朝日新聞出版、2013 講談社文庫
北村透谷 1892『厭世詩家と女性』、1970 勝本清一郎校訂『北村透谷選集』岩波文庫
木原敏江 1979-84『摩利と新吾』全一三巻、白泉社
木原敏江 1988『銀晶水』秋田書店
木本至 1976『オナニーと日本人』インターナル出版
倉橋由美子 1965『聖少女』新潮社、1981 新潮文庫
倉橋由美子 1986『アマノン国往還記』新潮社
黒澤亜里子 1985『女の首──逆光の「智恵子抄」』ドメス出版
斎藤綾子 1998『愛より速く』新潮文庫
佐伯順子 1994「古き『色』、新しき『愛(ラブ)』」『創文』三五一号、創文社
三枝和子 1990『男たちのギリシア悲劇』福武書店
桜井亜美 1996『イノセントワールド』幻冬舎、1997 幻冬舎文庫
桜井亜美 1997『ガール』幻冬舎
佐藤郁哉 1984『暴走族のエスノグラフィー』新曜社
スー、ジェーン 2014『貴様いつまで女子でいるつもりだ問題』幻冬舎
鈴木涼美 2013『「AV女優」の社会学──なぜ彼女たちは饒舌に自らを語るのか』青土社

鈴木涼美 2014『身体を売ったらサヨウナラ』幻冬舎
スペース・ニキ編 1980 Niki de Saint Phalle in DADDY(ニキ・ド・サンファル展資料)、発行 スペース・ニキ
大工原秀子 1979『老年期の性』ミネルヴァ書房
竹宮惠子 1977-84『風と木の詩』全一七巻、小学館
田崎英明編 1997『売る身体／買う身体』青弓社
田嶋陽子 1986「父の娘と母の娘と」鷲見八重子・岡村直美編『現代イギリスの女性作家』勁草書房
立川武蔵・正木晃編 1997「チベット仏教図像研究――ペンコルチューデル仏塔」国立民族学博物館研究報告別冊18
田房永子 2015『男しか行けない場所に女が行ってきました』イースト・プレス
蔦森樹 1990『男だってきれいになりたい』マガジンハウス
外崎光広編 1971『植木枝盛 家庭改革・婦人解放論』法政大学出版局
富岡多惠子 1980『芻狗』講談社
富岡多惠子 1982『遠い空』中央公論社
中島梓 1984『美少年学入門』新書館
中山和子 1972「北村透谷」日本文学研究資料刊行会編『北村透谷』有精堂出版
二谷友里恵 1990『愛される理由』朝日新聞社
野口武徳 1973「猥褻観の発生」『思想の科学』一九七三年六月号

萩尾望都 1971「11月のギムナジウム」『別冊少女コミック』一九七一年一一月号、小学館
萩尾望都 1975『トーマの心臓』全三巻、小学館
萩尾望都 1986-87『マージナル』全五巻、小学館
橋本治 1989『江戸にフランス革命を！』青土社
伏見憲明 1991『プライベート・ゲイ・ライフ』学陽書房
藤目ゆき 1997『性の歴史学』不二出版
藤本箕山 1678『色道大鏡』、1976 野間光辰編『日本思想大系 60／近世色道論』岩波書店に「色道小鏡」として一部収録
藤本由香里 1998『私の居場所はどこにあるの？――少女マンガが映す心のかたち』学陽書房、2008 朝日文庫
ボストン女の健康の本集団編 1988『からだ・私たち自身』松香堂書店
増田みず子 1986『シングル・セル』福武書店
松浦理英子 1992「嘲笑せよ、強姦者は女を侮辱できない」『朝日ジャーナル』一九九二年四月一七日号、1994 井上他編『日本のフェミニズム 6／セクシュアリティ』岩波書店に加筆して再録
松本路子 1995『Portraits――女性アーティストの肖像』河出書房新社
宮台真司 1994『制服少女たちの選択』講談社
宮台真司 1997『世紀末の作法』メディアファクトリー（発行リクルート、ダ・ヴィンチ編集部）
宮台真司・石原英樹・大塚明子 1993『サブカルチャー神話解体』パルコ出版

村上春樹 1987『ノルウェイの森』講談社、1991 講談社文庫
森茉莉 1975『甘い蜜の部屋』新潮社、1996 ちくま文庫
森崎和江 1965『第三の性』三一書房、1992 河出文庫
柳田國男 1930, 1976『明治大正史　世相篇』上・下、講談社学術文庫
山岸凉子 1980–84『日出処の天子』全一一巻、白泉社
山口瑞鳳 1987『東洋叢書3／チベット』上 東京大学出版会
湯山玲子 2014『文化系女子という生き方』大和書房
養老孟司 1996『日本人の身体観の歴史』法蔵館
ヨコタ村上孝之 1997『性のプロトコル』新曜社
吉野朔美 1988–89『ジュリエットの卵』全五巻、集英社
吉本隆明 1968『共同幻想論』河出書房新社
若桑みどり 1997『隠された視線』岩波書店
渡辺恒夫 1986『脱男性の時代』勁草書房
渡辺恒夫 1989『トランス・ジェンダーの文化』勁草書房
Ariès, Philippe, 1960, *L'enfant et la vie familiale sous l'ancien régime*, Seuil＝1980 杉山光信・杉山恵美子訳『〈子供〉の誕生』みすず書房
Barry, Kathleen, 1979, *Female Sexual Slavery*, Englewood, N. J.: Prentice Hall＝1984 田中和子訳『性の植民地』時事通信社

Beneke, Timothy, 1982, *Men on Rape*, St. Martin's Press＝1988 鈴木晶・幾島幸子訳『レイプ・男からの発言』筑摩書房

Bourdieu, Pierre, 1979, *La distinction*, Les Editions de Minuit＝1989 石井洋二郎訳『ディスタンクシオンⅠ』新評論，1990 石井洋二郎訳『ディスタンクシオンⅡ』藤原書店

Delacoste & Alexander eds., 1987, *Sexwork: Writings by Women in the Sex Industry*, Pittsburgh: Cleis Press＝1993 パンドラ監訳『セックス・ワーク』現代書館(発行：パンドラ)

Deutsch, Helene, 1944, *The Psychology of Women*, Vol. 1: Girlhood, New York, Grune & Stratton

Dworkin, Andrea, 1987, *Intercourse*, NY: The Free Press＝1989 寺沢みづほ訳『インターコース』青土社

Eagleton, Terry, 1982, *The rape of Clarissa*, Oxford Press＝1987『クラリッサの凌辱』岩波書店

Foucault, Michel, 1976, *Histoire de la sexualité*, vol. 1–3, Paris: Editions Gallimard＝1986–87 渡辺守章他訳『性の歴史』全三巻，新潮社

Hall, E. T., 1966, *The Hidden Dimension*＝1970 日高敏隆・佐藤信行訳『かくれた次元』みすず書房

Ten. 8: Quarterly Photographic Magazine, No. 25, Body Politics, 1986

Hartman, Heidi, 1981, *The unhappy marriage of Marxism and feminism: towards a more progressive union*, in Lydia Sargent ed., Women & Revolution: 1–42, London: Pluto Press＝

1991 L・サージェント編、田中かず子訳『マルクス主義とフェミニズムの不幸な結婚』勁草書房

Horney, Karen, 1967, *Feminine Psychology*, New York, Norton

Klein, Fritz, 1993, *The Bisexual Option*, Second Edition, Routledge＝1997 河野貴代美訳『バイセクシュアルという生き方』現代書館

Marcus, Steven, 1966, *The Other Victorians: A Study of Sexuality and Pornography in mid-nineteenth Century England*, New York: Basic Books＝1990 金塚貞文訳『もう一つのヴィクトリア時代』中央公論社

Michael, Gagnon, Lauman and Kolata, 1994, *Sex in America: A Definitive Survey*, New York: Little, Brown & Co.＝1996 近藤隆文訳『セックス・イン・アメリカ』日本放送出版協会

Millett, Kate, 1970, *Sexual Politics*, New York: Doubleday＝1973 藤枝澪子他訳『性の政治学』自由国民社

Mitchel, Juliet, 1974, *Psychoanalysis and Women's Liberation*＝1977 上田昊訳『精神分析と女の解放』合同出版

Rawson, Phillip, 1991, *Sacred Tibet*, London: Thames and Hudson＝1992 森雅秀・森喜子訳『聖なるチベット』「イメージの博物誌」25、平凡社

Rich, Adrienne, 1976, *Of Woman Born: Motherhood as Experience and Institution*, New York: Norton

Saint Phalle, Niki de, 1992, *Niki de Saint Phalle*, Kunst- und Ausstellungshalle der Bundesrepublik Deutschland, Verlag Gerd Hatje(展覧会図録)

Sayers, Janet, 1991, *Mothering Psychoanalysis*＝1993 大島かおり訳『20世紀の女性精神分析家たち』晶文社

Tanaka, Yuko, 1996, Erotic Textile/Imaging Reading Eros: Conference Proceedings for Sexuality and Edo Culture, 1750-1850, edited by Sumie Jones, The East Asian Studies Center, Indiana University, Bloomington

初版あとがき

わたしはあるところで、「エロスとは発情のための文化的装置(シナリオ)である」と定義したことがある。この「装置」という表現には、フーコーの「セクシュアリティの近代の装置」という概念が谺《こだま》している。したがって、発情とは、自然的な行為ではなく、文化的な行為である。「エロス」をこのようにミもフタもなく定義してしまえば、「エロスとは……」を論じるいかなる「本質論」も、論者の文化的かつ歴史的な被規定性を告白する身ぶりになってしまう。フロイトがエロスを――タナトスとともに――「本能」と定義した時、「セクシュアリティの近代の装置」は作動した。「エロスの自然(＝本質)化」こそは、近代のセクシュアリティを自明視することで、その歴史的な起源への問いを封じるものだからである。

本書はもちろん「発情装置」ではない。「発情装置(エロスのシナリオ)」について、論じたものである。本書を読んで索莫とした思いを抱かれた読者もいるだろうが、どのような「装置」も、からくりがわかってしまえばその神秘性は剝ぎとられる。セクシュアリティをこのような分析の俎上にのせるということは、セックスからどんな特権性をも剝奪するための試みである。「性はもっと論じられる」べきなのだ。

わたしたちは「セクシュアリティの近代」の出口に立っている。後になれば、わたしのこのような探究もまた、「セクシュアリティの近代」の終焉を告げるさまざまに泡だつ現象の一つであったと、見なされることだろう。

『スカートの下の劇場』[上野 1989]から約一〇年にわたる、その時々のセクシュアリティをめぐるわたしの議論につきあい、その中にひと筋のロジックを見出して一冊の本にまとめ上げてくれたのは、筑摩書房の藤本由香里さんである。信頼のおける編集者と伴走し、作業を共にした幸運に再び感謝したい。装丁に再び鈴木成一さんを得たこともうれしい仕合わせであった。

とりわけ、鈴木さんの提案で表紙にニキ・ド・サンファルの作品を使うというアイディアが実現したのは、無上の喜びであった。かつてこの種の申し出に一度も許可を与えたことがないと言われるニキとの交渉の媒《なかだ》ちをして下さったのは、ニキの大ファンが昂じてついに那須に私設のニキ・ミュージアムを建ててしまった増田静江さんである。気風のいい江戸ッ子、ヨーコこと増田さんの篤い友情と信頼がなければ、ニキから許可を得ることは不可能だったに違いない。増田さんを介しての依頼に、ニキは打てば響くように迅速な返事を返してくれた。さまざまな人々の援助と温かい友情に支えられて本書は世に出た。心から感謝したい。

一九九七年秋

上野千鶴子

自著解題

思えば長いあいだ、セクシュアリティについて書き続けてきたものだ。それというのもセクシュアリティが自分の人生にとって喫緊の課題である性的身体を生きてきたからなのだが、それを語るには学術論文とはいささか異なる文体を採用しなければならなかった。

一九九八年にそれを一冊の本にまとめたのが、本書のもとになった『発情装置――エロスのシナリオ』である。原著に収録した論文の初出は一九八七年から一九九八年まで。

岩波現代文庫から増補新版を出すにあたって、それにいくつかの論文を追加した。第Ⅰ部「おまんこがいっぱい」が大きく変更を加えた部分である。追加したうちの一つは、一九八八年刊の『女遊び』[上野 1988]の巻頭に書き下ろした「おまんこがいっぱい」、もう一つは二〇一三年に信田さよ子さん、北原みのりさんと共著で出した

『毒婦たち』[上野・信田・北原 2013]の長いあとがきである「もうひとりの毒婦」、三つめは二〇一五年に、雨宮まみさんの『女子をこじらせて』[雨宮 2011/2015]の文庫版解説を、ご本人に求められて書いた「こじらせ女子の当事者研究」である。

この三本を付け加えることで、本書は、一九八二年に『セクシィ・ギャルの大研究』[上野 1982 a]で下ネタ研究者として出発したわたしの、八〇年代から今日に至るまで、年齢でいえば三〇代から六〇代にわたるそのときどきのセクシュアリティに関する「時局発言」を収めるものとなった。その意味で本書は、七〇年代の「性革命」以降、およそ半世紀にわたるセクシュアリティの地殻変動期を、性的身体として生きたひとりの女の歴史的証言になったかもしれない。そして読者にとっては、同じ時代を追体験するための手がかりになることだろう。

それにしても遠くまできたものだ、と感慨を覚える。一九八八年に「おまんこがいっぱい」を『女遊び』の巻頭に載せたときには、編集者もわたしも、それが出版界のタブー破りであることを自覚していた。事実『女遊び』はそのようにスキャンダラスな書物として扱われ、著者のわたしは「四文字学者」と呼ばれた。

それからおよそ三〇年後、硬派の人文図書出版で定評のある岩波書店から、同じタイトルのエッセイを収録した「現代文庫」が出るとは、当時は想像もしていなかった。

タブーは破られたのか、それともたんに規範が緩んだのか。それに応えるためには、読者にその三〇年間にわたる社会変動について知ってもらわなければならない。その意味で、本書は読者にとって日本社会の直近のセクシュアリティの社会変動を証言する「民族資料(エスノグラフ)」としての価値を持つはずである。

七〇年代までは日本に限らず、アメリカもヨーロッパも、おしなべて性的に保守的な社会だった。処女性の価値は高く、男性は結婚相手に処女を求めたがり、花嫁はバージンロードを歩き、「初夜」ということばが生きていた。六〇年代から七〇年代にかけて全世界的に「性革命」が起き、フェミニズムもその影響を受けた。いや、逆である。フェミニズムもまた「性革命」の領導者であった。愛と性と生殖とが婚姻のもとで三位一体となる近代家族の性規範が、大きくゆらいでいた。それを揺るがしたのもフェミニズムである。

一九九八年にわたしが「セクシュアリティの地殻変動が起きている」と書いたのは、まったくそのとおりだった。その頃までに、先進工業諸国の離婚率は急激に上昇し、婚外子出生率も高くなっていた。結婚は一生ものではなくなり、子どもは血のつながった両親のもとで育つとは限らず、シングルマザーの世帯が大幅に増えていた。

離婚率と婚外子出生率とは性規範のゆらぎの指標だから、七〇年代からの二、三〇年のあいだに従来の性規範が世界的に大きく変動していることはたしかだったが、日本では離婚率も婚外子出生率も欧米並みには上昇しなかった。そのため、日本だけは「性革命」を経験しなかったのかと疑われたが、その代わり、日本で進行したのは非婚率の上昇と出生率の低下である。

非婚率の上昇と出生率の低下を、わたしは「性革命」の二つの指標――離婚率の上昇と婚外子出生率の上昇――の、日本型の機能的等価物だと考えている。離婚はいったん結婚しないとできないが、日本の女性は結婚を選ぶ前にいわば「婚前離婚」をしていると見なせば「非婚率の上昇」を説明できる。また婚外子出生率を、婚外の妊娠を中絶によって中断せず出生まで導いた結果と見なせば、「出生率の低下」とは、いわばのぞまない妊娠をそもそもしないか、もしくは中断して出生をもたらさないという選択の効果と考えることができる。

婚外の妊娠は、婚外の性行動の蓋然的効果だから、結婚と性とのあいだの結びつきの必然性はすでにここでは壊れている。事実、日本では従来の既婚女性の中絶率の低下に代わって、未婚女性の中絶率が一時は高まりを見せたから、日本の若い女性も婚外で活発な性交渉をしていたことになる。中絶件数そのものはこのところすべての年齢層において低下傾向にあるが、それは避妊技術が普及した効果であると見なせる。すなわち日本社会は諸外国ほどドラスティックな人口学的指標の変化を見なかったが、その背後で性規範の変貌があともどりしないしかたで変化する、落合恵美子さんに言わせれば「なしくずし性解放」を経験したことになる。

その結果、未婚女性の性経験率は格段に高まり、初交の相手と結婚する確率は大幅に低下した。今日では若い男女が「つきあう」と言うときには性関係が伴うことがあたりまえになり、結婚相手の処女性は問われなくなった。それどころか結婚する時点で妻が妊娠している「できちゃった結婚(妊娠先行型結婚)」が六組に一組といわれるようになった。離婚率も徐々に上昇し、今や結婚したカップルの三組に一組が離婚するといわれている。

これは「性解放」だったのだろうか？

誰にとっての、どんな？

一九六八年パリの五月に若者が「オーガズム、それがボクにとっての革命なんだ」と落書きしたように、六〇年代の学生運動と性解放とは連動していた。だがそれは男にとってと女にとってとでは、異なる意味を持っていた。バリケードの後ろでの「性解放」は、当時の男向けの性規範と女向けの性規範とが異なる性の二重基準のもとでは、男性による女性のセクシュアリティの搾取をも意味していた。

だがその後、リブと第二波フェミニズムのもとで、女自身が女の身体と性を「女の手に取り戻す」動きのなかで、女に禁じられていた性のタブーが次々にうちやぶられるようになった。

一九八八年に書かれた「おまんこがいっぱい」は、その時期のフェミニズムのチャレンジを興奮とともに伝えている。この巻頭論文が収録された『女遊び』は、歴史的な刊行物だった。学者が「四文字ことば」を著書に書くことも画期的だっただろうし、「おまんこアート」で有名なジュディ・シカゴの作品を装丁に用いたことも画期的だった。わたしはこの著書のせいで、週刊誌に「四文字学者」と呼ばれるようになり、当時高学歴AV女優として有名だった黒木香にならって「学界の黒木香」と異名をとった。

全国紙が「使用禁止用語」のひとつである「おまんこ」を用いた過去の事例を、さる新聞記者が調べたところ、当時の新聞のわたしの紹介欄に一度だけ使用されていたことが判明した。そのくらい女性器を指すこの四文字はタブー視されていたのである。

そのなかに書いたように、女の性器は「それ」とか「あれ」とか呼ばれて、名前さえなかったのである。同じ頃、わたしはフェミニストのボランティア・グループで、

「ボストン女の健康の本集団」編の『からだ・私たち自身』[1988]の翻訳プロジェクトに関わっていた。チームを束ねた荻野美穂さんが回想で述べるように、翻訳にあたって女性の性器に、差別的でない新しい用語をつくりださなければならなかった。たとえば「陰毛」の代わりに、わたしたちは「性毛」という用語を発明したのだ。七〇年代から八〇年代は、たしかに女性にとって「自分の性を自分の手にとりもどす」希望に満ちた時代だったと思う。

　「性解放」が誰にとっての、どんなものだったのかを考えるとき、それが翳《かげ》ってきたのを感じて書いたのが、それから一〇年後に書かれた「セクシュアリティの地殻変動が起きている」である。近代が「使用禁止」にした未婚の女性の身体は性的に活発になってきたが、それが「解放」されたのは、男たち、しかもカネのある男たちにとってだった。

　セックスへのハードルは下がり、若い女性は「自分のカラダを自分の自由にして何がわるい」と言い放ったが、彼女たちはそれを金銭と引き替えにする自由を得ただけだった。「援助交際」から「JK(女子高生の略語)リフレ」まで、「少女売春」を言い換える婉曲語法は次々に登場したが、そのなかでの男女の非対称な権力関係はすこしも変わっていない。

近代がおしつけた性の二重基準は、女をしろうととくろうとに区別した。別なことばでいえば、聖母と娼婦、妻・母と便器とに。ウーマンリブのマニフェスト、田中美津の「便所からの解放」は、この性の二重基準から「まるごとのおんな」をとりもどす宣言だったが、それから二〇年近く経って実際に起きたのは、性の市場にしろうとが大量に参入したことだった。

性の商品化の波は多くの女性をのみこみ、女性は自分のセクシュアリティを「解放」したどころか、それが市場価値を持つことを発見した。そして市場における資源配分のジェンダー非対称性のもとでは、つねに男が買う側にまわる傾向がある。驚くべきことに、「援交」ブームのさなかの九〇年代に実施された男性買春調査によれば、当時三〇代男性の買春経験率はすべての年齢層を通じて最も高く、売春防止法以前に性経験を持ったことのある当時の六〇代以上の男性にくらべても高い比率だった。

リブから二〇年後の「性解放」は、男女の自由な性交渉ではなく、男がセックスをカネで買う自由、女がセックスをカネで売る自由をそれぞれにもたらしたかに見える。

「援交」という名の売春のハードルが、心理的にも道徳的にもいちじるしく下がったことを指摘したのは、社会学者の宮台真司さんである。しかも性の二重基準がなくなっていない証拠には、「援交」やＪＫバイトの経験者が、その過去を履歴書に書くこともできなければ、公言することもはばかられる状況はあいかわらず続いている。

二〇一三年の『毒婦たち』は、その意味で象徴的な書物だった。北原みのりさんの著書『毒婦。』[北原 2012]に影響を受けて刊行されたこの本は、副題に「東電ＯＬと木嶋佳苗のあいだ」とある。

一九九七年に東電ＯＬ殺害事件が世間を驚かせたのは、男女雇用機会均等法施行前後に大企業に総合職採用された女性が、渋谷で立ちんぼの「夜の顔」を持っていたことだった。北原さんは木嶋がもと「援交世代」であることを指摘するが、男が自分に値段をつけることを発見してしまった女性が、「タダではやらせない」ことを学習したその後だと思えば、木嶋の「自立」はあまりに逆説的に響く。

北原さんには『アンアンのセックスできれいになれた？』[北原 2011]というすぐれた雑誌ジャーナリズム研究がある。一九七〇年創刊の雑誌『アンアン』の四〇年史を追って、そのなかでもくりかえし登場した「セックス特集」を読み解くことで、日本女性のセクシュアリティの四〇年史ともいうべきものを描き出した書物である。

初期の頃には、男のためでなく自分自身の誇りのためにハダカになり、セックスを探求した女性たちの輝かしい群像が、『アンアン』の誌面に登場した。それがやがて誰でも参入できるハードルの低いセックステクニックの紹介記事に変わり、それももっぱら風俗嬢にも劣らぬテクをもってする「彼の満足」がゴールとなる。

この本を読んだあとのわたしの索漠とした感想は、「……そしてみんな、風俗嬢になった」というものだ。性の二重基準のもとでのしろうととくろうととの境界は、わたしがかつて予測したようになしくずしに崩れたが、わたしのかつての予測と異なったのは、その境界はしろうとがくろうとの側へと越えることで解消したように見えることだ。

「こじらせ女子」ということばを流行らせた雨宮まみさんの『女子をこじらせて』を、「おもしろい本があるから」とわたしに紹介してくれたのはアラサーの若い女性だった。わたしより一世代若い女性の書いた本を読んで、女であることの生きづらさはすこしもなくなっていない、しかもそれはこれまでとは異なる位相に入っているようだと感じた。わたしにこの本を紹介してくれた若い女性は、自分の実感を本書に重ねているように見えたし、「こじらせ女子」ということばが流行語大賞の候補になるほど流通したのも、それに共感する女性が多いことの証左だっただろう。

この本を読んでわたしは初めて、AV女優という職業のみならず、消費者目線でそれをレビューするAV批評というジャンルがあることを知り、その職業にすすんで就いた女性ライターの存在を知った。今やAV女優経験のある社会学者が『「AV女優」の社会学』［鈴木 2013］という著書を刊行する時代だ。女性がみずからを商品として性の市場へ差し出すことのタブーはいちじるしく低下したから、まだAV女優に志願する女性のほうがわかりやすい。AV女優になる代わりに、AVについて「男にウケル」批評を書く職業的な女性ライターの存在はオドロキだった。

AV女優より女性AVライターのほうが、たしかに女子の「こじらせ度」が高そうだ。「男がすなるAV批評なるものを女もしてみんとてする」ときに、女性自身のセクシュアリティの自己疎外はどれほどのものだろうか。

わたしが感じたのはたしかに著者の痛みだったし、それを正直に書いて自分の痛みと向き合うだけの知性を著者は持っていた。だから解説を「こじらせ女子の当事者研究」と題したのである。女性学はその成立の初めから、何よりも女の女による女のための「当事者研究」だったのだから。それはセクシュアリティを抑圧されてきた世代の女性には理解できない種類の痛みかもしれないが、反対にセクシュアリティのタブーがこれほど解かれたあとに生まれた、新しい痛みなのだった。

セックスのハードルはたしかに下がった。女性に性欲があることは当然視されるようになったし、女性が快楽を求めることにもスティグマはなくなった。女性があからさまにセックスやマスターベーションを口にすることへのタブーも、なくなりはしないが、確実に少なくなった。結婚の前にも後にも外にも、女性がセックスを求めることに社会的な制裁はいちじるしく減少した。そうでなかった時代のことを思うと隔世の感がある。だが、それはほんとうに女性にとって「性解放」だったのだろうか？

その反面、ジェンダーの非対称性がおどろくほど変わっていないことにも驚く。避妊の知識と技術が普及したのに、無知からではなく遠慮からパートナーに避妊を言い出せない女。「今どこに誰といる？」と恋人に訊かれてしょっちゅう写メを証拠写真として送らなければならない拘束を、愛情ととりちがえる女。殴られても蹴られても「わたしがいなければ」とプライドを支えにする女。一夜の宿と食事を手に入れるためにネットで「顧客」を求める女。ＪＫの価値が期間限定だということを知っているからこそ、高く売れるときに売りつけようとする女。

性解放は女の性の自立と自律を求めるもののはずだった。だが結局、いくらハダカで向き合っても「ベッドの中」だけが解放区になるはずもない。ベッドの中には、ありとあらゆる社会的・経済的・政治的な非対称性が持ち込まれるだけにすぎないことが、あれから四〇年経ってみれば、あらためてよくわかる。フェミニズムの標語、「個人的なことは政治的である」は、今でも有効なのだ。

本書が「新版」であるのは、主としてこの第Ⅰ部の変更と追加による。その他の部分はいくらかの構成上の変更をし、関連の小論を新たに二本追加した。初出には、ほぼ訂正を加えていない。

以下順次、当時の状況も含めて、解説を加えておこう。

第Ⅱ部「性愛・この非対称的なもの」には「裸体の記号学」と「視線の政治学」が収められている。「性解放」といえば、そして「表現の自由」といえば、男性の表現者による女性の性的露出の程度が問われたのに対し、フェミニズムの洗礼を浴びた女性の表現者が登場したとき、彼女たちもまた女性の性的身体の表象へと向かった。身体の表象にジェンダーの項の入れ替えによる対称性は見られない。男が女を表象するようには、女の表現者は男を表象しない。なぜか？

男が女を(性的身体として)表象し、女が女を(性的身体として)表象するこの深く埋め込まれたジェンダー非対称性の謎を解いたのが、わたしの『スカートの下の劇場』

だった。のちにジェンダー論のなかの「身体史」が「ジェンダー化された身体」のメカニズムを明らかにすることを通じて、女性の身体への疎外、男性の身体からの疎外が理論化されるようになった。

わたしにこの論文を書かせたのは、美術系の編集者である。畑違いの社会学者であるわたしに、テーマと材料を提供し、女性表現者の身体表現の世界にわたしの目を開かせてくれた。なかでも東京都が初めて作った写真美術館のキュレーターとしてめざましい仕事をしつつあった笠原美智子さんの知遇を得たのは幸いであった。その後も、写真ブームのなかで、次々に石内都さんや神蔵美子さんのような女性写真家が登場し、彼女たちのしごとに関心を持ち続けることができたのも、これがきっかけだった。

金塚貞文さんはいつもその明敏な考察で、セクシュアリティの未来について、黙示録的な予言をする。「オナニストの宿命」はその金塚さんの挑発に応えて書いたものだ。

これからの社会で多くのひとびとが単身者化する。そしてそのことはその単身者が「非性化」することを意味しない。従来の結婚制度のもとでは既婚者だけが「性的身体」の持ち主であり、結婚の外にいるひとびとはタテマエ上「性の不在」を生きることになっていた。だが二〇世紀の「性革命」以降、性と結婚との結びつきが壊れてから、結婚の内にいることと外にいることと、性的であることとないこととのあいだに、何の関連もなくなった。その結果増えるのは、単身者の性的身体だ。そして性的欲望を単独で充足しようとすれば、「オナニストの身体」になるほかない……という金塚さんの予言は当たっている。

膨大にふくれあがった性産業はオナニストに奉仕している。性産業の消費者たちは、今やリアルな女より、バーチャルな女のほうがずっとまし、なぜなら自分がコントロールできるから、と言い放つようになった。単独者のセクシュアリティはどこへ向かうのか？　異性愛でないとすれば、どこへ？　そして性欲が関係への欲望でなくなったときには何が起きるのか？　オナニストたちが性欲の市場から退出したとしても痛くも痒くもないが、それでもなお、関係への欲望が残るとしたら、それはいかなる宿《しゅく》痾《あ》なのか？

ひとは単独者になっても性的な存在でなくなるわけではない。愛と性とが分離した今日、愛を求める欲望と性を求める欲望とは同じものではない。だとしたら、愛だの惚れたはれただのというノイズ抜きで、純粋に性欲を満たすことはできないだろうか？　「『セックスというお仕事』の困惑」は、そういう問題意識から書かれた。

折から「セックス・ワーク」という概念が定着し、セックスも労働のひとつであり、セックス・ワーカーの権利は守られるべきだという当事者たちの主張が、フェミニストを困惑させていた。セックスは対価を伴う労働なのか？　それならなぜそれは他の労働と違って、法外な対価を伴い、またスティグマ化されなければならないのか？　セックスを買う側の男はスティグマ化されず、もっぱら売る側の女ばかりがスティグマの対象になるのはなぜか？　そして女も「娼婦扱いしないで」と言い放つことで、女を聖女と娼婦に分かつ男仕立ての「性の二重基準」のもとで娼婦差別に加担してきたのではなかったか？

この短い論考でこれらの問いにすべて答えることはできないが、それらすべての問題を網羅したものとはいえる。そしていつの日か、性欲の充足を「肩こりをほぐしてもらうように」、対人サービスの一種として売り買いし、そのことに一切のスティグマが発生しないような社会は来るだろうか？

本書に新しく収録した「想像を絶する大人たちの抑圧」は、教育系の雑誌『ひと』に寄稿したものだ。いささか大仰なタイトルは、編集部の依頼にあった「いま、中学生・高校生の少女たちの中に、わたしたち大人が想像を絶するような身体と心の変化と行動が生まれています」とあったのを、皮肉にパロったものだ。

一九八〇年代後半、青少年の性行動に関するデータは、性行動の低年齢化と男女の格差の縮小(女子の男子への接近)を示していた。日本でも性革命は進行していた。あれからおよそ四半世紀、もはや一〇代の性行動が「大人の想像を絶する」ことはないし、それどころか、一〇代の少女たちを性の市場へとひきこんだのは大人の男たちだった。過渡期はつねにそれを生きる者たちに、「想像を絶する」変化を経験させる。だが、ほんの少し、時間の幅を大きくとれば、反対に思春期の娘たちが近代の一時期、「使用禁止の身体の持ち主」(大塚英志)になったことのほうが、いまでは「想像を絶する」抑圧だったことに、多くの読者は同意されるだろう。

第Ⅲ部「〈対〉という病」に収録した「恋愛病の時代」と「恋愛テクノロジー」の二つの論文は、一九九〇年から九五年にかけて六年間に一年一冊、全六号の雑誌『ニュー・フェミニズム・レビュー』を刊行した際に、寄稿したものである。毎回ひとりの責任編集者を迎えて、自由に編集してよいという寛大なプロジェクトをオファーしてくれたのは、学陽書房の編集者、星野智恵子さんである。当時学陽書房はわたしの

『女遊び』や小倉千加子さんの『セックス神話解体新書』など一〇万部を超すフェミニズム系のベストセラーを次々に送り出す、勢いのある出版社だった。

『ニュー・フェミニズム・レビュー』のラインアップを、以下に記録しておこう。

一九九〇年、上野千鶴子責任編集、一号『恋愛テクノロジー　いま恋愛って何？』
一九九一年、水田宗子責任編集、二号『女と表現　フェミニズム批評の現在』
一九九二年、白藤花夜子責任編集、三号『ポルノグラフィー　揺れる視線の政治学』
一九九三年、樋口恵子責任編集、四号『エイジズム　おばあさんの逆襲』
一九九四年、上野千鶴子責任編集、五号『リスキービジネス　女と資本主義の危い関係』
一九九五年、加納実紀代責任編集、六号『母性ファシズム　母なる自然の誘惑』

並べてみるとそうそうたるメンバーで、編者と主題との組み合わせも、時代を先取りしたものと思える。一号の『恋愛テクノロジー』の巻頭には、森崎和江さんとわたしの対談「見果てぬ夢　対幻想をめぐって」が収録してある。対談のために九州へ森崎さんをお訪ねしたのもなつかしい思い出だ。

ちなみに「恋愛テクノロジー」という表現を使ったことで、当時の女子学生からはひんしゅくを買った。彼女たちによれば、恋愛とはテクニックでもましてや工学でもなく、相手に会ったとたんにそれとわかる運命的な絆を指していた。だから、それは学ぶものでも習熟するものでもなかったのである。

本稿に書いたとおり、「恋愛技術」ということばを使ったのは柳田國男である。それに「消長」があるというのだから、流行りもすたりも、技術革新もあるのだろう。そもそもそれが「恋愛」だとわかるのは、わたしたちがあらかじめ「恋愛」という概念を学習しているからではないのか？　そう思ってみると、運命と直観によって与えられる近代的な恋愛という観念は、いかにも奇怪なものに思える。わたしたちはいつからこの「恋愛という病気」にかかったのか？　そして恋愛せずにはいられない、という宿痾に陥ったのか？　そこには近代という時代を解く鍵があるように思える。「恋愛病の時代」「恋愛テクノロジー」とは、その謎に挑戦したものだ。

『ニュー・フェミニズム・レビュー』五号の『リスキービジネス』には、「女女格差」を日本で最初に使った女性経営者、奥谷禮子さんとの対談が入っている。奥谷さんはネオリベ規制緩和論者、みずから派遣会社を起業し、経済同友会の初の女性会員のひとりとなった。一部のフェミニストのなかには、ネオリベ改革が性差別を解消すると楽観的なひとたちもいたが、わたしはネオリベ改革が女性にどんな影響を与えるかについて初期から懐疑的だった。そしてネオリベとフェミニズムはいずれ袂を分かたなければならない時期が必ず来ると思っていたが、そのとおりになった。

ちなみに三号の責任編集者、白藤花夜子さんとは、今では知らない者もないと思うので明かしておくが、少女マンガ研究のパイオニアである藤本由香里さんのペンネームである。藤本さんは当時筑摩書房の編集者、新人の頃からわたしの担当者だった。初期からずばぬけて優秀な編集者だと感じていたが、著者の陰にいる黒衣としての編集者よりは、みずから書きたいことがあるひとだろうと感じたわたしの観察は当たった。

彼女とのやりとりのなかで、つい「そんなによくわかっているなら、あなたが自分で書けば?」と言ってしまったことをわたしは覚えている。そして、そのとおりになった。彼女は「三度の飯より好きな」少女マンガ研究で、その後、マンガ批評の金字塔となった『私の居場所はどこにあるの?』[藤本 1998]で研究者としてデビューし、二〇〇八年からは明治大学にポストを得て研究職に転身した。

今日では「クール・ジャパン」の輸出コンテンツとして重要な位置を占める日本のマンガについて、マンガ研究の重要な担い手として、世界を股にかけ活躍している。その彼女に最初に書き手としてのチャンスを提供したのがわたしである。と本人が書いているのを見つけて、この時のことを思い出した。

つづく「『恋愛』の誕生と挫折」は、岩波書店『文学』の「北村透谷」特集からの依頼原稿だった。透谷の有名な「恋愛は人生の秘鑰《ひやく》なり」の全文を初めて読んで、この文章が「恋愛讃歌」であるよりも女性嫌悪の書であることを知った。

明治の「新しい男」たちは、「恋愛」という文明のゲームに対等に参加してくれる異性のプレーヤーがいないことを嘆き、恋愛の非日常を称揚して、結婚の日常と保守性とを憎んだのだ。男たちの無責任な自己中心性に対するこの既視感はなんだっただろう？

「ベッドの中の戦場」は、河野貴代美さんの著書『性幻想——ベッドの中の戦場へ』[河野 1990/2000]の解説として書かれた。事情があってこの本の誕生に関わったわたしは、本書の副題の提案者でもある。ベッドの中は男と女がハダカで向き合う場であるどころか、歴史、文化、社会、経済、欲望、快楽などありとあらゆる資源を投入した駆け引きと交渉の現場である。そのなかで、女が何を欲望と快楽の資源にしてきたのかは、男がそれについて饒舌なことにくらべて、語られることがあまりに少なかった。

河野さんはフェミニストカウンセラーとしての臨床経験から、女の本音に迫る。今日においても、関係を語ることばにくらべれば、欲望を語ることばは、とりわけ女には少ない。

性欲問題は解決されても、関係への欲望、「恋愛病」からは治癒できるのだろうか？〈対〉幻想は、何よりも雄弁にそれが「幻想」だとわたしたちに語っているのに、その幻想にわたしたちはどれほど強く呪縛されてきただろうか？　単独者になってみれば、その夢から醒めることができても、それが「見果てぬ夢」であったからこそ、あれほどまでに魅惑され、魂を奪われたのだと、あとになってからわかる。

それが、「〈対〉幻想を超えて」である。三〇代、さまざまな対話の相手と語りあった『性愛論——対話篇』[上野 1991]のあとがきとして本稿は書かれた。対話の相手は、田中優子、梅棹忠夫、木村敏、石川好、植島啓司、森崎和江である。単独者もまた性的な存在である。なぜひとは、他者によってしか満たされない欲望を持つのか？「対幻想論」[上野 1982 b]から始まって、このエッセイへと至る性愛をめぐる思索の旅は、解けない謎を残して終わった。

第Ⅳ部は「〈対〉という実験」。先の藤本由香里さんが編集者としてわたしに書かせたのが「ジェンダーレス・ワールドの〈愛〉の実験」である。彼女の教唆なしでは、この論文は書かれなかった。上野に少女マンガ論が？　といぶかしく思う向きには、楽屋裏を明かしておこう。

マンガの愛読者とはいえないわたしに、段ボール箱で次々とマンガ作品を送りつけ、知らない世界に目を開かせてくれたのは彼女だった。わたし自身はマンガで人格形成をしたコミック世代ではないので、マンガについにリテラシーを持てなかったが、少女マンガの世界に純文学に匹敵する名作があり、そこでしかなしえない達成があることに敬意を持つようになったのは、彼女の「啓蒙」のおかげである。

それにしても恋愛の夢から醒めても、〈対〉の夢からはなかなか醒めることができないようだ。わたしをこの世につなぎとめる唯一無二の存在。わたしを全面的に受け容れどこまでも抱きとめる、わたしがこの世にいる根拠を与える者。こんな臆面もない希求をアイコンにしたのが〈対〉の画像だとしたら？

そう思えば異性愛の〈対〉であれ、母性愛の〈対〉であれ、この世に〈対〉のアイコンがあふれていることに思わず気がついてしまって書かれたのが「究極の〈対〉」だ。九〇年代の初めにチベット旅行の機会を得て、この稿は書かれた。性愛をタブーにしないチベット仏教が「邪教」なら、これほどまでにエロス化された母子〈対〉を至るところに垂れ流すキリスト教は、「邪教」ではないのか？

わたしはなぜ西洋絵画には女性の裸体画があふれているのかを論じた故若桑みどりさんの卓抜な回答を思い出す……「(猫の好物である)鰹節の表象を量産する文明は、すなわち猫の文明である」。

第V部「グッバイ・ダディ」には、近代家族批判とそのもとで育った女性アーティスト、ニキ・ド・サンファルへのオマージュを収録した。

フロイトの理論は人類の無意識についての理論ではなく、一八世紀ウィーンの家父長的な中産階級家族にあてはまる「パパ－ママ－息子(娘)」についての物語だということが今ではわかっているが、この荒唐無稽な説明モデルが世紀を超えて世界を席捲した影響力には驚くばかりだ。今となっては「フロイトの間違い」と呼べる理論に、どれだけの者たちが翻弄されてきただろうか？

そしてその近代家父長制のもとで、「抑圧し侵入する父」「欲求不満の母」とのあいだに「不機嫌な娘」として育ったのがニキだった。そしてわたしは家父長的な家族が洋の東西を超えてどこでも似たようなものであることに、びっくりしたのだ。だから「DADDY'S　GIRL」はいささかプライベートな文体で書かれている。だが、この「不機嫌な娘」は、その後大化けして偉大な「生の肯定者」になる。射撃アートからナナの群像への変身は、驚くばかりだ。そして小さな声で「フェミニズム」とささやく。「存在する権利」はそんなニキへのオマージュだ。

七〇歳をすぎてから書いた「Mon secret(わたしの秘密)」という自伝で初めて、ニキは一二歳のときに実の父から性的虐待を受けたことを告白する。それまでも時折匂わせていたが、事実を認めたのは、父の死後、自分が七〇歳を超してからだった。そのくらい認めるにつらいトラウマ的経験だったのだろう。だがニキの軌跡はトラウマがトラウマのままで残るわけではないこと、どれほどの傷跡からも大輪の花が咲くこともあるという事実をわたしたちに示した。二〇一五年秋の新国立美術館で大規模なニキの回顧展が開催されたから、実際の作品に触れたひとたちも多いだろう。今では「サバイバー・アート」と呼ばれる一群の作品は、人がどんな苦しみをも思想や芸術に昇華できることを、教えてくれる。

初出一覧

＊は新版で新たに所収したもの

Ⅰ

おまんこがいっぱい ＊
『女遊び』書き下ろし、学陽書房、一九八八年

セクシュアリティの地殻変動が起きている
『発情装置』書き下ろし

もうひとりの毒婦 ＊
上野千鶴子・信田さよ子・北原みのり『毒婦たち――東電ＯＬと木嶋佳苗のあいだ』河出書房新社、二〇一三年

こじらせ女子の当事者研究 ＊
「解説――こじらせ女子の当事者研究」雨宮まみ『女子をこじらせて』幻冬舎文庫、二〇一五年

Ⅱ

裸体の記号学
『発情装置』書き下ろし

視線の政治学
白藤花夜子編『ニュー・フェミニズム・レビュー3 ポルノグラフィー』学陽書房、一九九二年。初出『クラ・インターシティ・フォト・マガジン』vol.3、一九八九年冬号、クラ・フォト・インターシティ(原題「視線の性・政治学」)
オナニストの宿命
『婦人公論』一九八七年四月号、中央公論社(原題「男の性は必然的にオナニズムだ」)
「セックスというお仕事」の困惑
『朝日新聞』一九九四年六月二二日夕刊
想像を絶する大人たちの抑圧 ＊
『ひと』一九八七年八月号、太郎次郎社

Ⅲ

恋愛病の時代
上野千鶴子編『ニュー・フェミニズム・レビュー1 恋愛テクノロジー』学陽書房、一九九〇年
恋愛テクノロジー　同右
「恋愛」の誕生と挫折
『文学』一九九四年春号、岩波書店
ベッドの中の戦場 ＊

「解説」河野貴代美『性幻想――ベッドの中の戦場へ』中公文庫、二〇〇〇年

〈対〉幻想を超えて
上野千鶴子『性愛論――対話篇』あとがき(抄)、河出書房新社、一九九一年

Ⅳ

ジェンダーレス・ワールドの〈愛〉の実験
『都市』二号、一九八九年一一月、都市デザインセンター

究極の〈対〉
『太陽』一九九三年三月号、平凡社

Ⅴ

フロイトの間違い
『思想の科学』一九八四年一月号、思想の科学社

DADDY'S GIRL
『ラ・メール』一九八七年冬号、思潮社

存在する権利
『現代美術第16巻　ニキ・ド・サン・ファール』講談社、一九九四年

本書は、『発情装置――エロスのシナリオ』(筑摩書房、一九九八年)を新たに編集したものである。

発情装置 新版

2015年11月27日 第1刷発行
2023年7月5日 第3刷発行

著 者 上野千鶴子《うえのちづこ》

発行者 坂本政謙

発行所 株式会社 岩波書店
〒101-8002 東京都千代田区一ツ橋2-5-5

案内 03-5210-4000 営業部 03-5210-4111
https://www.iwanami.co.jp/

印刷・精興社 製本・中永製本

ISBN 978-4-00-600335-7 Printed in Japan

岩波現代文庫創刊二〇年に際して

二一世紀が始まってからすでに二〇年が経とうとしています。この間のグローバル化の急激な進行は世界のあり方を大きく変えました。世界規模で経済や情報の結びつきが強まるとともに、国境を越えた人の移動は日常の光景となり、今やどこに住んでいても、私たちの暮らしは世界中の様々な出来事と無関係ではいられません。しかし、グローバル化の中で否応なくもたらされる「他者」との出会いや交流は、新たな文化や価値観だけではなく、摩擦や衝突、そしてしばしば憎悪までをも生み出しています。グローバル化にともなう副作用は、その恩恵を遥かにこえていると言わざるを得ません。

今私たちに求められているのは、国内、国外にかかわらず、異なる歴史や経験、文化を持つ「他者」と向き合い、よりよい関係を結び直してゆくための想像力、構想力ではないでしょうか。

新世紀の到来を目前にした二〇〇〇年一月に創刊された岩波現代文庫は、この二〇年を通して、哲学や歴史、経済、自然科学から、小説やエッセイ、ルポルタージュにいたるまで幅広いジャンルの書目を刊行してきました。一〇〇〇点を超える書目には、人類が直面してきた様々な課題と、試行錯誤の営みが刻まれています。読書を通した過去の「他者」との出会いから得られる知識や経験は、私たちがよりよい社会を作り上げてゆくために大きな示唆を与えてくれるはずです。

一冊の本が世界を変える大きな力を持つことを信じ、岩波現代文庫はこれからもさらなるラインナップの充実をめざしてゆきます。

（二〇二〇年一月）

岩波現代文庫［学術］

G430
被差別部落認識の歴史
―異化と同化の間―
黒川みどり

差別する側、差別を受ける側の双方は部落差別をどのように認識してきたのか――明治から現代に至る軌跡をたどった初めての通史。

G431
文化としての科学／技術
村上陽一郎

近現代に大きく変貌した科学／技術。その質的な変遷を科学史の泰斗がわかりやすく解説、望ましい科学研究や教育のあり方を提言する。

G432
方法としての史学史
―歴史論集1―
成田龍一

歴史学は「なにを」「いかに」論じてきたのか。史学史的な視点から、歴史学のアイデンティティを確認し、可能性を問い直す。現代文庫オリジナル版。〈解説〉戸邉秀明

G433
〈戦後知〉を歴史化する
―歴史論集2―
成田龍一

〈戦後知〉を体現する文学・思想の読解を通じて、歴史学を専門知の閉域から解き放つ試み。現代文庫オリジナル版。〈解説〉戸邉秀明

G434
危機の時代の歴史学のために
―歴史論集3―
成田龍一

時代の危機に立ち向かいながら、自己変革を続ける歴史学。その社会との関係を改めて問い直す「歴史批評」を集成する。〈解説〉戸邉秀明

2023. 6

G435
宗教と科学の接点
河合隼雄

「たましい」「死」「意識」など、近代科学から取り残されてきた、人間が生きていくために大切な問題を心理療法の視点から考察する。〈解説〉河合俊雄

G436
増補 軍隊と地域
―郷土部隊と民衆意識のゆくえ―
荒川章二

一八八〇年代から敗戦までの静岡を舞台に、矛盾を孕みつつ地域に根づいていった軍が、民衆生活を破壊するに至る過程を描き出す。

G437
歴史が後ずさりするとき
―熱い戦争とメディア―
ウンベルト・エーコ
リッカルド・アマデイ訳

歴史があたかも進歩をやめて後ずさりしはじめたかに見える二十一世紀初めの政治・社会の現実を鋭く批判した稀代の知識人の発言集。

G438
増補 女が学者になるとき
―インドネシア研究奮闘記―
倉沢愛子

インドネシア研究の第一人者として知られる著者の原点とも言える日々を綴った半生記。「補章 女は学者をやめられない」を収録。

G439
完本 中国再考
―領域・民族・文化―
葛兆光
辻康吾監訳
永田小絵訳

「中国」とは一体何か？ 複雑な歴史がもたらした国家アイデンティティの特殊性と基本構造を考察し、現代の国際問題を考えるための視座を提供する。

2023.6

岩波現代文庫［学術］

G440
私が進化生物学者になった理由
長谷川眞理子

ドリトル先生の大好きな少女がいかにして進化生物学者になったのか。通説の誤りに気づき、独自の道を切り拓いた人生の歩みを語る。巻末に参考文献一覧付き。

G441
愛について
―アイデンティティと欲望の政治学―
竹村和子

物語を攪乱し、語りえぬものに声を与える。精緻な理論でフェミニズム批評をリードしつづけた著者の代表作、待望の文庫化。〈解説〉新田啓子

G442
宝塚
―変容を続ける「日本モダニズム」―
川崎賢子

百年の歴史を誇る宝塚歌劇団。その魅力を掘り下げ、宝塚の新世紀を展望する。底本を大幅に増補・改訂した宝塚論の決定版。

G443
新版 ナショナリズムの狭間から
―「慰安婦」問題とフェミニズムの課題―
山下英愛

性差別的な社会構造における女性人権問題として、現代の性暴力被害につづく側面を持つ「慰安婦」問題理解の手がかりとなる一冊。

G444
夢・神話・物語と日本人
―エラノス会議講演録―
河合隼雄
河合俊雄訳

河合隼雄が、日本の夢・神話・物語などをもとに日本人の心性を解き明かした講演の記録。著者の代表作に結実する思想のエッセンスが凝縮した一冊。〈解説〉河合俊雄

2023.6

G445-446
ねじ曲げられた桜(上・下)
―美意識と軍国主義―
大貫恵美子

桜の意味の変遷と学徒特攻隊員の日記分析を通して、日本国家と国民の間に起きた「相互誤認」を証明する。〈解説〉佐藤卓己

G447
正義への責任
アイリス・マリオン・ヤング
岡野八代
池田直子 訳

自助努力が強要される政治の下で、人びとが正義を求めてつながり合う可能性を問う。ヌスバウムによる序文も収録。〈解説〉土屋和代

G448-449
ヨーロッパ覇権以前(上・下)
―もうひとつの世界システム―
J・L・アブー＝ルゴド
佐藤次高ほか訳

近代成立のはるか前、ユーラシア世界は既に一つのシステムをつくりあげていた。豊かな筆致で描き出されるグローバル・ヒストリー。

G450
政治思想史と理論のあいだ
―「他者」をめぐる対話―
小野紀明

政治思想史と政治的規範理論、融合し相克する二者を「他者」を軸に架橋させ、理論の全体像に迫る、政治哲学の画期的な解説書。

G451
平等と効率の福祉革命
―新しい女性の役割―
G・エスピン＝アンデルセン
大沢真理監訳

キャリアを追求する女性と、性別分業に留まる女性との間で広がる格差。福祉国家論の第一人者による、二極化の転換に向けた提言。

2023. 6

岩波現代文庫［学術］

G452
草の根のファシズム
―日本民衆の戦争体験―
吉見義明

戦争を引き起こしたファシズムは民衆が支えていた――従来の戦争観を大きく転換させた名著、待望の文庫化。〈解説〉加藤陽子

G453
日本仏教の社会倫理
―正法を生きる―
島薗進

日本仏教に本来豊かに備わっていた、サッダルマ（正法）を世に現す生き方の系譜を再発見し、新しい日本仏教史像を提示する。

G454
万民の法
ジョン・ロールズ
中山竜一訳

「公正としての正義」の構想を世界に広げ、平和と正義に満ちた国際社会はいかにして実現可能かを追究したロールズ最晩年の主著。

G455
原子・原子核・原子力
―わたしが講義で伝えたかったこと―
山本義隆

原子・原子核について基礎から学び、原子力への理解を深めるための物理入門。予備校での講演に基づきやさしく解説。

G456
ヴァイマル憲法とヒトラー
―戦後民主主義からファシズムへ―
池田浩士

史上最も「民主的」なヴァイマル憲法下で、ヒトラーが合法的に政権を獲得し得たのはなぜなのか。書き下ろしの「後章」を付す。

2023.6

G457
現代《いま》を生きる日本史
須田努
清水克行

縄文時代から現代までを、ユニークな題材と最新研究を踏まえた平明な叙述で鮮やかに描く。大学の教養科目の講義から生まれた斬新な日本通史。

G458
小国
―歴史にみる理念と現実―
百瀬宏

大国中心の権力政治を、小国はどのように生き抜いてきたのか。近代以降の小国の実態と変容を辿った出色の国際関係史。

G459
〈共生〉から考える
―倫理学集中講義―
川本隆史

「共生」という言葉に込められたモチーフを現代社会の様々な問題群から考える。やわらかな語り口の講義形式で、倫理学の教科書としても最適。「精選ブックガイド」を付す。

G460
〈個〉の誕生
―キリスト教教理をつくった人びと―
坂口ふみ

「かけがえのなさ」を指し示す新たな存在論が古代末から中世初期の東地中海世界の激動のうちで形成された次第を、哲学・宗教・歴史を横断して描き出す。〈解説＝山本芳久〉

G461
満蒙開拓団
―国策の虜囚―
加藤聖文

満洲事変を契機とする農業移民は、陸軍主導の強力な国策となり、今なお続く悲劇をもたらした。計画から終局までを辿る初の通史。

岩波現代文庫［学術］

G462
排除の現象学
赤坂憲雄

いじめ、ホームレス殺害、宗教集団への批判——八十年代の事件の数々から、異人が見出され生贄とされる、共同体の暴力を読み解く。時を超えて現代社会に切実に響く、傑作評論。

G463
越境する民 近代大阪の朝鮮人史
杉原達

暮しの中で朝鮮人と出会った日本人の外国人認識はどのように形成されたのか。その後の研究に大きな影響を与えた「地域からの世界史」。

G464
越境を生きる ベネディクト・アンダーソン回想録
ベネディクト・アンダーソン
加藤剛訳

『想像の共同体』の著者が、自身の研究と人生を振り返り、学問的・文化的枠組にとらわれず自由に生き、学ぶことの大切さを説く。

G465
我々はどのような生き物なのか ―言語と政治をめぐる二講演―
ノーム・チョムスキー
福井直樹
辻子美保子 編訳

政治活動家チョムスキーの土台に科学者としての人間観があることを初めて明確に示した二〇一四年来日時の講演とインタビュー。

G466
ヴァーチャル日本語 役割語の謎
金水敏

現実には存在しなくても、いかにもそれらしく感じる言葉づかい「役割語」。誰がいつ作ったのか。なぜみんなが知っているのか。何のためにあるのか。〈解説〉田中ゆかり